U0336186

华章经典·金融投资

巴菲特之道

（原书第3版）

|典藏版|

THE WARREN BUFFETT WAY
3rd Edition

[美] 罗伯特·哈格斯特朗（Robert G. Hagstrom）著

杨天南 译

机械工业出版社
CHINA MACHINE PRESS

图书在版编目(CIP)数据

巴菲特之道(原书第 3 版)(典藏版)/(美)罗伯特·G. 哈格斯特朗(Robert G. Hagstrom)著;杨天南译 . —北京:机械工业出版社,2020.12(2024.11 重印)
(华章经典·金融投资)
书名原文:The Warren Buffett Way

ISBN 978-7-111-66880-0

I. 巴… II. ①罗… ②杨… III. 巴菲特 – 投资 – 经验 IV. F837.124.8

中国版本图书馆 CIP 数据核字(2020)第 230546 号

北京市版权局著作权合同登记 图字:01-2015-0539 号。

巴菲特之道(原书第 3 版)(典藏版)

出版发行:机械工业出版社(北京市西城区百万庄大街 22 号 邮政编码:100037)
责任编辑:王 颖
责任校对:李秋荣
印　　刷:河北宝昌佳彩印刷有限公司
版　　次:2024 年 11 月第 1 版第 11 次印刷
开　　本:147mm×210mm 1/32
印　　张:10.5
书　　号:ISBN 978-7-111-66880-0
定　　价:79.00 元

客服电话:(010)88361066 68326294

　　《巴菲特之道》一书问世已经20多年了，因为该书第1版是第一本把巴菲特介绍到中国的书，我不禁产生了很多联想：20多年来中国股市发生了一些什么样的改变？遍观市场，很多事实表明，这些年来巴菲特思想对中国股市的影响还很有限。看来，普及巴菲特思想仍然任重而道远！也许，这就是天南先生和机械工业出版社华章公司翻译出版《巴菲特之道》第3版以继续指引道路的重要性之所在。

　　　　　　　　　　　——李剑　上证巴菲特研究会常务理事

　　当天南先生翻译《巴菲特之道》第3版之时，伯克希尔的股票价格正上破20万美元，而巴菲特的身价也飙升至630亿美元以上。股神的创富奇迹背后到底有什么秘诀？哈格斯特朗的《巴菲特之道》将会告诉我们其中的奥秘。

　　　　　　　　　　　——姚斌　著名价值投资人一只花蛤

与《巴菲特之道》的缘分始于 1997 年，今天再读天南兄翻译的第 3 版，愈加强烈地体会到，投资绝非一劳永逸、一成不变的教条，巴菲特之路就是持续进化、持续提升投资境界之路。

——陈理　中道巴菲特俱乐部主席

这本书我看了不止一遍，在碰到投资疑惑的时候，翻翻书中的投资案例，也会让自己近距离地了解巴菲特每一次重大投资决策思考的全过程。如果读者能够仔细阅读手中的这本书，我想其价值不亚于巴菲特的午餐。

——张可兴　格雷资产总经理

至今没有人能比哈格斯特朗更好地记录巴菲特。

——《时代》

本书揭示出，巴菲特的成就是非凡的，巴菲特的投资方法也是非凡的，但他的方法可以为普通投资者学习和应用。

——《华尔街日报》

巴菲特的成功吸引了众人的目光，但没有一个人能像哈格斯特朗一样描述好他的成功。这本书是一流的，它揭示了巴菲特投资决策的内幕及缘由。

——畅销书作家　约翰·罗斯柴尔德

经典之作！如果你想知道有关巴菲特的一切，一定要好好阅读这本书。

——《福布斯》

所有对经济、企业、股市之间错综复杂的关系感兴趣的人，都会从这本有趣的书中受益。

——《经济学人》

《巴菲特之道》非常适合普通投资者。作者将巴菲特获取亿万财富的投资技巧分解为易懂的 12 个准则，并展示了如何运用这些准则获利。

——《达拉斯新闻早报》

感谢罗伯特·哈格斯特朗，他精心打造的这本书，条理清晰、通俗易懂，能帮助我们更成功地完成生命中最有趣且最艰巨的任务——投资我们的金钱。

——《沃伦·巴菲特如是说》作者、

畅销书作家　珍妮特·洛

通过将巴菲特的方法放在更广阔的历史背景上，罗伯特·哈格斯特朗不仅揭示了 20 世纪投资巨人们（从格雷厄姆到费雪）的主要观点，而且透彻地解释了他们的理论基础，包括概率论、心理学。

——戴维斯顾问公司基金经理　克里斯·戴维斯

罗伯特·哈格斯特朗向我们展示了世界上最伟大的投资家是如何在股海中航行的。

——凯佩罗·沃特菲尔德公司管理总监　凯·布斯

| 目　录 |

将巴菲特思想引进中国的第一本书

北京金石致远资产管理有限公司 CEO　杨天南

2015 年 1 月 18 日

　　今次有幸翻译最新版本的《巴菲特之道》一书，真是因缘际会。大约在 20 年前，我的命运正是被这本书的第 1 版改变的。它让巴菲特成为我心中的英雄，使我从此走上投资的大道，并获得了财务自由。

　　《巴菲特之道》是第一本将巴菲特思想引进中国的书，我可能是第一个中国读者，因为其中文版的面世是 1996 年，而我在 1995 年就读到了当时还是活页的书稿。我也可能是中国第一个与巴菲特通信的人、第一个亲见巴菲特的人。早在 1997 年，我曾将一份在同一版面刊登我的照片和巴菲特照片的中文报纸寄给他，并收到其回复。由此激发我于 2001 年前往巴菲特的家乡奥马哈，后来被媒体报道为"第一位与股神握手的中国人"。

早在 1993 年，我因为参与公司的股份制改造而接触股市，当时整个社会都在摸索中前进，实际上大家都不明白股票到底为何涨跌，于是今天看来甚至莫名其妙的各种理论，活跃于媒体及坊间。若有兴趣翻阅昔日的证券类报刊，会发现当年的振振有词，今日看来多是妄言与臆断。

这种在股市中浑浑噩噩的摸索一直持续到 1995 年，那时，一本有关巴菲特投资思想的书首次出现在我的生命中，如同黑屋中忽然射进一道灿烂日光，又如茫茫暗夜中的航船发现了指路明灯，令我懂得了投资的真正意义。它就是今天这本《巴菲特之道》的第 1版，后来又译为《股王之道》《胜券在握》《沃伦·巴菲特之路》等。

书中阐述的诸如"买股票就是买企业""好企业好价格"等投资理念现在听来尽人皆知，但当年简直是天外来音，闻所未闻。对于巴菲特的景仰之情，在多年之后融入我写的《巴菲特，生日快乐！》一文中。

巴菲特如今已 85 岁高龄，依然天天"跳着踢踏舞"上班，带领着伯克希尔每年为股东盈利数百亿美元。

对于所有能活到这个年龄的人，我们表示尊敬；

对于所有如此年龄还身手自如、思维敏捷的人，我们表示惊羡；

对于能如此年龄、身心康健，还年复一年为投资人创造数以百亿计价值的人，我们的心情只能用景仰来形容。

巴菲特是有史以来最伟大的投资家！没有之一！

在星光灿烂的投资长河中，有无数个名字闪耀其间，彼得·林奇、乔治·索罗斯、吉姆·罗杰斯、戴维斯、西蒙斯、比尔·米勒等，他们如同夜空中浩瀚银河里的明星，为现代人类社会谱写了一个又一个投资传奇。但就财富积累本身而言，这些成功投资家加在一起也抵不上一个巴菲特。如若这些著名投资家有机会与巴菲特一起出现，这样的场面只能用一个词来形容——月朗星稀！

我要感谢罗伯特·哈格斯特朗，当年一个年轻人对于自己热爱的人的记录，无意间激起万里之外另一些素不相识的年轻人的热爱，所谓的薪火相传就这样像蝴蝶效应一般荡漾开来。时隔多年、相距千里，那些受益于这本书、达到财务自由境界的曾经的年轻人，今日聚首，既是以自己的青春与实践向世人推荐这本《巴菲特之道》，也是在以这种方式向巴菲特致敬。

时至今日，有关巴菲特的书在我书架上达百余本之多，中英文皆有，水平参差，这本《巴菲特之道》始终是最为经典的一本。这本书中总结的四大类12条投资准则，系统勾勒出巴菲特投资方法的框架。新版更是增添了相当的新内容、新投资案例，对于那些想了解投资、想了解巴菲特、想取得投资成功的人，无疑是最佳学习路径之一。

虽然这本书涉及历史、人物传记、企业管理等，但终究是一本以投资为主的书。对于投资这个话题，我倒是对年轻的读者有两点额外的提示：

（1）对于"青春资本"多于"现金资本"的年轻人而言，不必将精力过多耗费在股市上。

今天巴菲特受人仰慕的原因多源于其财务上的巨大成功，众人的目光多被其高昂的股价吸引，2015年年初，伯克希尔的股价为22万美元，而以半个世纪前每股8美元计，年复合回报率达22%。

以中国股市"90%的股民入市资金在10万元以下"的情况而言，即便取得了与巴菲特媲美的投资成绩也解决不了什么问题。绝大多数人利益最大化的选择是专注于主业。至少在踏上社会的早期阶段，大多数人随着本职工作技能的提高，其收入会超过投资收益。看看身边那些曾经20岁、现在40岁的人们过去10年、20年的"炒股"经历，最大的损失并非股票亏损，而是由此耗去的时间与精力本可以成就另一番事业。如果你是个更有进取心的人，那么创富的最佳路径，是潜心做自己喜欢的事，最终将自己的企业上市。

（2）巴菲特理念的"局限"。

作者总结的巴菲特投资12条准则，并非适用于所有的投资对象，例如要求"具有持续的运营历史""高利润率"等，这些几乎无法运用于新兴高科技类企业的投资，如果你想按照巴菲特的理念去买创业板的股票，一定会大失所望。

但这到底是巴菲特理念的"局限"，还是其历时60年，在资本市场的惊涛骇浪中屹立不倒的秘密所在？时光会说明一切。

尽信书不如无书，当初年轻的巴菲特若是尽信了他的伟大导师格雷厄姆的理论，绝不会有今天的成就。读书，多读、兼听、多思考，信也不要迷信，要与实践相结合，这才是人生阅读的真意义。

敢于伟大

橡树资本主席　霍华德·马克斯
2013 年 7 月

　　究竟是什么因素促成了沃伦·巴菲特超乎寻常的投资成就？我经常问自己这个问题，这也是我在这篇序中想探索的。

　　早在 20 世纪 60 年代后期，我在芝加哥大学读 MBA 时，学习到一种发源于此的新金融理论，即芝加哥学派最重要的思想之一 —— 有效市场假说。根据这种假说，数以百万计的投资市场参与者，他们聪明、活跃、目标明确、见多识广，所有这些人的行为综合在一起，会将所有的信息迅速地反映到股价上，这使得标的资产能提供一个风险调节后的公平回报，不多也不少，也就是股价永不会过高或过低，以至于没有人能够持续地从市场中获得额外的收益。芝加哥学派的这个有效市场假说理论造就了一句广为人知的名言："你无法战胜市场！"

如同大量实证数据所显示的那样，有效市场假说理论为一种结论提供了理论基础，那就是无论多么勤奋努力，绝大多数投资者无法战胜市场。市场是无法超越的。

但这并不是说，没有投资者战胜过市场。每隔一段时间，伴随着大多数人的失利，总有些人会胜出。市场的效率并非一种强制力，这使得个别投资者的回报偏离市场整体的回报。它仅仅是断言，没有人可以足够充分、持续地反驳有效市场假说。在大多数过程中，某些人是异数，但他们的超额回报被描写为随机所得，因为这与黑猩猩的行为类似。后来，我还听到一种说法："当你将足够多的黑猩猩和足够多的打字机放进一个房间里，最终一定会有一只黑猩猩能打出《圣经》来。"这就是说，如果随机性确实存在，任何事情都可能发生。然而，如同我母亲曾经说过的："规律总是要由例外来证明的。"一个普遍的规律不可能百分百没有偏差，但例外总是不常见的。每天都有数以百万计的投资者，无论是业余还是专业的，在证明你无法战胜市场。

这时沃伦·巴菲特出现了。

沃伦和一些传奇投资家，包括本·格雷厄姆、彼得·林奇、斯坦·德鲁肯米勒[⊖]、乔治·索罗斯、朱利安·罗伯逊[⊜]，他们的投资表现令芝加哥学派的理论受到冲击。简而言之，在足够大的范围内、足够长的时间段里、足够规模的资金情况下，也就是在样本充足、并非个案的情况下，他们的杰出表现令有效市场假说理论的倡导者受到挑战。

⊖ 斯坦·德鲁肯米勒是索罗斯量子基金曾经的二号人物，曾参与策划20世纪90年代震惊市场的"英镑狙击战"和"1997年亚洲金融风暴"。——译者注

⊜ 朱利安·罗伯逊是老虎基金创始人，避险基金界的教父级人物，价值投资代表人物。——译者注

这些伟大投资家的投资记录表明,卓越的投资者能通过技能战胜市场,而不是靠运气。

事实胜于雄辩,特别是在沃伦这个例子中。他亲自打印出一个条幅挂在办公室的墙上,显示自 1965 年起以 105 000 美元创立巴菲特合伙公司之后的历史。通过吸收额外的资本以及投资回报的积累,如今他的伯克希尔 – 哈撒韦公司拥有 1430 亿美元的投资以及 2020 亿美元的净资产。他连续多年击败股市指数,在这个过程中,他成为美国第二富有的人。《福布斯》排行榜上其他富豪们的财富,或是来自房地产行业,或是来自高科技行业,巴菲特的财富则完全是通过投资市场创造的,而这个市场人人均可接触。

是什么成就了巴菲特奇迹?我认为大致有以下这些因素。

超级聪明

沃伦有句妙语:"如果你有 160 的 IQ(智商),卖掉 30 吧,因为你不需要这么多。"如同马尔科姆·格拉德威尔在《异类》一书中提到的那样,取得伟大的成功,你只要有足够的智力即可,不必是天才。多余的智力并不会增加你成功的概率。事实上,有很多聪明人没有找到自己在现实中成功(或幸福)的路径。高 IQ 不足以让人成为伟大的投资家,否则大学里的教授一定是全美最富有的人。具有商业思维导向以及常识或街头智慧才是最重要的。

我暗中猜测沃伦的 IQ 是远远高于 130 的……但他并没有按照他自己建议的那样去"卖掉"额外的 IQ,他具有剖析核心、直达结论、拨乱反正的能力。简而言之，他具有令人震撼的分析能力。

而且，他快得不可思议，他不必花数周或数月去得出结论，也不需要分析师队伍帮他计算。他认为不需要知道以及不需要考虑每一个数据，人是最关键的，他善于知人。

具有完整的理念体系

很多投资者认为自己可以聪明地驾驭很多事情，至少，他们表现出来的是这样。他们认为世界不停地变化，人们必须与时俱进，以跟上最新的发现。问题在于，没有人会擅长每一件事，不断地更新和学习新事物是很难的。

与此相反，沃伦知其所不知，坚守自己的能力圈，放弃其他。这很重要，因为马克·吐温曾说过："你不知道的事物不会令你陷入麻烦，令你陷入麻烦的一定是你知道的事物。"（大约相当于说："你不会被不相信的人欺骗，欺骗你的人一定是你相信的。"）沃伦只投资于那些他了解和喜欢的企业，着重于那些看似平淡无奇的领域，避开热门公司，例如高科技公司。他可以忽略那些超出他投资理念之外的机会，更重要的是，看着那些他曾错过的却令其他人赚钱的机会，他能够心平气和（大多数人可做不到）。

灵活变通

这里有一点很重要，具有一套完整理念体系并非说不需要变通。

适应剧烈变化的环境是必需的，有时甚至可能发现更好的理念，关键在于如何去拥抱变化。

在沃伦职业生涯初期，他采用的是伟大导师本杰明·格雷厄姆的方法——被称为"深度价值"理论——买入那些被冷落的股票，尤其在它们的价格低于其净现金值的时候。这个理论有时被称为"捡烟头"理论。然而后来，在他的伙伴查理·芒格的建议之下，他改变了轨迹，开始着重于用合理的价格（而不是极低的价格）得到那些具有"护城河"，且高品质、有定价权、有杰出管理人的企业。

通常沃伦会避开资本密集型企业，但利用 2008 年金融危机造成的机会，以及对于铁路运力提升的洞察，他克服了这个偏见，投资了伯灵顿北方圣达菲铁路公司。

理念应该提供方向，而不是呆板的。如同投资中的其他构成因素一样，这是个难以把握的两难选择。沃伦不会在挑战面前畏缩不前，他既不会随着每一个风向而随意改变，也不会像榆木疙瘩一样呆板。

理性

妨碍投资成功的很多障碍与人们的情绪有关，有效市场假说理论失灵的主要原因在于投资者很少符合客观理性的标准。大多数人在股价上升时变得自信、兴奋、贪婪，他们不是变现获利，而是去追逐赢家，买入更多；在股价下跌时，他们变得郁闷、恐惧，他们不是买入，而是打折抛售，争相逃命。更糟糕的是，他们有种可怕的倾向，就是以别人的行为去判断自己的行为是否正确，因为别人就是这么做的。这会使他们承担额外的风险。这种羡慕之心会产生羊群效应，有些混迹于投资队伍中的人甚至对于投资根本一窍不通。

沃伦似乎对于情绪感染具有绝对的免疫力，当事情变好时，他不会喜形于色，当事情变糟时，他也不会叹气沮丧。他根本不在乎别人是否认为他成功，或别人认为他的投资决策是否正确（在 2000 年年初科技股鼎沸之时，他被人嘲笑为"巅峰已过"，但他依旧坚持自我）。他用自己的标准衡量成功与否，而不是大众或媒体的标准。他只关心自己（和芒格）的所思所想，以及为公司股东谋求利益最大化。

逆向思维、特立独行

尽管人们意识到情绪化的错误，但盲从仍然是投资中典型的常见行为，而杰出的投资者会反潮流而动，在关键时刻不人云亦云。但仅仅与众不同是不够的，你必须懂得别人在做什么，懂得他们为何不对，懂得应该做什么，还必须有强大的精神力量反其道而行（如耶鲁大学大卫·史文森⊖所言，持有"令人不舒服的与众不同的仓位"），以及能够坚持备受煎熬的状态直到最后的胜利来临。这最后一条极其艰难，如同一条古老的谚语所言："过早介入与犯错没有什么区别。"总之，逆向思维和行动是不易的。

显而易见，沃伦善于逆向投资，他甚至陶醉于此。他观察到高

⊖ 大卫·史文森是耶鲁大学的首席投资官，在 20 年里，他的年投资回报率达到 16.1%，2009 年他被奥巴马任命为美国经济复苏顾问委员会委员。——译者注

收益债券（垃圾债券）有时被标出鲜花的价格，有时被标出杂草的价格，他曾写信给我说："我更喜欢它们被标出杂草的价格。"一个逆向投资者更喜欢买那些失宠的东西，沃伦便是如此。

反周期

投资包括对于未来的应对，然而，很多杰出的投资家认为他们无法预测未来的宏观经济发展、利率走向以及市场波动。如果我们并不比他人更具优势，应该怎么办？我的观点是，反周期操作会令你收获巨大。

当经济趋于改善、公司报出优异业绩、股价上升、回报可观时，投资情绪易处于良好状态。但投资于不断上升的对象不是卓越投资家所希望的，相反，他们希望在经济萧条时以最低的价格买到那些遭受打击的企业。然而，这也不容易。

沃伦不止一次地展示了他的能力——实际上是他的偏好——当人们缺乏信心时，在经济周期的底部进行投资。2008年金融危机时，他分别投资50亿美元持有高盛和通用电气息率10%的优先股，2009年豪掷340亿美元买入对经济周期敏感的伯灵顿北方圣达菲铁路公司，这些都是他这种能力的体现。今天回顾起来，其中所蕴藏的投资智慧是显而易见的，但在金融危机四面楚歌之时，这需要多么大的勇气！

长期专注且不理会波动

在我45年的职业生涯中，看到的是投资者变得越来越短视。

这可能与媒体过于关注投资结果（20世纪60年代可不是这样）有关，也可能是由于按年度盈利表现提成的对冲基金经理们追求年度收益，反过来将这些情绪又传染给投资客户。但当荒谬的偏见影响他人的思维和行为时，我们却可以通过避免这些荒谬的偏见而获益。因此，当多数投资者过度关注季度、年度表现时，他们实际上为更有远见的人创造了机会。

沃伦曾说他的"持有期限是永远"，他"宁愿要一个跌宕起伏的15%回报率，也不要一个四平八稳的12%"。这让他可以长时期专注于那些伟大的投资机会，坚持通过递延税费和复利增长的方式积累他的投资收益，而不是每年兑现收益，每年支付那些短期（代价高昂的）税金。这样的策略不但能令他避免短期市场波动，反过来也使他可以利用市场波动受益。实际上，沃伦的行为表明他更乐于持仓，而不是利用市场的流通性便利而空仓。

勇于在最好的点子上下大注

多元化配置在所谓的谨慎投资管理中扮演着重要角色。一句话，它能降低个股大幅损失的可能。一个高度分散的投资组合固然减轻了输家的痛苦，但相应地也降低了赢家获利的潜在可能。

如同其他很多事情一样，沃伦对于多元化持有不同看法："我们所采取的策略，摒弃了所谓多元化的教条，很多权威人士会说我们这种策略比之传统的方法更具有风险，我们却认为，从了解公司运营的深度和便利度方面看，集中投资的策略可以很好地降低它所附带的风险。"

沃伦知道伟大的投资机会不可多得，所以他时刻保持高度警觉，一旦出现便迅速出击。他关注于那些他所信任的人和公司，不会仅仅因为别人的持有而持有一些令人不安心的企业，他也拒绝仅仅为了减轻错误影响而进行所谓的"劣质多元化"。显而易见，如果你有机会取得了不起的成功结果，这些都是很重要的因素。

稳如磐石

太多的投资者似乎总有很多伟大的事情要忙，或许他们希望留给人一个印象，就是他们总是能聪明地发现一些伟大的投资。但是伟大总是极少的，这意味着，你不可能每天都能遇见。

沃伦愿意长期保持不动，避免频繁交易，直至伟大机会出现。他有个著名的比喻，最伟大的棒球手之一的泰德·威廉斯，肩上扛着球棒站在自己的位置上，等待完美一击的出现。他以此为例，说明自己在投资上的坚持，只有当诱人机会出现时，他才会完美出击。谁说伟大机会总是出现呢？

最后，他不担心会被炒鱿鱼

很少有投资者能在他们认为正确之时全力以赴，当投资对象流动性不佳、具有争议或名声有瑕时，很多人是不敢买入的。同样，他们不会卖掉那些"大家"都说会涨的股票，也不会集中持有那些为数不多的最佳投资对象。为何如此？因为他们畏惧失败带来的糟糕后果。

那些基金经理担心，大胆的行为会令自己被老板或客户炒鱿鱼。因此，他们宁可平庸地去做那些谨慎的、没有争议的事。凯恩斯注意到了这种倾向，他评价说，世俗的智慧告诉人们：对于名声而言，即便遵循常规而失败也好过打破常规而取胜。但这种倾向揭示了一个难题：如果你考虑失败会令人蒙羞而不愿意大胆进取，那么相应地，你也不会享有如若成功则随之而来的光荣。

伟大的投资者会谋定而后动，一言以蔽之：**他们敢于伟大**！

显而易见，沃伦不担心有人炒他的鱿鱼，他的位置是不可动摇的。在股市崩溃时，其他基金经理可能会遇到客户要求撤出资金，这会令投资雪上加霜，而这时沃伦却可以安之若素。在任何伟大投资者的成功中，资金的确定性这一点非常重要。我敢肯定，早年沃伦将对冲基金模式（合伙制）转变为伯克希尔–哈撒韦公司模式时就已经考虑到了这一点。

当然，沃伦拥有很多杰出投资者的共同特质：专注、自律、目标明确、工作勤奋、具有极强的数字感和逻辑性、热爱阅读，他还善于通过值得信赖的朋友圈搜集广泛的信息。我敢肯定地说，他投资是因为喜欢解决其中存在的复杂的智力问题，而名声和金钱的获得倒是这一过程中的副产品。

理论上，很多投资者在过去的 60 年可以和沃伦·巴菲特干得一样好，上述特质虽然少见，但并非独一无二。它们每一条都熠熠发光，不是吗？但仅有很少的投资者能将它们融为一体，让我们一起从这本《巴菲特之道》中寻找答案，看看这些特质如何使沃伦取得卓尔不凡的成就。

价值投资思想薪火相传

美盛集团董事长兼首席投资官　比尔·米勒

2004 年 10 月

自罗伯特·哈格斯特朗 1994 年出版《巴菲特之道》第 1 版，本书迅速风靡一时。时至今日（2004 年），一共卖出了 120 万册，这本书的畅销就是它物有所值的最佳证明。

任何时候，只要是以巴菲特为主角的事件，其规模都很大。当大多数投资者以数百、数千为行为单位时，在巴菲特那里往往以百万、十亿计。但这并不意味着我们无法从他那里学到东西，恰恰相反，如果我们审视他的所作所为，辨识他的行为方式，就可以依此塑造自己的成就。

这正是罗伯特这本书的深刻贡献，他耗时数年仔细研究沃伦的行为、语言、决策，然后条分缕析地进行说明。在这本书中，他提炼出 12 个准则，它们是引导巴菲特穿越各种牛熊市场情况的永恒投资哲学。同样，这些准则能给予任何投资者以启发。

罗伯特工作的持久价值在于其专注于投资原则，尽管这本书谈了不少投资技巧，但依然以投资原则为主，原则是不会改变的。写到这里，我的脑海中几乎可以想见沃伦笑着对我说："这就是原则被称为原则的原因。"

过去 10 年向我们展示了一个基本的事实，在这 10 年中，股市的趋势多次变化。我们见证了疯狂的泡沫令很多人致富，随后是市场巨幅、陡峭、持续的大跌所带来的痛苦的熊市，直到 2003 年春天股市到达底部才开始回转。[⊖]

一路走来，巴菲特的投资原则从未改变，他目前仍然使用这本书中所展示的原则：

> ➤ 将买股票视同于买整个企业的一部分；
> ➤ 构建一个专注的、不频繁交易的投资组合；
> ➤ 仅仅投资于那些你明白的企业；
> ➤ 在买入价格和公司长期价值之间，寻求一个安全边际。

伯克希尔 - 哈撒韦的股东们年复一年地有所收获，自 2003 年市场回暖以来，伯克希尔股价已经上升了 2 万美元／股，涨幅超过 30%，大幅超越同期整个大势。

价值投资者的思想薪火相传，源自本杰明·格雷厄姆，传递到巴菲特和他同时代的人，再到下一代如罗伯特·哈格斯特朗。作为

⊖ 这里指的是 2001 年美国科技股崩盘。——译者注

格雷厄姆最为著名的弟子，巴菲特经常建议投资者研读老师的名著
《聪明的投资者》，我自己也经常做同样的推荐。

　　我想罗伯特的这本经典之作可能并不能让你即刻致富，但如
果能懂得并有效实施其中的技能和原则，你会成为一个更好的投
资者。

| 推荐序三 |

巴菲特的思想与哲学

彼得·林奇

1994 年 10 月

1989 年年初一个周日的晚上，家里的电话铃响了，我 11 岁的二女儿安妮接起电话，她说是沃伦·巴菲特打来的。我心想这可能是个恶作剧。电话那头说："我是沃伦·巴菲特，从奥马哈打来（好像我会将他与另一个沃伦·巴菲特搞混了似的），我刚读完你的书，很喜欢，我打算在我们伯克希尔公司年报上引用一段你的句子。我一直想写本书，但计划一直没有实现。"他说话热情，语速飞快，15 ~ 20 秒能说 40 个单词，伴随着笑声。我即刻同意了这个要求，我们聊了 5 ~ 10 分钟。末了，他说："如果你来奥马哈不到我这里来的话，你会在整个内布拉斯加州名声扫地的。"

毋庸置疑，我可不想在内布拉斯加州名声扫地。6 个月后，我去拜访了他。沃伦领着我参观了办公室的每个角落（这并不需要很长时间，因为整个办公室还没有半个网球场大），总共只有 11 个员工，既没有计算机，也没有股票行情机。

一小时后，沃伦领我去了当地一家餐馆，牛排很不错，我还喝了樱桃可乐，这是我 30 年来的第一次。我们讨论了很多话题，包括童年、棒球、桥牌，以及曾经投资过的公司的故事。沃伦谈了许多伯克希尔（他从来不用伯克希尔－哈撒韦称呼他的公司）旗下公司的运营情况。

为什么沃伦·巴菲特能成为有史以来最为优秀的投资家呢？他到底是个怎样的人、怎样的持股者、怎样的管理者、怎样的老板？伯克希尔－哈撒韦公司年报为何如此独一无二？他到底做了什么以及人们能从中学到什么？

为了试图回答这些问题，我直截了当地询问他，并重新阅读了过去五年的年报以及早期的报告（1971 年、1972 年这两年的报告短到仅有两页）。此外，我还和九位与沃伦交往多年的人进行了多角度访谈，包括杰克·伯恩、罗伯特·德纳姆、唐·基奥、卡罗尔·卢米斯、汤姆·墨菲、查理·芒格、卡尔·赖卡特、弗兰克·鲁尼、赛斯·斯科菲尔德，他们交往的时间从 4 年到超过 30 年不等。

就人品而言，反馈相当一致。沃伦是个非常有内涵的人。他热爱事业，与人和睦相处，阅读无数的年报、季报和大量的报纸杂志。作为一个投资者，他具有自律、耐心、灵活、勇敢、自信、决断的品质。他总在寻找风险可控的投资。此外，他精于概率，善于发现和创造机会。我相信这种能力源自对简单数学计算的内在热爱、对桥牌游戏的积极参与，以及在保险和再保险领域长期的高风险产品的承销经验。当向下损失的风险有限，而向上的收益可观时，他是乐意承受这样的风险的。他列出曾经的失败和错误，并愿意认错。他喜欢自嘲，但对于伙伴们却不吝赞美之词。

沃伦是个很好的企业学习者，能够快速、精确地分辨出一个公司的关键所在。他能在两分钟内否决一项投资，也能在两天之内做出重大投资决策。他时刻准备着，正如他在公司年报中所言："诺亚并不是等到下雨时才开始建造方舟。"

在投资购买一只股票或购买整个企业之后，他会成为啦啦队长。但作为一个管理者，他从来不主动打电话给公司 CEO 或部门的头头，他是一个好听众，喜欢听他们汇报公司事务，无论白天还是黑夜。他借用一个棒球界的比喻："在伯克希尔，我们不会教一个优秀的棒球手如何挥动球棒。"

有两个例子可以说明沃伦愿意学习和改善自我：公开演讲和使用计算机。20 世纪 50 年代，沃伦投资 100 美元参加了戴尔·卡耐基演讲课程，这个课程"并不能让我在演讲时膝盖不发抖，但能让我在膝盖发抖的情况下继续进行演讲"。在伯克希尔公司年会上，沃伦和芒格坐在主席台上，面对 2000 个股东[⊖]，没有现成的稿子，即席演讲和直接回答股东的各类问题，其精彩程度足以迷倒威尔·罗杰斯、本·格雷厄姆、所罗门王、菲利普·费雪、大卫·莱特曼、比利·克里斯提尔。

　　⊖　这是 1994 年左右的数字，2014 年股东年会的规模已达 4 万人。——译者注

为了能更好地玩桥牌，1994 年年初，沃伦学会了如何使用计算机，这样他就可以通过网络与全美范围内其他地方的人玩牌了。也许在不久的将来，他会使用计算机搜集公司信息和数据用于投资研究。

沃伦不关心短期股市的走势如何，强调确定公司内在价值和一个公平安全的价格是投资的要素。在 1988 年、1989 年他花了 10 亿美元投资可口可乐，在此之前可口可乐的股价在 6 年里已经上升了 5 倍，在过去的 60 年上升了 500 倍。在可口可乐的案例里，他在 3 年里赚了 4 倍，并计划在未来的 5 年、10 年、20 年赚更多。1976 年盖可保险公司从每股 61 美元跌到 2 美元，当大家都认为会跌到零时，他却大举买入。

普通投资者如何使用沃伦·巴菲特的方法呢？他从不投资于自己不懂的公司或能力圈之外的公司。随着时间的推移，所有的投资者通过参与或研究，都可以构建自己的能力圈。一个人在一生中并不需要做对很多次，巴菲特指出，在他已有的 40 年职业生涯中，12 项投资决策带来的结果已经使他与众不同。

即便只集中持有少数公司的股票，通过深入细致的研究也可以减少风险。通常，伯克希尔 75% 的普通股投资集中于五只股票。在这本书中，一条被反复提及的投资原则就是，买入那些暂时遇到麻烦的优质公司。那些优秀的具有特许经营权的公司在股市遇到危机时提供了诱人的价格。停止预测股市走向、经济状况、利率升降或选举结果，不要在以预测为生的人身上浪费金钱。研究公司基本面和财务状况，衡量公司未来的价值所在，买那些你感兴趣的企业。

有些人不进行调研就投资，这就像打扑克却从不看牌一样。

极少有人有胆量买入跌到 2 美元的盖可保险，或陷入麻烦的富国银行、通用动力，因为那时很多见多识广的、有经验的投资人都在说它们会陷入更大的麻烦。然而，沃伦·巴菲特买入了大都会／ABC 公司、吉列、华盛顿邮报、联合出版公司、房地美、可口可乐（这些投资为伯克希尔带来了 60 亿美元的利润，即新增股东资产 100 亿美元中的 60%）。这些反转向好的公司都拥有良好的盈利历史、占有主导地位的特许经营权。

除了公司股东之外，沃伦的公司年报也帮助大众成为更好的投资者。他的父母都是报纸编辑出身，姑妈爱丽丝在一所公立学校任职超过 30 年。沃伦喜欢讲课和写作，在他 21 岁的时候，曾在奥马哈的内布拉斯加大学义务教课。1955 年，他在纽约的斯卡斯代尔高中教授股票市场的成人课程。20 世纪 60 年代末至 70 年代末，他用 10 年的时间在克瑞顿大学义务教课。1977 年他服务于小艾尔·索默领导的委员会，为证券交易委员会提供公司信息披露顾问服务。有了这样的经历，沃伦在 1977 年年底至 1978 年年初所写的伯克希尔年报的篇幅有了巨幅增长，其形式越来越像他 1956～1969 年所撰写的合伙公司年报。

从 20 世纪 80 年代初开始，伯克希尔的年报开始向股东披露所持有公司的表现和新的投资项目，更新关于保险和再保险的信息。从 1982 年开始，年报开始写到并购其他企业的条件。年报中常常引用案例、比喻、故事对投资中应该做什么、不应该做什么进行生动的说明。

　　沃伦·巴菲特为公司未来的表现设定了一个很高的标准——长期而言，每年增加15%的内在价值。1956～1993年，这个纪录除了沃伦本人之外，几乎没有人做得到。他说由于公司的规模越来越大，这个标准越来越难以达到，但公司为那些可能出现的机会年复一年地积累更多的现金。他的自信如同他在1993年年报第60页的最后所强调的："伯克希尔自1967年之后就再也没有进行过现金分红。"

　　沃伦·巴菲特一直打算写一本关于投资的书，希望这个计划有朝一日能实现。在这之前，我们可以阅读伯克希尔－哈撒韦公司的年报。伯克希尔－哈撒韦公司1977～1993年的年报相当于巴菲特亲自著述的17个章节。现在，我们有了这本罗伯特·哈格斯特朗写的《巴菲特之道》，它描述了巴菲特的职业生涯，例证了巴菲特的投资技巧与方法，以及在此过程中的重要人物。书中也披露了那些巴菲特所做的重要投资决策，这些决策令其投资表现无可匹敌。这本书包含了一个成功投资家的思考与哲学，它提到的方法值得任何财务等级的人践行。

成为最好的自己

肯尼思·费雪

2013 年 7 月

　　有些出乎意料地收到这个邀请，让我为本书写些关于我父亲菲利普·费雪和沃伦·巴菲特的故事。稍有遗憾的是，在此之前三个月，我父亲刚以 96 岁高龄过世。如果他有幸活到今天亲自写这篇文章，他一定会兴奋地跳起来，与大家分享在过去的数十年中，和这位世所罕见的投资家相识相知的过程。

　　父亲和巴菲特保持了长期友谊，他发自内心地喜欢巴菲特，对于巴菲特能采用他的一些观点感到非常荣幸，并引以为豪。

　　借着写这篇文章的机缘，我回顾了过去点点滴滴的生活片段，并将它们连接起来，让我们有机会更清楚地看到父亲和巴菲特先生的交往。对于《巴菲特之道》的读者，我希望能够提供一些投资历史上重要片段的记录，谈一些个人的思考和看法，以及如何更好地使用这本优秀的图书。

由于讨论巴菲特的成长、投资与思想是罗伯特·哈格斯特朗这本书的主题，我就不多谈了。众所周知，我父亲对巴菲特有着重要影响，正如本书中描述的那样，而近些年来，这种影响更加突出。我父亲认识巴菲特时，巴菲特正渐渐认识到公司特质在投资成功中的重要性，这使他有别于其他投资管理者。

40年前，当巴菲特首次访问我父亲时，那时的信息工具以今天的眼光看相对原始，我父亲以自己的方式搜集信息，他花了数十年的时间渐渐构建了自己的朋友圈，与那些他尊重的，同时也了解他、懂得他好恶的投资业内人士交流看法和观点。渐渐地，他觉得应该见一些业内年轻人，如果印象不错，他会见第二次并建立友谊。但实际上，值得他见两次的人不多。在他的心目中，如果你不能得最佳的"A"，你就是"F"——不及格，标准非常严格！如果他不看好一个人，这个看法将很难改变，永远不会！一瞬间可能决定一个人的一生，因为时间是稀缺的。

巴菲特是年轻人中非常少见的给我父亲留下极佳印象的人，以至于在初次见面后，他们又见了第二次，乃至后来的很多次。我父亲对人有着非同寻常的、精明的判断力，甚至可以说，他的事业生涯完全建立在对人的判断上。这是他最为突出的优势之一，也是他在股票分析中强调企业管理层素质的原因之一。当年，他见第一面就给了年轻的巴菲特一个"A"，那时巴菲特还没有后来如日中天的名声和赞誉，他对这段历史总是引以为豪。

在巴菲特和我父亲的交往中，经常伴随着一些小小的插曲，我父亲常常将他称为"霍华德"（巴菲特父亲的名字）。在记述他们两人的报道中，这个小故事从来没有被谈起过。

我父亲个子不高，但内心充实而强大。他待人和蔼，但也常常会紧张、激动、不安。他的生活非常规律，每一天都按程序安排得井井有条，这样令他更有安全感。他喜欢睡觉，因为睡着了就不会紧张，也不会不安了。当他睡不着时，他就玩些记忆游戏，而不是数羊。这也是一种睡眠游戏。他总是记忆国会议员的姓名以及他们来自哪个州，直到昏昏欲睡。

从1942年开始，他的记忆游戏中出现了霍华德·巴菲特的名字，并与奥马哈联系在一起，一次又一次，一晚又一晚，这种重复超过10年的时间。早在他遇见巴菲特之前很久，他的脑海中已经将"奥马哈""巴菲特""霍华德"机械地连在了一起。后来，巴菲特的投资事业蒸蒸日上，声名鹊起，而我父亲花了整整20年的时间才将"巴菲特""奥马哈"和"霍华德"之间的联系解开。我父亲喜欢巴菲特，并珍视他们的友谊，但他不由自主地经常随口叫错对方的名字，这令他很懊恼。实际上，我父亲完全清楚谁是沃伦·巴菲特，但在私下的场合，他经常说："那个来自奥马哈的霍华德·巴菲特。"他越是说得多，越是难以纠正这个错误，这真是一个习惯性的烦恼。

一天早上，他们两人见面，我父亲有意识地将"霍华德"改正为"沃伦"，但在谈话中，他还是搞错了。即便巴菲特注意到了，他也没有纠正。这样的事情在70年代时不时地会发生。到了80年代，我父亲终于完全纠正了这个错误，对此，他非常骄傲。多年之后，我问他是否向巴菲特解释过此事，他说没有，因为这太令人尴尬了。

他们之间的友谊有着坚实的基础，我认为原因之一是他们拥有共同的理念——与诚信且有能力的人打交道。巴菲特在谈起如何管理伯克希尔旗下公司的执行层时说："我们从不会教一个优秀的棒球手如何挥动球棒。"这与我父亲的观点如出一辙，与最优秀的人打交道，不要干错事，不要试图教他们做什么。

多年以来，我父亲对巴菲特对于核心原则的坚持印象非常深刻。以每一个十年计，巴菲特都在进行自我进化，没有人能从他的过去准确预测出他日后的所作所为，而他却能干得不错。在投资业界，大多数人会有一些特别的投资风格，而且从不改变，他们或是买低市盈率股票，或是买著名的科技公司，等等，坚持这样做之后，从不改变，或仅有些微的变化。巴菲特不一样，他不断探索新路径，年复一年，从未停止，以至于没人能准确预测他的下一步行动。从他最早的严格遵循深度价值的癖好，你不可能推断出他在 70 年代会转向思考特许经营权；从他之前的行动中，你也无法推断出他在 80 年代所表现出来的对于消费品的热情，以至于愿意付出高于市场平均 PE 的价格。

很多人在自我进化的探索道路上失败了，但巴菲特没有失败，他的改变自我以适应新环境的能力，本身就是一本教科书。我父亲相信，这是因为巴菲特从没有迷失自我，他总是能坚守真实的自我。

我父亲非常喜爱英国诗人鲁德亚德·吉卜林那首著名的诗歌《如果》，将它放在他的桌上、床头柜上、书房里，总之放在那些触手可及的地方。他一遍又一遍地读它，并常常为我吟诵其中的诗句。我将这首诗放在我的办公桌上，就像我父亲没有离我远去。面对危机的世界却毫不畏惧，他会用吉卜林的方式告诉你应认真对待工作和投资，但是不要过于紧张而畏惧；他会建议你考虑别人对你的批评，但不要将它们作为命运的判决；他会鼓励你挑战自我，但是不要走极端，当你认为自己失败了，那就让自己再试一次。他总是鼓励你不断探索前行。

巴菲特在持续自我进化这一点上，尤其令我父亲欣赏，他从自己原有的价值观出发，持续不停地进化，不断向前，不受过去的规则、话语、惯例、荣耀的约束，打破条条框框。按照我父亲的想法，巴菲特是某种程度上吉卜林品质的永恒体现。

不幸的是，社会上总有极少部分——但绝对数并不少的人，他们是心胸狭隘、嫉人有笑人无的恶棍，他们无法创造自己的生活，相反，他们喜欢抹黑他人，这些迷途的灵魂其目的就是制造痛苦，而不是创造收获。这种抹黑行为会发生在取得任何成就的任何人身上，但凡有机会，它们一定蜂拥而上。我父亲早就预料到这种事情会发生在他自己的身上，但对于他所欣赏的人，他希望这种事情不要发生，或者即便发生也不要长久挥之不去。如果这种抹黑不可避免地发生，他希望那些他欣赏的人不要将这些批评或指控视为命运的判决。他总是以吉卜林的眼光看待世事。

经历过比大多数人更为长久的职业生涯，巴菲特始终洁身自好，几乎没有什么抹黑事件发生在他身上。对此吉卜林应该感到欣慰，我父亲也一样。这又重新回到巴菲特的核心价值——他总是准确地知道自己是谁，自己是什么样的人。他不会让破坏自己原则和令人不齿的利益冲突折磨自己。这才是你应该效仿的巴菲特的主要部分——知道自己是谁。

我写这篇推荐序的部分原因是想建议你如何使用本书，在我的职业生涯中，不断被问及，为什么我不像我的父亲那样，或者为什么不像巴菲特。答案很简单，我就是我，不是他们。我必须发挥自己的适当优势，我不像我父亲那样有识人方面的精明，也不具备巴菲特那样的天分。

有一点非常重要，不要试图通过这本书使自己像巴菲特，要通过它去学习巴菲特。你不可能成为巴菲特，如果你打算尝试，你将会倍感痛苦。通过这本书去懂得巴菲特，将他的智慧融入自己的投资体系里，只有这样，你才有可能创造自己的成功。只有将书中的智慧贯彻到你自己的体系中，它们才是有用的，而不是削足适履，扭曲自己硬塞入别人的窠臼里。（一个扭曲的人一定是个糟糕的投资者，除非他天生扭曲。）总之，我保证无论你如何阅读，或如何努力，你都不可能成为巴菲特，你必须成为你自己。

不要试图成为他人，要成为最好的自己，永远不要停止前进。这是我从父亲那里学到的最伟大的课程，他在很多方面都是了不起的老师。你能从巴菲特那里学到的最伟大的东西是什么呢？去学习他，而不要像他。如果你是一个年轻的读者，最重要的投资课程是认清真实的自己。如果你是个年长些的读者，最重要的课程是想明白你实际上比你认为的年轻得多，你应该充分利用这个难得的上天赐予，不断前行。难道这不可能吗？你没有看到巴菲特即便在很多人退休的年龄，依然不断地自我进化吗？将巴菲特当作老师，而不是复制的对象，将这本书当作学习他的教材，你将学到很多，并为发展你自己的投资哲学奠定基础。

1984 年 6 月，我在马里兰州的巴尔的摩市参加了美盛公司的一场培训活动。两周的时间里，我学习了投资、市场分析、法规和销售技巧。我期盼着我的股票经纪人职业生涯尽快开始，但我犯了一个可怕的错误。

美盛公司崇尚价值投资，它在培训活动中推荐大家阅读价值投资经典，包括本杰明·格雷厄姆和大卫·多德的《证券分析》，以及格雷厄姆的《聪明的投资者》。每天，公司的老员工都过来分享他们对于股市的洞见，手把手地教我们看《价值线》期刊中他们心仪的股票。所有股票都有一个共同点：低市盈率、低市净率、高分红。更常见的是，这些股票并不是市场追捧的热点，而且长期受到市场冷落。一次又一次，我们被告诫必须避开热门的高增长股票，相反，要专注于那些备受冷落的股票，它们的风险收益比会更佳。

我明白价值投资的路径逻辑，数学不难。《价值线》给我们提供了每家公司过去 20 年的资产负债表、利润表，通过这些图表，你会看到股价走势图常常与年度的运营结果有关。但无论我看这些图表多少遍，总是觉得少了些什么。

一个周四的下午，在我们的培训课即将下课时，老师递给我一册伯克希尔－哈撒韦公司1983年的年报，我从来没有听说过这家公司，写作者是沃伦·巴菲特，我也从未听说过这个人。老师让大家阅读其中董事长致辞部分，并为第二天的讨论做好准备。

回到酒店房间的晚上，我迅速浏览了伯克希尔的年报，并有点失望地注意到这本年报中没有照片和图表，光是董事长致辞就占了几乎20页的篇幅。喘了口气，我坐定后阅读起来。接下来发生的事用语言难以形容，一夜之间，我的整个投资观被颠覆了。

过去的两周，我从数字、比率、公式开始，现在我读到的是企业和运作企业的人。巴菲特引导我知道了80岁的罗斯·布朗金夫人[⊖]，一位俄国移民，她创办的内布拉斯加家具城每年销售额超过1亿美元。我认识了《水牛城新闻报》的出版人斯坦·利普西、喜诗糖果的查克·哈金斯，学到了运营报纸的经济知识和糖果行业的竞争优势所在。

接着，巴菲特讨论了保险事业的运营情况，包括国民赔偿保险公司和他持有1/3股权的盖可保险。但他并不是泛泛地谈那些数字，他教我理解保险业的细微之处，包括每年承销保费、损失拨备、综合比率，以及各种财务安排的税务优势。令人印象深刻的是，巴菲特还给股东上了非常通俗易懂的一课："神奇的商誉，它

⊖ 罗斯·布朗金是一位传奇女性，人称B夫人，她创办的内布拉斯加家具城是美国最成功的零售家具店，1937年她以500美元起家，几十年后创造了亿万美元财富。1983年巴菲特收购了内布拉斯加家具城90%的股权。

令一家公司的内在价值有可能超越其账面价值。"

第二天，我再次出现在培训课上，像换了一个人。《价值线》提供的各种图表、线条依然，但在我看来它们突然长出了肌肉、皮肤，活灵活现起来，不再仅仅是枯燥的数字，我开始思考这些企业、运作管理企业的人们，以及填满那些财务报表的数字背后的产品和服务。

在接下来的日子里，我充满了目标感。毫无疑问，我心中知道了我要做什么。我会将我客户的资金投资于伯克希尔和它所投资的公司。巴菲特每做一笔投资，我都将跟随。他每买一只股票，我都会致电该公司索取年报并仔细阅读，探索他看到了什么以及他可能错过了什么。在互联网时代到来之前，你可以支付25美元向证券交易委员会索取任何上市公司的年报，我要来了所有伯克希尔投资的上市公司年报。此外，我搜集所有有关巴菲特的报纸和杂志，阅读并存档。我就像一个小孩追星一样。

几年后，卡罗尔·卢米斯为《财富》杂志写了篇题为《巴菲特的幕后故事》的文章（1998年4月11日）。该杂志的主编马歇尔·勒布认为是时候写一部巴菲特的传记了，他知道卡罗尔是个优秀的作家。在那之前，阅读公司年报和参加奥马哈股东年会是打探巴菲特信息的唯一途径。当大家注意到卡罗尔曾帮助巴菲特编制过年报后，都认为她肯定会了解一些不为人知的内幕。于是我也赶紧去报摊上抢到了最后一本杂志。

卡罗尔说，她打算写一个不同的故事，强调巴菲特不仅仅是个投资家，还是个与众不同的企业家。她没有让人失望，在这篇

7000 多字的文章里，她忠实地描述了奥马哈先知更为亲切真实的一面。尽管卡罗尔知悉很多内情，但其中令我震撼的话不超过三句。

"我们所做的没有超越任何人的能力范围。"巴菲特说，"我做投资与做管理没什么两样。没有必要去做非同寻常的事以追求非同寻常的结果。"

我想读到这些的人一定佩服巴菲特的这种来自中西部的谦虚，他不是一个吹牛的人，也不希望误导他人。我相信如果不是他相信这些论点，他是不会做出这样的论断的。而且，如果这是真实的，我相信如此，这意味着有可能揭示一张藏宝图，上面记载着巴菲特投资的指导原则和选股的特殊技能。这便是我写这本《巴菲特之道》的动机所在。

阅读伯克希尔公司过去 20 年的年报，以及每个他所投资的公司年报，和所有有关巴菲特的文章报道，我渐渐懂得了他对于普通股投资的思考。其中，最为重要的一点是知识，无论是投资普通股还是整个企业，每次交易他都走过同样的路径。无论他买公众公司还是私人公司，他都走同样的流程，不多不少。他总会考虑什么人运营企业、企业的财务状况、企业的价值，并逐一将这些与自己心中的准则进行对比。

我将这些准则分为四大类别：企业准则、管理准则、财务准则和市场准则。《巴菲特之道》这本书将以巴菲特公司所购买的企业为例，逐一剖析它们是否与巴菲特所言一致，这些伯克希尔公司的投资案例中所蕴含的思想和策略，哪些对于投资者有价值。这将是一个彻底的测试。我相信，最终我们会成功。

在写本书第1版之前，我从未见过巴菲特本人，在写作过程中，也没有咨询过他。直接的咨询固然可以得到额外的益处，但能从他大量广泛的谈及投资的写作中得到真谛，我已经足够幸运了。这本书中，我引用了大量的伯克希尔年报中的原文，特别是董事长致辞部分。巴菲特授权我，在经他审阅的情况下使用其版权。当然，这授权并不意味着他合作了本书，或者他告诉了我其他人还不知道的秘密或策略。几乎所有巴菲特的行为都是公开的，只是人们有没有留心而已。

在写作本书的过程中，我主要的挑战是证明或反证巴菲特的表述——"我所做的事情，大家都能做到"。有些批评者争辩说，尽管他很成功，但沃伦·巴菲特的特质使得其他人无法采用他的方法。我不同意。我想说的是，巴菲特的特质确实是他成功的构成因素，但一旦懂得他的方法论，无论是个人还是机构投资者均可以应用。这本书就是帮助投资者运用那些我相信使得巴菲特成功的策略，这就是本书的目的。

多年以来，我们都会收到怀疑论者的观点，他们说只是读一本关于沃伦·巴菲特的书无法让你取得像他一样的投资业绩。我想说的是：第一，我从未暗示，通过读一本书，一个投资者就会像巴菲特一样成功。第二，为什么会有人这么想？这就像即使你买了一本《如何像老虎伍兹一样打高尔夫》的书，你也不可能成为像他一样超级成功的高尔夫球明星。阅读是因为你相信书中或有一些有用的东西能帮你在自己的道路上有所改进，这个道理同样适用于《巴菲特之道》这本书。如果你能从中学到一些东西，有益于你的投资，这本书就是成功的。想想大多数人在市场上的糟糕表现，取得一些改进应该不难实现。

巴菲特和他的智慧搭档、副董事长查理·芒格曾经被问及他们两个教育下一代投资者的可能性。当然，这正是他们在过去40年中所做的，伯克希尔的年报以其清晰、高超的教育价值闻名，任何有幸参与过伯克希尔年会的人都能感知其光芒。

获得知识是一个过程。在巴菲特的成长过程中，他吸收了本杰明·格雷厄姆和菲利普·费雪的智慧，他还从他的搭档查理·芒格那里学到很多企业知识。这些经验和知识的学习塑造了巴菲特的投资风格，而且，他也愿意与那些拥有创新、活力和开放的心胸，且愿意自助的人分享。

在1995年伯克希尔的年会上，芒格说："让一些人放弃学习是很难的。"巴菲特接着说："当人们能从中获益时，让他们放弃学习是很难的。"然后，他用一种相反的声调继续说："但是有一种巨大的障碍阻止人们去思考或改变，引用波特兰·罗素（英国哲学家）的话，'很多人宁可死也不愿意思考'。在金融的范畴里，他说的也非常对。"

距离我写作《巴菲特之道》第1版已经有20年了，股市上的噪声仍然在继续。当你以为噪声不会再大时，它们却变得更加刺耳。电视评论员、财经作家、分析师、市场策略师一个比一个能侃，竞相抢夺人们的眼球。互联网是一个信息奇迹，大家都认同，它给每个人都提供了免费的方式——应该说是免费的平台——去接触财经信息，其结果是，我们都置身于信息泛滥的海洋里。

　　然而，尽管信息泛滥，投资者赚钱依旧困难，捉襟见肘的事情时有发生。小事件会令股价火箭般蹿升，然后铅坠般迅速下落。那些为了下一代教育或退休而投资的人常常陷入迷惘，他们既无法踏对节奏，也无法预测市场，有的仅仅是受愚弄。

　　在一个投机胜于投资的疯狂市场中，沃伦·巴菲特的智慧和建议一次又一次地被证明是数以百万计投资者的安全港湾。有时，错位的投资者会大喊："这次不一样！"有时，他们能押对宝，政策让人惊喜，经济会有反应，股市有些回响。当有些公司衰退的时候，有新公司诞生。世界在进化、成熟。变化是永恒的，但这本书中提到的投资原则始终坚如磐石，如同巴菲特曾说过的："这就是原则被称为原则的原因。"

　　在 1996 年的年报中，有一段简洁有力的内容："作为一个投资者，你的目标仅仅是以理性的价格，购买一家容易理解的企业的一部分，这家企业的收益增长具有很高的确定性，5 年、10 年、20 年。最终，你会发现，能符合这些标准的公司少之又少，所以，一旦发现，你应该大量买入。"

　　无论你投资的资金量是多少，喜欢什么样的企业，你会发现这才是真正的试金石。

罗伯特·哈格斯特朗

宾夕法尼亚州维拉诺瓦

2013 年 10 月

第 1 章

五西格玛事件

世界上最伟大的投资家

有史以来最大的慈善捐助

春日的早晨，巴菲特坐在纽约曼哈顿的公寓里。旁边坐着的是他多年的老朋友卡罗尔·卢米斯女士，她是《纽约时报》的畅销书作家、记者、《财富》杂志的资深编辑。她从1954年起就在杂志社工作，长期追踪报道巴菲特。更为人津津乐道的是她自1977年起开始协助巴菲特编辑伯克希尔公司的年报。

在2006年春天，巴菲特告诉卡罗尔，他已经想好了如何处理他在伯克希尔-哈撒韦公司拥有的巨额财富。卡罗尔知道巴菲特在分给三个孩子一点钱后，会将自己99%的财富捐给社会用于慈善，但她像大多数人一样以为这笔财富会捐给巴菲特基金会，该基金会由巴菲特和已故妻子苏珊成立。现在巴菲特告诉卡罗尔他改变了主意，"我知道我想做什么，知道如何做更有意义"。[1]

2006年6月26日的纽约公共图书馆，午饭开始之前，数以百计的纽约最成功人士起立鼓掌，伴着掌声，世界第二富豪沃伦·巴菲特走到麦克风前。在客气寒暄几句之后，他从口袋里拿出五个信封，每一个信封里装着一份他的财富分配安排，只要他签名即可生效。前三封信内容很简单，他签名"爸爸"，然后分别给了三个子女：女儿苏茜、长子霍华德、次子彼得。第四封信交给了已故妻子所捐助的慈善基金会的代表。这四封信给出的总计金额为60亿美元。[2]

第五封信引起了人们的惊叹！巴菲特签名后，递给了梅琳达女士，她是这个星球上唯一一个比巴菲特富有的人——比尔·盖茨的妻子。在这封信中，巴菲特承诺将其拥有的伯克希尔公司股票，共计超过 300 亿美元的财富捐给世界上最大的慈善机构——比尔 & 梅琳达·盖茨基金。这是迄今为止最大一笔单笔慈善捐助。历史上著名的捐赠者有安德鲁·卡内基（按照今天货币折算为 72 亿美元）、约翰·洛克菲勒（71 亿美元）、小约翰·洛克菲勒（55 亿美元）。

在随后的日子里，人们有无数的疑问。巴菲特有病吗？或病入膏肓？他妻子的过世对于他的这个决定有什么影响？巴菲特说："我很好，我的感觉棒极了。"众所周知，他妻子苏珊原本将继承他在巴菲特基金的主导地位："她很享受这个过程，她对于规模的扩大有些恐惧，但她喜欢，并且会干得很好。"[3]

妻子过世之后，巴菲特有了新的考虑，他发现比尔 & 梅琳达·盖茨基金是个完美的机构，正做着他本人想做的事情。"他们可以更有效率地使用金钱，就像巴菲特基金会一样。找到那个按照你的想法做事，而且做得更好的人，将事情委托给他们难道不更符合逻辑吗？！"[4]

这就是典型的巴菲特，总是充满理性。巴菲特提醒我们，在企业管理中有一个核心内容，就是管理层比他管得好。同样，比尔 & 梅琳达·盖茨基金做慈善比他做得更好，何乐而不为。

比尔·盖茨评价他的老朋友说："巴菲特将被人记住的不仅仅是最伟大的投资家，而且是世界上最伟大的美德投资家。"[5]一语中的。但是更为重要的是，巴菲特慷慨慈善的美德可能被放在第一位，而他那无与伦比的投资技能却可能屈居第二了。当巴菲特将捐赠300亿美元的信件递交给梅琳达·盖茨的时候，我脑海中迅速闪回到50年前，他以100美元起步成立巴菲特投资合伙企业的情景。

巴菲特总是声称自己非常幸运，1930年出生于美国，这个出生时空组合的概率是30∶1，而他降生的那一刻就好比中了彩票；他承认自己跑不快，没法成为优秀的橄榄球运动员；尽管他有弹四弦琴的勇气，但不可能成为音乐会上的小提琴演奏家。运气之外，他独具的一些特点却令他在资本经济海洋中有所作为。[6]

"生活在美国，一些幸运的基因，复利，这些综合在一起造就了我的财富。"巴菲特说，"生活在这样一个经济体系中，更是促成了这些结果的形成，美国这个经济体系虽然有时会产生扭曲的结果，但就最终整体而言，它能很好地服务于我们的国家。"巴菲特悄悄告诉我们，他很高兴在这样一个经济体中工作，"它奖励那些在战场上救死扶伤的人以勋章，它奖励那些优秀的老师以父母的感谢，它奖励那些能发现被错杀的股票的人以亿万财富。"他将其称为命运的不确定性分布。[7]

这或许有一定道理，但我心中所渴望了解的，是巴菲特如何在其成长环境中，刻画出属于自己的命运线条。这里，我们要探究的就是巴菲特如何成就自我。

个人经历和投资缘起

沃伦·爱德华·巴菲特，1930年8月30日出生于内布拉斯加州奥马哈市，是奥马哈巴菲特家族的第七代。家族第一代在 1869 年开了一家杂货店，巴菲特的爷爷经营着这家杂货店，伯克希尔后来的副董事长查理·芒格，竟然曾经在巴菲特爷爷的杂货店里打过工。巴菲特的爸爸——霍华德，曾是当地的一名股票经纪人、银行家，后来还做过共和党的众议员。

据说巴菲特一出生就痴迷于数字，这也许有些夸张了，但有记录表明，他在进入幼儿园之前就已经是台"小计算机"了。小时候，他和最好的朋友鲍勃·罗素坐在罗素家的门廊上，背经过的小汽车的车牌号。天黑之后，他们俩进屋，把《奥马哈世界先驱报》铺在地上，计算每个数字出现的次数。然后，在他们的剪贴簿上整理计算的结果，好像在做什么顶级秘密的事情。

巴菲特最为珍贵的礼物来自他的姑姑——爱丽丝，她非常喜欢这个可爱的侄子，并且向他提出一个无法拒绝的提议：如果他同意吃芦笋，她就送他一块秒表。巴菲特完全被这个精密的计数器迷住了，他在各种男孩子喜欢的游戏中都使用它，例如弹珠游戏。他叫来两个姐妹，在浴缸里放满水，让她们将弹珠放进去，利用浴缸内壁的弧度，看哪一个弹珠能先到达漏水口，他在一旁按着秒表计数时间。

而来自爱丽丝姑姑的第二件礼物，将六岁的巴菲特引领上了新的人生方向——不是数字的魅力，而是金钱的魔力。圣诞节时，巴菲特拆开礼物，发现是个镀镍的钱包，这成为他最珍贵的东西，他将它立刻别在腰上。他发现钱包有很多用处，他在门口放了张桌子，向每一个路过的人兜售巧克力。他挨家挨户地敲门，卖口香糖和汽水。他从爷爷的杂货店以 25 美分的价格批发来 6 罐一包的可口可乐，然后拆散了，以每罐 5 美分出售——这样就有了 20% 的投资回报。他还上门叫卖《星期六晚邮报》和《自由》杂志。每个周末，他在当地的橄榄球场卖爆米花和花生。所有这些生意，他都要用上他宝贵的钱包——收钱、找零。[8]

然而，这种田园牧歌式的好日子突然被打断了，大萧条终于也席卷到了奥马哈。一天晚上，巴菲特的父亲回到家，告诉大家他工作的那家银行关门了，他丢了工作，他们的存款也损失了。巴菲特开杂货店的爷爷，给了他父亲一些钱支持他们家渡过难关。

幸运的是，这样绝望的感觉没有延续太久。霍华德很快振作起来，宣布成立自己的公司——巴菲特·斯坎兰尼卡公司，开始了他的投资合伙企业，公司设在法纳姆大街上，多年以后巴菲特在同一条大街上买了房。

大萧条的影响尽管短暂，但给巴菲特的家带来了艰难，这给年轻的巴菲特留下了深刻的印象。《巴菲特传：一个美国资本家的成长》一书的作者罗杰·洛温斯坦说："这种人生早期的艰难生活成为绝对的驱动力，他要变得非常、非常、非常富有。在他五岁之前就这么想，自那时起，他从未停止过这个念头。"[9]

巴菲特 10 岁的时候，父亲带他去了纽约，这是霍华德给每个孩子的礼物。巴菲特说："我告诉父亲，我想去三个地方——我想去斯科特邮票钱币公司，我想去莱昂内尔火车公司，我想去纽约证券交易所。"[10] 在坐了一夜火车后，他们到达了华尔街，在那里他们见到了交易所的成员艾特·莫尔。巴菲特说："午饭之后，有人拿过托盘，上面摆放着不同的烟叶，莫尔先生挑出自己喜欢的，然后有人将它们现场做成雪茄。我想这就是所谓的定制雪茄吧，太棒了。"[11]

之后，霍华德领着儿子还见了高盛公司的合伙人西德尼·温伯格——当时华尔街的名人。在温伯格的办公室里，巴菲特被墙上的各种照片和证书深深吸引，很多镜框中都是名人作品的原件。当霍华德和温伯格谈论金融事务时，巴菲特在办公室里四处走动，看着那些艺术品。当他们父子离开时，温伯格拥抱着巴菲特问他喜欢什么股票。巴菲特后来回忆道："他一定在第二天就忘了，我却永远地记住了这一天。"[12]

甚至在去纽约之前，巴菲特就已经对股票和股市充满了好奇，他经常去他父亲经纪公司的办公室，看着墙上挂着的各种股票和债券证书，就像温伯格的办公室里的一样。很多人渐渐喜欢上这个总是不停问问题的小家伙，并允许他用粉笔在黑板上抄写股票的行情报价。

周六上午，证券交易所开盘两个小时，巴菲特和他叔叔弗兰克·巴菲特、舅舅约翰·巴伯一起待在证券公司的办公室里。根据巴菲特的回忆，弗兰克叔叔总是看空，而约翰舅舅却总是乐观派。他们俩总是谈论自己对于世界的看法，这些故事都吸引着小巴菲特。在所有的时间里，巴菲特都直直地盯着股票行情机，看着不停跳动的股票价格，他想知道这背后到底蕴藏着什么。每个周末，他都认真阅读《巴伦》杂志的"交易"专栏。当他将父亲书架上的所有书读完之后，又读了当地图书馆里所有关于投资的书。不久之后，他开始亲自画股价的图表，试图搞清楚眼前这些不断变动的数字到底有何规律可循。

当 11 岁的巴菲特宣布他已经准备好投资他的第一只股票时，没有人感到意外。然而，当他宣布他的投资金额为 120 美元时，大家还是震惊了。这些钱是他卖汽水、花生和杂志的所得。他决定买入城市服务优先股，这是他父亲的爱股之一，他还说服了姐姐多丽丝加入。他们各自支付了 114.75 美元各买了三股。巴菲特已经下功夫研究了图表，对这项投资信心满满。

那年夏天，股市在下跌，在 6 月触及年度低点。这两个年少的小投资者眼睁睁地看着他们的股票价格下跌了 30%，多丽丝天天来问巴菲特股票的损失情况，这让人有些崩溃。最后，当这只股票回升到 40 美元 / 股时，巴菲特将其卖出，终于赚了 5 美元。

随后发生的情况是，城市服务优先股不久飙升至 202 美元 / 股，这令巴菲特懊恼不已。他计算了一下，除去佣金，他整整少赚了 492 美元。而此前，他用了 5 年时间去积攒那 120 美元，这样算下来，此次错失令他损失了 20 年的工作所得。这是痛苦的一课，但非常有价值。

巴菲特发誓，首先，他再也不会被支付的成本所牵制。其次，他不会再仅仅满足于蝇头小利。以他 11 岁的智慧头脑，巴菲特已经学会投资中最为重要的一课——耐心。（这个重要的品质我们将在第 7 章中展开讨论。）

1942 年，巴菲特 12 岁，他父亲当选为国会议员，全家搬到首都华盛顿。环境的变化令年少的巴菲特难以适应，他非常思念家乡的氛围，于是他返回奥马哈，与爷爷和爱丽丝姑姑一起生活。但第二年，1943 年，巴菲特与首都华盛顿之间有了另一种缘分。

证券公司里没有了熟人，渐渐地巴菲特的兴趣从股市转向了小生意。13 岁时，他跑两条送报路线，分别投送《华盛顿邮报》和《华盛顿时代先驱报》。在伍德罗·威尔逊高中，他结识了小伙伴唐·丹利，这个小伙伴迅速点燃了巴菲特赚钱的热情。两人一起凑了 25 美元，买了一台二手翻新的弹球机，巴菲特说服了当地一位理发师，将机器放在他的理发店里，赚了钱分一半给对方。第一天的运营结束后，他们发现这台机器里竟然有 4 美元硬币的收入。他们很快将业务扩大到七台的规模，不久巴菲特每周可以拿 50 美元回家了。

到巴菲特高中毕业时，通过各种努力，他已经积累了 9000 美元的财富。他立即宣布，他不想上大学，因为这将干扰他的商业计划。父亲否定了他的想法，秋天到来的时候，巴菲特上了宾夕法尼亚大学的沃顿商学院。尽管沃顿商学院以商务和金融闻名，但巴菲特似乎没有留下什么印象，他回忆道："我好像在那里没有学到太多东西。"[13] 沃顿强调比较多的是商务理论，而巴菲特感兴趣的是实操层面——如何赚钱！两年之后，他转学到了内布拉斯加大学，一年修完了 14 门功课。1950 年毕业时，他还不满 20 岁。

回到奥马哈，巴菲特又有了与股市的联系。他开始从经纪人那里搜集信息、订阅刊物，重新开始画股价图表，并阅读股市技术分析的书。他使用麦吉点数分析系统和其他能找到的系统，试图发现哪一个技术手段真的有用。一天，他在当地图书馆看书，发现了刚出版的本杰明·格雷厄姆的新书《聪明的投资者》，他描述当年的情景："就像看到了一道光！"[14]

格雷厄姆与大卫·多德合著的《证券分析》（1934年出版）对于求知若渴的巴菲特而言，如逢甘霖，他离开奥马哈前往纽约，加入了格雷厄姆在哥伦比亚大学商学院的课程。格雷厄姆教他懂得公司内在价值的重要性。他相信，那些准确计算价值并以较低价格买入的投资者终将在市场上获利。这个数学的方式令巴菲特热衷于数字。

格雷厄姆的班上有20名学生，很多人年龄比巴菲特大，有几个在华尔街工作。晚上，这些在华尔街工作的学生在格老的班上讨论哪只股票被大大低估了，第二天，他们在班上就买入前一天晚上讨论的股票，然后获利。

很快，巴菲特就成为班上最聪明的学生，每当格雷厄姆发问，甚至问题还没有说完，巴菲特就已经举起了手。和里克·卡尼夫一起创建红杉基金的比尔·鲁安也在同一个班级，他说在巴菲特和格雷厄姆之间有着瞬间的化学反应般的默契，而其他的同学基本上是观众。[15]巴菲特的最终成绩是A+，这是格雷厄姆执教22年以来给出的第一个A+。

在哥伦比亚大学毕业之后，巴菲特向格雷厄姆的公司申请一个工作职位，但没有得到。刚开始巴菲特稍感意外，但随后被告知，公司将优先考虑那些在华尔街受到不公正待遇的犹太裔分析师。于是，巴菲特返回故乡奥马哈，加入了父亲的证券经纪公司，他旗开得胜，热心地推荐那些符合格雷厄姆价值标准的股票。同时，他继续保持着与格雷厄姆的联系，将一个个股票心得发给老师。1954年，格雷厄姆打来电话说，宗教的障碍被取消了，现在格雷厄姆－纽曼公司有个位置，如果巴菲特感兴趣可以考虑一下是否愿意来上班。巴菲特二话没说，登上第二天的飞机，直飞纽约。

在格雷厄姆－纽曼公司工作期间，巴菲特完全沉浸在导师的投资理论中。除了巴菲特之外，公司还雇用了沃尔特·施洛斯⊖、汤姆·纳普⊜和比尔·鲁安，都是日后大名鼎鼎的人物。施洛斯在 WJS 管理投资 28 年之久，普林斯顿大学化学专业毕业的纳普创立了特威迪·布朗合伙企业，鲁安合作创立了著名的红杉基金。

对于巴菲特而言，格雷厄姆不仅仅是导师。作家罗杰·洛温斯坦写道："格雷厄姆是第一个证明挑选股票可以有可靠的理论方式的人，而在此之前，它是像赌博一样的伪科学。股票市场就像一个奇幻的、令人禁足的城市，而格雷厄姆是提供这个城市地图的第一人。"[16] 自从 11 岁第一次买了城市服务优先股，巴菲特花了生命中一半的时间研究股市的未解之谜，现在他终于得到了答案。

《滚雪球》的作者爱丽丝·施罗德写道："巴菲特的反应就像一个一生都待在山洞里的原始人，忽然有朝一日走出山洞，在阳光下眨着眼，第一次看清这世界。"巴菲特最初认为"股票就是一

⊖　沃尔特·施洛斯是格雷厄姆的亲传弟子，1955 年创办投资管理合伙企业—沃尔特·施洛斯有限合伙企业（简称 WJS）。他一生经历过 18 次经济衰退，但他执掌的基金在近 50 年的漫长时间里长期跑赢标杆股指，被巴菲特赞誉为"超级投资人"。

⊜　汤姆·纳普曾在格雷厄姆－纽曼公司工作，1968 年与人联合创办了特威迪·布朗（Tweedy-Browne）合伙企业，其投资以高度分散化的被动投资为主，偶尔也并购企业取得控制权。

张张可供交易的纸片，现在，他知道股票是其背后真实企业价值的代表符号。"[17]

1956 年，在巴菲特来到纽约两年之后，格雷厄姆 – 纽曼公司解散了，61 岁的格雷厄姆决定退休。巴菲特再一次回到奥马哈，怀揣着从老师那里学来的投资知识，以及家庭的金融背景、朋友们的支持，成立了投资合伙企业，这一年他 25 岁。

巴菲特合伙企业

巴菲特合伙企业起步时，有七个有限合伙人，共投资了 10.5 万美元，巴菲特自己作为一般合伙人，出资 100 美元。每年如果投资回报率在 6% 及以下，收益将全部归有限合伙人所有，超过 6% 的部分，他们获得其中的 75%，巴菲特获得 25%。但合伙企业的回报目标是非承诺的，不是绝对的。巴菲特告诉他的合伙人，他希望每年的回报率能超过道琼斯指数 10 个百分点。

巴菲特对合伙人承诺："我们的投资将基于价值，而不是市场的热点"，并且合伙企业"将避免本金永久性损失（不是短期的账面损失）的风险降至最小"。[18] 最初，他严格遵循格雷厄姆的标准，选择被低估的股票。此外，他还参与一些并购套利——就是当两家公司收购合并时，买进一家公司的股票，同时卖出另一家公司的股票，其目的是取得无风险利润。

巴菲特合伙企业起航之后，创造了令人瞩目的成绩。在第一个五年（1957 ～ 1961 年）中，道琼斯指数上升 75%，合伙企业成绩是 251%（有限合伙人得到 181% 的回报）。巴菲特不但实现了他超过道琼斯指数 10 个百分点的诺言，而且大大超出，他实际的成绩是 35 个百分点。

随着巴菲特的名声渐渐广为人知，越来越多的人找他管理自己的资金。由于每个合伙企业只有 50 个名额的限制，巴菲特成立了一个又一个新的合伙企业。直到 1962 年，巴菲特决定将它们重新整合为一个合伙企业。这一年，巴菲特将自己的办公室从家里搬到奥马哈的基威特大厦，他在那里办公一直到今天。第二年，巴菲特做出了他一生中最为重要的著名投资之一，这使得他已经冉冉升起的名望更加如日中天。

20 世纪 60 年代最著名的公司丑闻之一，发生在提诺·迪安杰利斯领导的联合原材料植物油公司，提诺发现可以用公司色拉油的库存套取银行贷款。提诺利用油可以浮在水面上这一特性，使用了一些小伎俩。他在新泽西州建了一个炼油厂，放了 139 个五层的储油罐，用于储存大豆油。当银行人员来检验的时候，公司人员就爬上油罐的顶端，用测量棒蘸一下罐内的液体，然后大声将测量棒上的虚假数字报给外面的检验人员。丑闻被揭穿后，据悉牵涉到了美洲银行、国民银行、美国运通和其他一些国家贸易公司，欺诈贷款的金额共计 1.5 亿美元。

美国运通是这起色拉油丑闻最大的受害者之一，损失了 5800 万美元，受此消息打击，运通股价下跌超过了 50%。如果说巴菲特从格雷厄姆那里学到了什么的话，一定是：当一只优质公司股票的价格低于其内在价值时，果断出击！

　　巴菲特注意到了公司 5800 万美元的损失，但他不知道客户如何看待公司丑闻。于是他在奥马哈市有收银机的餐馆来回逛，发现人们依然在使用美国运通发行的绿色运通卡，使用频率并未下降。他又访问了几家银行，获知这起财务丑闻对于美国运通旅行支票的发售也没有什么影响。

　　回到办公室，巴菲特立即投资 1300 万美元买入美国运通的股票，这笔资金相当于整个合伙企业 25% 的总资产，比例相当巨大。在随后两年，美国运通的股票涨到了原来的 3 倍，巴菲特漂亮地净赚 2000 万美元。这是纯粹的格雷厄姆，纯粹的巴菲特。

　　成立之初，巴菲特的合伙企业只是投资于被低估的股票和一些并购带来的套利机会。但在第五年，他第一次购买了一家公司的控股权——登普斯特制造厂，一家农场设备制造商。下一步，他开始买进有点气数不佳的新英格兰的纺织厂——伯克希尔 - 哈撒韦公司，直到 1965 年他控制了这家公司。

　　在微积分学中，在拐点上，曲线曲率发生改变，从正到负，或从负到正。拐点之说也发生在企业、行业、经济、地缘政治以及个人身上。我相信 20 世纪 60 年代是巴菲特的拐点年代——他从投资家巴菲特进化为企业家巴菲特。

　　与此同时，市场也到了一个拐点。自 1956 年开始，格雷厄姆提出、巴菲特执行的估值策略成为股市的主流。但是在 60 年代后期，新时代开始了，它被称为成长股时代。这个时代里，贪婪的情绪推动着市场，快钱追逐那些高高飞扬的股票，人们迅速赚钱，或迅速亏钱。[19]

　　尽管股市的根本心理在发生改变，但巴菲特合伙企业延续了杰出的表现。到 1966 年年末，合伙企业累计回报 1156%（有限合伙人取得 704%），道琼斯指数同期表现为上升 123%。尽管业绩优异，巴菲特却越来越不安，因为股市的脚步越来越超出格雷厄姆的原则范围。新的舞曲响起，但巴菲特找不到感觉。

　　1969 年，巴菲特决定解散合伙投资企业，他发现市场已经高度投机，值得投资的机会极度稀缺。60 年代后期，股市被高高在上的成长股所主导。"漂亮 50"天天被人挂在嘴边，雅芳、宝丽来、施乐的股票都处于 50 ～ 100 倍的市盈率。巴菲特给合伙人写了一封信，坦诚自己已经不适应当前的股市环境，"但有一点，我很清楚，"他说，"我不会将之前自己明白其逻辑的投资方法全部抛弃，尽管它们在目前的市场中难以运用，尽管这意味着放弃大量的、明显的唾手可得的盈利。使用那些我自己完全不理解的、未经实践的方法可能会导致本金的永久性损失。"[20]

　　在巴菲特合伙企业起步之初，他为公司设定了每年跑赢道琼斯指数 10 个百分点的目标，从 1957 年起步到 1969 年解散，他的确击败了道指，不仅仅是 10 个百分点，而是 22 个百分点！当合伙企业解散时，每个投资人都收到了相应的资产。一些人转向市政教育债券，一些人被推荐给了一位基金经理。巴菲特推荐的这个人是比尔·鲁安，他也是格雷厄姆的学生，巴菲特在哥伦比亚大学的同学。鲁安同意管理一部分合伙人的资金，这促成了著名的红杉基金的诞生。另一些合伙人，包括巴菲特本人，将自己的部分资金转换为伯克希尔公司的股票。巴菲特自己在合伙企业中的财富已经增长到 2500 万美元，这足以让他控制伯克希尔－哈撒韦公司。

当巴菲特解散合伙企业时，很多人以为巴菲特要"金盆洗手"了，但实际上，好戏才刚刚开始。

伯克希尔－哈撒韦

公司最初的前身是成立于 1889 年的伯克希尔棉花制造厂。40年后，工厂合并了一些其他的纺织企业，成为新英格兰地区最大的工业企业之一。在此期间，伯克希尔公司的棉花需求量大约占全国棉花需求量的 25%，用电量占新英格兰地区用电量的 1%。1955 年，伯克希尔与哈撒韦制造公司合并，公司名称随之变更为伯克希尔－哈撒韦，并沿用至今。

不幸的是，合并之后的公司命运多舛，不到 10 年的时间，股东权益下降了一半，亏损超过 1000 万美元。之后的 20 年，巴菲特和主管纺织业务的肯·查斯一直努力，试图扭转这个新英格兰的纺织厂。结果令人失望，净资产收益率勉强维持在两位数。

到了 20 世纪 70 年代，股东们开始质疑维持一个效益不佳的纺织厂运营是否值得。巴菲特没有掩饰面临的难题，在数个场合，他解释了自己的考虑：纺织厂是当地就业人数最多的企业，这些工人年龄偏大，相对不具备转业的技能，管理层表现出高度的工作热情，工会要求合理，最重要的是，巴菲特相信纺织厂还是能实现一些利润的。

　　然而，他也表述得很清楚，希望纺织部门能在适当的资本成本上产生利润。他解释道："我不会仅仅为了增加公司的回报，而关闭一些低利润率的业务部门。我也不会认为有利润的公司就应该去为一些前景不明的业务继续花钱。亚当·斯密不会同意我的前一个观点，卡尔·马克思不会同意我的后一个观点，我选择站在中间让我感到舒适的位置。" 21

　　当伯克希尔进入 80 年代，巴菲特面临一些更现实的问题。首先，纺织业的性质决定了高回报是不可能的了。纺织品是普通类商品，这类商品很难将自己与竞争对手区分开来。来自国外的竞争者使用更便宜的劳动力，一点一点挤压利润。其次，为了维持纺织企业的竞争优势，需要不断投入新的资本金，在通货膨胀的情况下前景更为骇人，企业迟早会发生资本贫血的灾难。

　　巴菲特面临艰难的选择，如果他投入大量的资金以维持纺织部门的竞争力，伯克希尔的资产回报率将被拉低；如果不增加再投资，伯克希尔的纺织厂对于其他国内同行而言，将丧失竞争力。无论巴菲特是否增加投资，国外的同业竞争者都具有强大的低成本的劳动力优势。

　　1980 年的年报终于透露了关于纺织部门的坏消息，那一年，纺织部门失去了在董事长致辞中的首要位置，第二年的致辞也没有谈到纺织部门的情况。到了 1985 年 6 月，必然的事情发生了，巴菲特关闭了纺织厂，结束了这项具有百年历史的业务。

　　尽管纺织厂最终不幸歇业了，但是这次经验却不是完全的失败。首先，巴菲特学到了宝贵的一课——企业拐点，当企业的环境发生根本性变化时，它们很少能转型成功。其次，纺织厂早期产生的现金流足以供巴菲特去购买保险公司，这造就了更为精彩的故事。

保险业务运营

1967 年 3 月，伯克希尔公司出资 860 万美元，收购了奥马哈市当地的两家保险公司：国民赔偿公司和国民火灾海上保险公司。这是伯克希尔惊人成功故事的开端。

为了能好好欣赏这出重头戏，先要弄清楚拥有保险公司的真正价值所在，这一点很重要。保险公司有时是个好投资，有时不是，然而，它们通常总是很好的投资工具。保单持有人（保险公司客户）支付保费，提供了持续的现金流；保险公司用这些现金进行投资，直至有客户出险提出索赔。由于索赔发生的时间不确定，所以保险公司的投资对象是具有流动性的证券——主要是短期固定收益证券、长期债券和股票。这样，巴菲特购买的不仅仅是两家健康的公司，而且是管理投资的工具。

1967 年，这两家保险公司拥有的投资组合中，包括债券 2470 万美元、股票 720 万美元。两年之后，这个投资组合增值为 4200 万美元，干得相当漂亮。巴菲特接管伯克希尔之后，有了管理这家纺织企业证券组合的经验。1965 年巴菲特接管公司时，公司拥有一个 290 万美元的证券投资组合，一年之后，巴菲特将其扩大到了 540 万美元。1967 年，证券投资带来的回报是纺织部门盈利的 3 倍，而证券部门的净资产只有纺织部门净资产的 1/10。

人们对于巴菲特进入保险领域、退出纺织领域这种行为，是有争议的。有人认为，保险业也像纺织业一样，是个普通商品类型的行业，它们销售的产品（保单）并无特质。保险业的保单可以标准化，可以被其他保险公司复制，没有商标、专利、地域优势等能让一家保险公司有别于其他同行。获得保险执照不难，保险费率也都是公开的。

最能区分一家保险公司的是它的工作人员。公司管理层的努力对于一家保险公司的运营表现有着巨大的影响。多年以来，巴菲特在伯克希尔的组合中增加了一系列的保险公司，其中最为著名的是盖可保险公司。1991 年，伯克希尔买入盖可保险 50% 的股份。之后的三年，盖可的表现令人印象深刻并持续攀升，更让巴菲特增添了兴趣。1994 年，伯克希尔宣布已经持有盖可保险 51% 的股份，并很认真地讨论盖可加入伯克希尔大家庭的问题。两年之后，巴菲特写了一张 23 亿美元的支票，盖可保险成为伯克希尔的全资公司。

巴菲特并未止步于此，1998 年他斥资 160 亿美元收购了一家再保险公司——通用再保险。这是截至当时最大的一笔投资。

年复一年，巴菲特继续在收购保险公司，但毫无疑问，他最聪明的是对于人才的收购。巴菲特请阿吉特管理伯克希尔的再保险集团，阿吉特出生于 1951 年，毕业于久负盛名的印度技术学院，取得工程师学位。他在 IBM 工作了三年之后，前往哈佛获得了商业学位。

尽管阿吉特没有保险行业背景，但巴菲特很快发现了他惊人的才干。自 1985 年起，阿吉特用 20 年时间建立的再保险集团的浮存金（保费收入尚未赔付）达到 340 亿美元。按照巴菲特的说法，阿吉特"对于风险的掌控无人能及，他的运作综合了能力、速度和决断，最重要的是，他在保险方面拥有独一无二的头脑"。[22] 他们每一天都在相互交流。阿吉特到底有多重要呢？给你提供一个线索，巴菲特在 2009 年伯克希尔的年报中写道："如果芒格、我和阿吉特同在一条沉船上，你只能救一个人，请游向阿吉特。"

导师及其公司

要形容巴菲特是不容易的，仅从外表上看，他并不起眼，像个老爷爷，而不是一个公司的大老板。就智力而言，他被认为是天才，但他与人相处时非常简单、平易近人。他简单、直率、豪爽、诚实，融干练机智和亲切幽默于一体。他喜欢逻辑分明，厌恶混乱无序；他喜欢单纯，厌恶烦琐。

在年报中，巴菲特常常引用《圣经》，或约翰·梅纳德·凯恩斯、梅·韦斯特等人的著作或名言，凡是阅读的人都会备感亲切，被深深打动。每份年报都信息量极大，长达 60 ～ 70 页，没有照片、没有彩图、没有表格。从年报的第一页开始，就充满着积极向上的正能量，它们将金融触觉、平易近人的幽默，以及诚实的精神融合为一体。巴菲特在报告中非常坦率地直面公司的优势与不足，他认为股东就是公司的主人，并设身处地替他们着想。

巴菲特主导的公司综合体现了他的个性、企业哲学（与其投资哲学如出一辙），及其独一无二的风格。伯克希尔公司是个构建精密的大厦，但不复杂。它只有两个部分：企业运营和投资组合。投资组合的资本来自保险业务的浮存金，以及非保险业务的盈利。巴菲特管理证券投资组合，就像他考察购买一个企业一样，看它们是否物有所值，看其管理层是否忠诚。

今天，伯克希尔 - 哈撒韦公司由三个部门组成：保险业务、资本密集型业务（包括中美能源、伯灵顿北方圣达菲铁路等）、制造服务零售业务（业务从棒棒糖到喷气式飞机）。2012 年，这些业务合计为伯克希尔公司提供了 108 亿美元的盈利；而 1988 年，公司盈利为 3.99 亿美元。2012 年公司证券投资组合的市值为 876 亿美元，成本为 498 亿美元；而 25 年前的 1988 年，投资组合的市值为 30 亿美元，成本为 13 亿美元。

在过去的 48 年里，自 1965 年巴菲特接管伯克希尔 - 哈撒韦公司以来，公司的账面价值从每股 19 美元增长到 114 214 美元，年复合增长率 19.7%，同期标普 500 指数的增长率为 9.4%（包括分红在内）。这意味着在长达半个世纪的时间里，巴菲特胜出 10.3个百分点。正如我前面提到的，当巴菲特关闭他的合伙企业时，他的辉煌之旅才刚刚开始。

五西格玛事件

多年以来，学术界和投资专家们关于有效性的争论，渐渐形成了有效市场理论。这个具有争议的理论认为，股票分析徒劳无益，纯属浪费时间，因为所有可以获得的信息都已经被反映在股价上。持有这种观点的人坚信，那些朝股票行情板随意丢出飞镖的投资人，他们的成功概率与那些经验丰富、每天花大量时间阅读季报或年报的分析师并无二致。当然，这里有开玩笑的成分。

一些持续打败市场指数的个案——最著名的是沃伦·巴菲特——证明有效市场理论存在缺陷。但理论家们认为，不是该理论有缺陷，而是像巴菲特这样的个案是个五西格玛事件——统计学上极其罕见的现象，这种现象极其罕见以至于不可能发生。[23]与这些人站在一边，将巴菲特现象称为统计稀罕物是件很容易的事。没有人能重演他的投资业绩，无论是其13年的巴菲特合伙企业的表现，还是50年的伯克希尔－哈撒韦公司的表现。当我们观察每一个职业投资人的表现，并发现他们长期无法击败市场主要指数时，这提出了一个问题：股票市场的确是无懈可击的吗？巴菲特的方法可以被大多数投资者使用吗？

最后，让我们思考一下巴菲特的话："我们的所作所为没有超越任何人的能力范围，我感觉我做投资和我做管理没有什么两样，根本不必为得到超凡的结果去刻意做什么超凡的事情。"[24]大多数人认为这仅仅是巴菲特中西部式的谦虚表现，但我不这么认为，我把他的话当真了，而这正是这本书的主题。

第 2 章

沃伦·巴菲特的教育

即便是拥有产生五西格玛现象的惊人智力，也不可能越过受教育的学习阶段。正如我们将要看到的，沃伦·巴菲特在投资哲学上的教育源自三个非凡人物的心智结合：本杰明·格雷厄姆、菲利普·费雪、查理·芒格。

格雷厄姆对于巴菲特的影响众所周知，一些人认为巴菲特全部承袭自格雷厄姆。考虑到两人长期的交往历史，这种观点并不意外。巴菲特首先是格雷厄姆的读者，然后是学生、员工、合作者，最后是同行，格雷厄姆塑造了巴菲特未经训练的心智。然而，那些认为巴菲特仅仅受教于格雷厄姆的人，忽视了其他两位非凡的金融思想家的影响：菲利普·费雪和查理·芒格。在这一章中，我们将研究上述人物。

本杰明·格雷厄姆

格雷厄姆被认为是金融分析的开山鼻祖。正如亚当·史密斯所言："在他之前没有（金融分析）专业，在他之后才有了这个名称。"[1] 今天，他以两部名著而载入史册：《证券分析》（最早出版于1934年，与大卫·多德合著）；《聪明的投资人》（最早出版于1949年）。

《证券分析》一书经久不衰的意义部分由于其时机，这本书在1929年大危机之后的几年问世，1929年大危机是个改变世界的事件，它对作者的生活以及思想产生了深刻影响。当其他学者试图寻求这种经济现象的解释时，格雷厄姆帮助人们恢复财富，朝着有利的方向前行。

本杰明·格雷厄姆能说流利的希腊语和拉丁语，并在数学和哲学方面有着学术兴趣，1914 年他从哥伦比亚大学获得理学学士学位，当年他 20 岁。尽管他没有受过财经方面的教育，他的职业生涯却是从华尔街开始的。他的第一份工作是在 Newburger，Henderson & Loeb 经纪公司做信息员，周薪 12 美元，负责将债券和股票的行情写在黑板上。很快他被提升为研究员，撰写研究报告，不久被升为公司的合伙人。1919 年，他 25 岁时，年薪已达到60 万美元，相当于 2012 年的 800 万美元（这是个惊人的数字）。

1926 年，他和杰尔姆·纽曼成立了投资合伙企业，正是这家公司大约 30 年后雇用了巴菲特。格雷厄姆–纽曼公司在 1929 年的大危机中挺了过来，还经历了第二次世界大战、朝鲜战争，直至 1956 年解散。

很少有人知道 1929 年大危机给格雷厄姆造成的重大财务打击，这是他生命中的第二次（第一次是他父亲过世时，整个家庭无依无靠），格雷厄姆需要从头开始积累财富。他在母校发现了灵感，在那里他开始在夜间班教授金融课程。在象牙塔里，格雷厄姆有机会反思和重新评估投资问题。在哥伦比亚大学教授大卫·多德的建议下，格雷厄姆写下了经典的有关谨慎投资的论文。

格雷厄姆和多德都有超过 15 年的投资经验，他们花了四年时间一起完成了《证券分析》一书。当这本书于 1934 年初次面世时，路易斯·里奇在《纽约时报》上写道："这是全面的、成熟的、精致的、完全值得称赞的学术探讨和实践的产物，如果它的影响得以发挥，那么投资者的心思将会放在证券上，而不是市场上。"[2]

在第 1 版中，格雷厄姆和多德花了大量篇幅分析有关上市公司的信息混乱。在 1933 年《证券法》和 1934 年《证券交易法》出台之前，公司的信息披露是不足的，甚至经常是误导的。很多公司拒绝披露销售信息，而且资产的评估值也不可信。有关公司的假消息被用于操纵股价，无论在 IPO 过程中还是在上市之后。在《证券法》之后，公司的改革也很缓慢，而且是故意的。1951 年此书的第 3 版面世时，他们指出公司的混乱情况已经得到遏制，格雷厄姆和多德从他们的角度谈到股东与管理层关系的问题，主要是管理层权限和分红政策。

《证券分析》一书的精髓是阐明，一个建立在合理价格基础之上的、精挑细选的、多元化的普通股投资组合，可以是一个健康的投资。一步一步地，格雷厄姆帮助投资者了解其方法的逻辑性。

格雷厄姆面对的第一个问题是，对于"投资"一词没有一个明晰定义。引用路易斯·布兰代斯法官的说法，格雷厄姆指出："投资一词有多个意思。"他注意到当时有的说法将股票定义为投机，将债券定义为投资。但一个质量糟糕的债券不应该仅仅因其为债券而被认为是投资；一只股票不应该仅仅因其是股票而被视为投机，尽管它的价格可能低于其净流动资产。这得看怎么说，格雷厄姆认为，如果借钱去买证券以期赚快钱，那么无论买的是股票还是债券，这都是投机。考虑到问题的复杂性，格雷厄姆提出了自己关于投资的定义："投资是经过深入分析，可以承诺本金安全并提供满意回报的行为。不能满足这些要求的就是投机。"[3]

这个简单的定义集中了值得我们关注的东西。

首先，什么是"深入分析"？他以一个简洁的定义开始："基于已有的原则和正常的逻辑，仔细研究可以获得的事实，得出结论。"[4] 他进一步将分析分为三步：①描述；②批判；③选择。第一步，搜集多方信息并以合理的方式呈现。第二步，检验这些搜集来的信息：这些信息可以代表事实吗？最后一步要求分析人员做出判断，判断这些证券是否具有吸引力。

其次，格雷厄姆坚持一个证券被认定为投资必须满足两个条件：一定程度上的本金安全和满意的回报率。

第一个条件是本金安全。但他提醒说，安全不是绝对的，一个非常的不可预见的事件甚至可能导致债券也违约。人们要考虑的是在合理的情况下，投资应该是安全的。

第二个必要条件是满意的回报。"满意"具有主观性。他说回报可以是任何数字，无论多低，只要投资者行为明智且满足了投资的定义。

根据格雷厄姆的定义，一个人如果基于正确逻辑进行了财务分析，遵循本金安全原则和选择合理的回报率，他就是投资者，不是投机者。

终其职业生涯，格雷厄姆始终面对投资与投机的纷扰。在他去世前不久，他十分沮丧地看到机构投资者越来越多的投机行为。在1973～1974年大熊市后不久，格雷厄姆应邀出席了由投资银行帝杰公司主持的基金经理人会议，他为所听到的发言感到震惊，"我无法理解，为什么机构的基金经理们从原本正确的投资基础上堕落到了你死我活的竞争中，试图在最短的时间里获取最高的回报。"[5]

在明确了投资与投机的定义之外，格雷厄姆第二个贡献是提出了投资普通股的方法论。他的方法论称为"安全边际"，其思想来自1929年的大崩溃。

1929年崩盘前，所谓投资的投机活动蔚然成风，乐观主义已经猖狂到了危险的地步，整个市场就是一场由投机伪装成投资的假面舞会。被已有的成功所鼓舞，人们想象未来是个持续成长和繁荣的时代，开始放松警惕，竞相追逐不断推高的股价。格雷厄姆说，人们愿意为股票付出任何价格，根本不考虑进行数量分析，市场乐观标出的任何价格好像都是物有所值的。在这疯狂之巅，投资与投机的界限模糊了。

针对这种高风险行为，格雷厄姆建议以"安全边际"去挑选股票。在这种方法中，对于公司未来成长充满信心的投资者如果将股票纳入组合，可以考虑两种情况：①在整个大势低迷期间买入股票（通常这种情况发生在熊市，或类似的市场调整期）；或②即便在市场整体估值并不便宜的情况下，购买那些价格低于其内在价值的股票。无论哪种情况，安全边际都在考虑之中。

第一种情况——在大势低迷时买入——其难点在于时间点不可能人为控制。它需要投资者使用一套公式去判断市场何时昂贵、何时便宜。这样，投资者就成了预测市场拐点的人，而这过程有多长却是不确定的。当市场标价公平时，投资者买入也是无利可图。等待市场调整而有买入的机会，可能令投资者空耗时间精力，最终一无所获。

由此，格雷厄姆建议投资者将精力放在第二种情况上，寻找那些被低估的股票，不用理会大势的高低。这种策略可以持续运行，投资者需要有方法分辨出哪些股票的价格比其内在价值低。运用数量分析勾勒出低估股票的方法，在《证券分析》这本书之前，从来没有出现过。

格雷厄姆简化了正确投资的概念为"安全边际"概念。无论股票还是债券，他都用这种方法去投资。

建立债券的安全边际概念不难，例如，分析人员看一家公司过去五年的运营历史，发现它的年度利润 5 倍于债券的利息，那么该公司的债券就具有可靠的安全边际。格雷厄姆并不指望投资者能正确地预测公司未来的收入情况；相反，他认为如果公司利润与固定利息之间的差距足够大，即便公司未来收入遭到不可预见的事件打击，投资者利益也能受到保护。

真正的考验在于格雷厄姆如何定义股票的安全边际，他推论如果股价低于内在价值，普通股的安全边际就存在。显而易见，接下来的问题是：如何确定内在价值？格雷厄姆再一次给出了简洁的定义：内在价值是"取决于事实的价值"。这些事实包括公司资产、利润和分红、未来的明确前景。

当然，格雷厄姆认为最为重要的因素是未来的盈利能力。这让他推导出一个简单的公式：一个公司的内在价值取决于未来预期利润，乘以合适的资本化系数。这个资本化系数，或乘数，受到公司利润的稳定性、资产、分红政策和财务健康状况的影响。

格雷厄姆认为这种方法成功与否，受制于我们计算公司未来前景的能力，这个计算不可避免的不精确。未来的因素，诸如销售额、价格、成本都难以预测，这一切使得这个乘数更为复杂。

尽管如此，格雷厄姆相信在三种情况下，安全边际理论仍然能够成功运用：

（1）稳定的证券类型，例如债券和优先股；

（2）在进行比较的分析中；

（3）那些价格与内在价值差距巨大的股票。

格雷厄姆让我们接受的内在价值是个难以捉摸的概念，它不同于市场的报价。最初，内在价值被认为就是公司的账面价值，或者说是资产减去负债之后的净值。这使得早期的内在价值概念是明确的。然而，分析人员发现公司的价值不仅仅是它的净资产，还有这些资产所产生的利润的价值。格雷厄姆提出，确定一个公司的精确的内在价值并不重要，一个大致的估值，相对于市场价格，已经足够测量安全边际。

格雷厄姆提醒我们，金融分析并非一项精确的科学。一些财务的数量指标，例如资产负债表、利润表、资产和负债、利润、分红等的确有助于分析。然而，我们不能忽略一些不易计算，却对决定公司内在价值非常重要的因素，其中两个是管理层的能力和公司的性质。格雷厄姆的问题是：在它们身上应该花多少精力？

他对于强调质量因素有所顾虑，管理层的能力和公司的性质是难以测量的，而难以测量是一种糟糕的测量。对于质量因素的乐观态度往往导致较高的乘数。从经验中，格雷厄姆知道当投资者的关注点从有形资产转移到无形资产时，他们将有可能冒更大的风险。而反过来，如果投资者基于公司的可测量的数量因素推算内在价值，则向下的风险是有限的。固定资产、分红、当前和历史的利润都是可测的，这些因素都是可用数字证明的，并且作为真实的经历作为逻辑验证的参考。

格雷厄姆强调，投资者应该清楚自己立足于踏实的基础之上，如果你买的是资产，即便到清算资产价值时，你的下降空间仍是有限的。但没有人能保证你看好的投资对象能达成成长的目标。如果一家公司拥有诱人的前景和高超的管理层，毫无疑问会吸引越来越多的买家，"由于大量买入，会使公司股价上升，从而导致较高的市盈率。越来越多的人沉迷于高回报的期许，股价攀升超越其应有价值，造成泡沫，泡沫越来越大以至于最终破裂。"[6]

格雷厄姆承认，拥有良好的记忆力是他的一个负担。曾经在一生中毁掉他两次的财务打击，让他更强调股市下跌时的保障，多于上升时的上涨潜力。

他经常提到两项投资原则：一是不要亏损；二是不要忘记第一条。他将"不要亏损"的理念分为与安全边际有关的两个部分：①以低于公司净资产 2/3 的价格买入公司；②专注于低市盈率的股票。

第一个方法——以低于公司净资产 2/3 的价格买入公司——符合格雷厄姆的现实感觉并满足了他的数学期望。他略去公司厂房、建筑、设备的数值，减去所有长短期负债，剩下的只有流动资产。格雷厄姆认为，如果股价低于这个数字，就是个好的投资对象，这种投资方法简单明了。但他清楚地指出，这种方法的运用是基于一揽子股票组合，而不是基于单只股票。

这个方法有个问题：满足这些条件的股票很难找到，特别是在牛市的时候。傻等着市场调整可能并非明智之举，针对这种情况，格雷厄姆提出了第二个方法：买低市盈率的股票。他仍然强调，公司必须有净资产，换言之，公司必须资产多于负债。

在职业生涯中，格雷厄姆数次改变他的投资方法，在他1976年过世前不久，他与西德尼·科特尔重新修订《证券分析》第5版时，格雷厄姆提出买股票的标准：10倍市盈率，股价是前期高点的一半，以及净资产价值。格雷厄姆用这些标准推算了自1961年以来的股市历史，结果令人很满意。

年复一年，大量投资者研究搜寻类似的确定公司内在价值的捷径。当格雷厄姆提出的低市盈率法仍然有效的时候，我们发现仅仅基于会计比率的这种投资决策方法，并不足以产生满意的回报。今天，大多数投资者使用约翰·伯尔·威廉斯在《投资价值理论》（哈佛大学1938年出版）一书中对于价值的定义：任何投资的价值都是公司未来现金流的折现。我们将在第3章中讨论更多关于分红折现模式的内容。

现在，我们发现格雷厄姆的两个方法——以低于公司净资产2/3的价格买入公司和买入低市盈率的股票——有着共同的特征。他所选中的股票可能因为某种原因，在股市上并不受欢迎，所以价格低于价值。格雷厄姆强烈地认为这"低得不公平"，所以是买入的好标的。

格雷厄姆的信念建立在一些特定的假设上，首先，他认为由于人们的贪婪和恐惧的情绪变化，使股票经常被错误标价。在贪婪之巅时，股价被推升至远超其内在价值，造成股价过高的局面。反之，恐惧压低股价，造成股价低于价值的局面。他的第二个假设是基于统计学上的"均值回归"理论，尽管他没有使用这个名词。无论是统计学还是诗歌，格雷厄姆相信投资者能从低效市场的修正力量中获利。他引用了诗人贺拉斯的雄辩的诗句作为佐证：

> 今天那些已然坍塌的，将来可能会浴火重生；
> 今天那些备受尊荣的，将来可能会匿迹销声。

菲利普·费雪

在格雷厄姆写作《证券分析》时，菲利普·费雪正开始他的投资顾问工作。从斯坦福大学工商管理研究生院毕业后，费雪在益格鲁·伦敦·巴黎国民银行（Anglo London & Paris National Bank）做分析师工作，地点在旧金山。不到两年，他就成为统计部门的头儿。在这个位置上，他见证了 1929 年大危机中的股市崩溃。之后，在一家当地的经纪公司无所事事地短暂工作一段时间后，他决定自行创业，1931 年 3 月 31 日，他的费雪顾问公司开始招揽客户。

30 年代初期开办投资顾问公司看起来有些蛮干，因为股市上哀鸿遍野，经济上千疮百孔。但费雪认为他有两个优势：首先，大崩盘之后，尚有余钱在手上的投资者肯定对于自己之前的经纪人很不满意。其次，在大萧条期间，人们有充足的时间坐下来与费雪交谈。

在斯坦福的时候，有一门课程要求费雪和教授一起定期访问旧金山周围的企业，教授会与企业家们讨论公司的运作，并且帮助他们解决遇到的问题。在驾车回斯坦福的路上，他和教授会重新总结所观察的企业和管理层。费雪后来回忆道："每周的这次活动，是我受到的最有用的训练。"[7]

这些经历使费雪开始相信超级利润有可能从如下方式获得：（1）投资于那些拥有超出平均水平潜力的公司；（2）与能干的管理层合作。为了搜寻卓越的公司，费雪发明了一套"点系统"，它可以根据企业和管理层的特征区分出合格的公司。

费雪印象最深刻的公司特征，是多年销售和利润的成长率高于同行业。[8]为了满足这个条件，费雪相信一家公司所在的行业必须"具有足够市场空间潜力，才能具备多年大规模增长的可能。"[9]费雪并不很在意连续的年度增长，他以数年为周期的表现去判断公司成功与否。他注意到企业生命周期的变化会给销售和利润造成实质影响，然而多年的观察使他相信，有两类企业会表现出超过平均水平的成长性：①"幸运且能干"的企业；②"幸运因为能干"的企业。

他说美国铝业公司（Alcoa）是第一类公司的例子，这个公司"能干"，是因为它的创始者们很能干，他们早早预见到了其产品的市场前景，并积极做了准备，推动铝业市场提升销售。这个公司也很"幸运"，因为在他们能掌控的范围之外，外界因素对于公司和产品市场非常有利。航空运输市场的迅速发展，大大促进了铝制品的销售。由于航空业的大发展，美国铝业公司从中获得的收益，大大超出了公司最初的设想。

杜邦公司是一个"幸运因为能干"的好例子。如果杜邦还坚持只生产最初的产品——喷砂粉，公司就会像很多典型的矿业公司一样。但是公司管理层利用他们获得的关于武器火药的知识，开始发明新的产品——包括尼龙、玻璃纸、璐彩特（透明合成树脂），创造出新的市场需求，最终为杜邦创造了数十亿美元的销售额。

费雪注意到，一个公司的研发可以为其超出平均水平的成长提供持续的支撑。很明显，如果这两家公司没有在研发方面的重大投入，就不可能取得长期的成功。即便是非高科技企业也需要致力于研发，以便为客户提供更卓越的产品和更有效率的服务。

除了研发之外，费雪还审视了企业的销售机构。根据观察，一家公司即便有了好的产品和服务，但如果无法"成功地商品化"，研发的努力也不会带来销售额。帮助客户认识公司产品和服务的优势是销售部门的责任。他解释说，销售部门应该监测客户的购买习惯，并能捕捉到客户需求的变化。费雪认为销售在联结市场和研发部门方面具有巨大的价值。

不过，仅仅拥有市场潜力还不够，费雪相信即便是一个销售增长超越平均水平的公司，如果它不能为股东赚钱，也未必是一个合适的投资对象。他说："并非所有销售增长良好的公司都是好的投资对象，如果年复一年，其利润没有同步增长的话。"[10] 因此，费雪不仅寻找那些提供低成本的产品或服务的公司，而且希望它们能致力于保持这个优势。一个具有低利润平衡点、高利润率的公司更能经得起低迷经济环境的考验。最终，它能击败对手，牢牢站稳自己的市场地位。

费雪指出，如果一家公司不懂得分解成本，同时明白制造过程中的每个环节，就不可能维持它的利润率。为了这样做，公司必须进行足够的会计监督和成本分析。成本分析应该能让公司管理层发挥出生产产品和服务资源的最大潜能。此外，会计监督有助于发现公司运营中的问题所在，而这些问题或低效，可能就是影响公司整体盈利能力的早期预警。

费雪对于公司盈利能力还有一个考虑，即公司未来的成长是否依赖新增投资。他说：如果一家公司的成长是由大量新增投资所致，那么股本的增大将摊薄现有股东的利益，使其无法分享成长的好处。一家高利润率的公司应具有内生性产生的现金流，这些资金能维持公司的成长，而无须稀释股东的权益。另外，一家在固定资产和运营资本需求方面控制有方的公司，能管理好它的现金需求，避免通过股票进行融资。

费雪注意到，优秀的公司不但拥有超越平均水平的企业特征，而且，同样重要的是，它们的管理者的能力也超越平均水平。在现有产品和服务的市场潜力发展到尽头时，管理者们会开发出新的产品和服务继续驱动销售的增长。很多公司会有很多不同的产品线维持数年，少数公司会有策略维持10～20年的增长。"管理层必须有适时可行的方针，以期短期利益服从长期利益。"[11] 他解释说，服从长期利益并非牺牲短期利益，一个超出平均水平的管理层应该具有实施长期计划同时兼顾日常公司运营的能力。

费雪认为还有一个特征也很重要：公司是否有忠诚可靠的管理层？管理层能否担得起股东的信托责任，或他们是否仅仅关心自己的利益？

有个方法可以帮助投资者得出结论，费雪建议，看管理层与股东们的沟通方式。无论是好公司还是坏公司，都会经历困难时期。通常，当情况好的时候，管理层会畅所欲言；但当经历艰难时，有些公司会三缄其口，而不是开诚布公地说明遇到的困境。费雪认为，从管理层面对困难的态度，可以判断出很多公司未来的表现。

费雪认为对于一家成功的企业，管理者应该创造良好的劳资关系。员工们应该发自内心地认为公司是个工作的好地方，蓝领工人应该有受人尊重的感觉，公司干部应该明白职位的提升是基于能力，而不是上层的偏好。

费雪也考虑管理层的洞见，CEO 是否有一个有能力的团队？他是否能授权下属运营部分业务？

最后，费雪会考量公司的独特之处：与同行比较，公司有何不同。他试图发现线索以帮助理解一家企业相对于同行的优势。仅仅阅读财务报表是不足以做出投资判断的，谨慎投资的重要一步是，从熟悉公司的人那里尽可能多地获得信息。费雪承认这种无所不包的调查方式就是所谓的"闲聊"。今天，我们可能将通过这种方式获得的信息称之为小道消息。如果能处理得当，闲聊亦能获得大量有用的信息，帮助投资者发现极佳的投资对象。

费雪采用"闲聊"的调查方式，尽可能与更多的人沟通，他跟顾客聊、跟供应商聊，他去找那些前雇员、顾问、大学研究员、政府公务员、交易协会的领导者以及竞争对手聊。他惊奇地发现，尽管人们不愿披露当下服务的公司内幕，但对于竞争对手的情况倒是毫不吝啬。"这太令人兴奋了，"他说，"在一个行业里，从不同的角度交叉观察一家企业，能得出一幅多么准确的公司优缺点的全景图。"[12]

很多投资者不愿意花时间和精力，去进行费雪认为必要的工作以了解企业情况。约见不同的人"闲聊"也很费时间，而针对不同的公司进行这项活动工作量实在太大了。针对这个问题，费雪找到了另一个方法来应对——减少要研究的公司的数量。他总是说，宁愿持有少数优质公司的股票，也不会持有很多家平庸公司的股票。总之，他的投资组合少于 10 家公司，其中三四家公司的股票会占到总仓位 75% 的比例。

费雪相信，投资成功只需做好几件事即可，其中之一便是在能力圈内投资。他总结自己早期的错误，是由于"超出了我的经验范围，开始投资于自认为很了解的领域，但实际上完全不是，那是一个我没有相应知识背景的领域"。[13]

查理·芒格

当沃伦·巴菲特 1956 年开始投资合伙事业时，仅有 10 万美元多一点的资金，他早期的工作之一就是说服新投资人加入，当巴菲特向邻居埃德温·戴维斯医生夫妇推销投资理念时，医生突然打断他，说要投资 10 万美元，巴菲特问为什么，他说："因为你让我想起了查理·芒格。"[14]

尽管两人都成长在奥马哈，而且有很多共同的熟人，但巴菲特和芒格在 1959 年之前从未见过。那时，芒格已经移居加州南部，在他父亲过世时，他回家乡，戴维斯医生安排了两个年轻人见面并在当地的一家餐馆共进晚餐。这是一个非同寻常的合作的开端。

查理的父亲是一位律师，爷爷是联邦法官。当时，他在洛杉矶已经有一家成功的律师事务所，但他对于股市投资有很强烈的兴趣。在初次的晚餐聚会中，两个年轻人发现彼此有很多共同的话题，包括股票。从那时起，他们经常沟通，巴菲特鼓励芒格离开律师行业，专注于投资。有一段时间，芒格两个行业都干。1962 年，他像巴菲特一样组建了一个投资合伙企业，同时继续着律师事务所的工作。经历成功的三年之后，他完全离开律师行业，尽管直到今天，挂着他名字的律师事务所仍为他保留着办公室。

在稍后的第 5 章里，我们会看到芒格投资合伙企业的历史表现。芒格在洛杉矶的合伙企业与巴菲特在奥马哈的公司有很多相同之处：都寻求购买物有所值的对象，都有杰出的投资表现。毫不奇怪，他们甚至看中一些相同的股票。像巴菲特一样，60 年代末芒格开始买入蓝筹印花公司，并最终成为其董事长。1978 年当伯克希尔公司与蓝筹印花公司合并之后，芒格成为伯克希尔的副董事长，一直到今天。

　　芒格与巴菲特的工作关系不是那种合同关系，而是一种与时俱进的更紧密的共生关系，在芒格加入伯克希尔之前，他们也经常共同商议投资决策，甚至每天都商量，渐渐地他们的投资有了更多的相通性。

　　今天，芒格继续担任伯克希尔的副董事长，从各方面都是巴菲特的合作者，并不断地自我改善。你想知道他们的联系有多紧密，就看看年报中巴菲特提到了多少次"查理和我"，无论是"共同决策"，或"看法相同"，或"同样考虑等待"，都很多次用到这四个字，以至于"查理和我"看起来像一个人的名字。

　　在工作方面，查理不但带来了金融智慧，还有企业法律的基础，他也带来了与巴菲特相当不同的知识的视角。查理在很多知识领域均有热衷，包括科学、历史、哲学、心理学、数学。他认为有思想的人能够也应该将这些知识运用到投资决策之中。为了获得"普世智慧，"查理说，"你必须构建一个心智模式的格栅。"[15]想欣赏查理知识深度和广度的读者，可以阅读《穷查理年鉴：查理·芒格的机智与智慧》这本书（2005 年出版）。

　　金融知识、律师背景、来自其他学科的经验，所有这些综合在一起，查理带来了不同于巴菲特的投资理念。当巴菲特继续毫不动摇地执行格雷厄姆的理念、继续寻找"烟头型"股票时，查理渐渐倾向费雪的理念。在他心里，为一家伟大的公司支付公平的价格，胜过为一家平庸的公司支付便宜的价格。

　　查理帮助巴菲特跨越深度价值投资理论，进而考虑购买高质量企业的鸿沟，这种思想的深刻转变，在伯克希尔收购喜诗糖果的故事中得以充分体现。

1921 年，71 岁的老太太玛丽在洛杉矶开了一家街头糖果店，出售自己亲手调制的巧克力。在她的儿子和合伙人的协助下，慢慢地在加州南部和北部开了一些连锁店。历经 1929 年大危机、第二次世界大战时的食糖配给短缺、激烈的竞争，所有这些都没有改变公司的一个策略：绝不降低质量！

经过 50 年的发展，喜诗糖果成为西海岸最重要的糖果连锁店，玛丽的继承者希望开始别样人生的新阶段，不打算继续经营。在喜诗糖果工作了 30 多年的查克·哈金斯被授权负责寻找最佳买家，协助出售企业。他谈了几家，但还是没有定下来。

1971 年年末，一个蓝筹印花公司（那时伯克希尔已经是最大股东）的投资顾问建议买下喜诗糖果。喜诗糖果要价 4000 万美元，当时喜诗公司拥有 1000 万美元现金资产，所以净价为 3000 万美元。巴菲特仍然犹豫着，因为这个价格是净资产的三倍，根据格雷厄姆的理论，这个价格太高了。

查理说服巴菲特买下来，认为这看似高价实际上是个好交易。巴菲特出价 2500 万美元，成交！对于巴菲特来说，这是对于格雷厄姆理论的第一次重大突破，格雷厄姆的理论认为只能以低于账面价值的价格买入。这是巴菲特思想转变的开始，他感谢查理将他引领到了新的方向。查理后来评价说："这是我们第一次为品质买单。"[16] 十年之后，有人出价 1.25 亿美元想买喜诗糖果——5 倍于 1972 年的买入价。巴菲特拒绝了。

巴菲特和芒格的合作如此长久的原因之一，是他们对于商业的通用原则都持有坚定的信念，都展示出必要的管理高品质企业的才能。伯克希尔－哈撒韦的股东们真有福气，有这样的合作伙伴守护他们的利益，并帮助他们在各种经济环境中赚钱。因为没有强制的退休政策，伯克希尔的股东们不是从一位伟大的投资家，而是两位投资家那里获益，超过 35 年。

多种知识的融合

1976 年在格雷厄姆去世后不久，巴菲特成为格雷厄姆价值投资方法的代言人，的确，巴菲特的名字已经成为价值投资的代名词。[17] 因为他是格雷厄姆最为著名的学生，巴菲特也在每一个场合感谢从格雷厄姆那里学到的知识。即便今天，巴菲特还是认为格雷厄姆对于他的投资生活的影响，仅次于他的父亲。[18] 他甚至给长子取名为：霍华德·格雷厄姆·巴菲特。

然而，巴菲特对于华盛顿邮报（1973）、大都会/ABC（1986）、可口可乐（1988）、IBM（2011）的投资中所蕴含的内在逻辑如何用格雷厄姆的理论解释呢？这些公司没有一个能通过格雷厄姆严苛的财务考验，但巴菲特却大笔投资。

早在 1965 年，巴菲特就注意到格雷厄姆买低价股的策略的局限性。[19] 他说，格雷厄姆愿意买的股票出价如此之低，以至于公司"打个嗝"就会让投资者能高价抛出获利。巴菲特管这叫作"捡烟头"投资法，走在大街上，投资者看到地上有个烟头，就捡起来吸上最后一口，尽管味道不怎么样，但代价很低，所以看起来似乎物有所值。巴菲特说，要想让格雷厄姆的策略行之有效，必须有人愿意充当清算者。

巴菲特解释：比如一家资产 1000 万美元的公司，你付了 800 万买下，假如你能以资产价卖出，将是利润可观的。但是现实中，这可能需要十年时间去完成，导致你的回报甚至低于平均水平。"时间是好企业的朋友，"他说，"是平庸企业的敌人。"[20] 除非能促成平庸企业的清盘，并且买入价和市场清算价之间有利可图，否则，随着时间的推移，投资的回报将与平庸企业的表现一样。

从早期的投资失误中，巴菲特渐渐偏离格雷厄姆的理论，他曾经坦诚："我在进化，并不是简单的从猿到人或从人退化到猿。"[21] 相对于关注企业的价格，他开始注重企业的质量因素，但他仍然寻找廉价品。他说："我的教训来自登普斯特轧机制造公司、三流的百货店（霍克希尔德·科恩），以及新英格兰纺织公司（伯克希尔-哈撒韦）。"[22] 他引用凯恩斯的话，试图解释这个两难困境："困难并不在于接受新观念，而在于摆脱旧观念。"巴菲特承认他的进化有些迟，因为格雷厄姆教给他的太有价值了。

1984 年，在哥伦比亚大学庆祝《证券分析》一书问世 50 周年的庆祝会上，在大学生们面前，巴菲特说有一群成功投资家都感谢格雷厄姆，大家公认他是投资智慧来源的大家长。[23] 格雷厄姆提出了安全边际理论，但每个学生都在此基础上发展出自己的方法，去确定企业的价值。然而无论有何变化，他们都有共同的主题：都是寻求企业价值与交易价格之差。那些对巴菲特购买可口可乐和 IBM 迷惑不解的人们，混淆了理论与方法论的区别。巴菲特的确运用了格雷厄姆的安全边际理论，却摒弃了格雷厄姆的方法论。根据巴菲特的说法，使用格雷厄姆方法论能获利的最后一次机会只出现在 1973 ～ 1974 年的熊市底部。

记住，即便是评估股票，格雷厄姆也不考虑企业的类型和管理层的能力，他的研究仅仅限于公司文件和年报。只要存在股价低于公司资产值而投资获利的数学可能，他就会买入。为了提高成功的可能性，他会尽可能多买几家公司的股票。

如果格雷厄姆的教学仅限于这些，巴菲特今天不会如此看重他。但安全边际理论对于巴菲特如此深刻、如此重要，以至于其他的不足方面可以忽视。直至今天，巴菲特依然坚持格雷厄姆的主要思想：安全边际。自他第一次读到格雷厄姆的书至今已经整整 65 年了，然而，巴菲特总是毫不迟疑地提醒每个人："我依然认为这几个字非常正确。"[24] 巴菲特从格雷厄姆那里学到的最为重要的一课就是：成功的投资来源于，购买那些价格大大低于价值的股票。

除了安全边际（这是巴菲特的思考框架），格雷厄姆还帮助巴菲特认识了在股市中随波逐流的愚蠢。格雷厄姆认为，股票既有投资特性，也有投机特性，而投机特性是人们恐惧和贪婪的结果。这些存在于大多数投资者中的情绪使得股价不停变动，有时高于公司内在价值，更重要的是，有时低于公司内在价值。他教巴菲特如果能够避开这些股市中的情绪旋风，就有机会从其他投资者的非理性行为中受益，因为其他投资者是基于情绪买卖股票，而不是逻辑。

从格雷厄姆那里，巴菲特学会了独立思考。如果你是在脚踏实地的基础上得出合乎逻辑的结论，就不要因为别人的反对而耽于行动。格雷厄姆写道："你的对与错不会因为别人的赞成或反对而改变，你正确是因为你的数据和推理均正确。"[25]

在很多方面，菲利普·费雪恰恰站在格雷厄姆的反面。费雪认为，为了做出正确的决策，投资者应该得到有关企业的充分信息，也就是调查企业的方方面面，不仅仅是看财务数字，还要看企业本身、企业的类型、重大的影响因素、管理层的特性，因为管理层素质将影响企业的价值。同样，还需了解企业所处的整个行业情况，以及竞争对手的情况。每一个信息来源都值得深深挖掘。从费雪那里，巴菲特学到了沟通的价值，经过多年努力，巴菲特发展出广泛的人脉网络，有助于评估不同类型的企业。

最终，费雪教会了巴菲特对于投资多元化不必过于紧张。他认为"把鸡蛋放在不同的篮子里能降低风险"的观点是错误的。买了太多股票的风险源于，不可能看好每个篮子里的鸡蛋，投资者的风险来自在不了解的企业上投入太多资金。以他的观点来看，在没有时间深入了解公司的情况下买入股票，所带来的风险更大。

格雷厄姆和费雪的不同是非常明显的。格雷厄姆作为一位数量分析师，强调可测量的数值：固定资产、当前盈利，以及分红。他的调查研究限于公司文件和年度报告，他不会花时间调查客户、竞争对手或管理层的情况。

费雪的方法与此不同，作为一位质量分析师，他强调那些他认为能提高公司价值的因素：公司前景、管理层的能力。

因此，格雷厄姆的兴趣仅仅在于购买便宜股票，费雪的兴趣在于购买那些长期而言，有潜力提高内在价值的公司。他愿意竭尽全力，进行广泛的沟通，了解更多信息以改进挑选流程。

在巴菲特读了费雪的《普通股和不普通的利润》之后，他找到了作者。巴菲特说："当我见到他的时候，他的人如同他的思想一样让人印象深刻，就像格雷厄姆一样，费雪为人谦逊，有丰富的精神世界，是一位非凡的老师。"格雷厄姆和费雪的投资路径虽然不同，但他们在"投资的世界里平行"。[26] 换一种说法，如果不用平行这个词，我认为在巴菲特身上，他们的影响是交互的：他的投资方法是双方智慧的合成，既有对于管理层和企业的质量型理解（来自费雪），也有对于价格和价值的数量型理解（来自格雷厄姆）。

巴菲特曾经说："我的方法 15% 来自费雪，85% 来自格雷厄姆。"[27] 这句话被广泛引用，但是请注意这是 1969 年说的话。时隔多年以后，巴菲特渐渐但明显地转到费雪的理念上，选择购买数量有限的企业，并持有多年。我的直觉判断，如果今天有机会再做一次表述，巴菲特可能会承认他的方法 50% 来自格雷厄姆，50% 来自费雪，二者平分秋色。

在现实的意义上，芒格是费雪质量理论的执行者。从一开始，芒格就拥有对于优质企业价值的直觉欣赏，以及应该支付合理价格的智慧。然而，在一个很重要的方面，芒格也是格雷厄姆今天的回音。早年，格雷厄姆对巴菲特说过情绪在投资中的双重性：

对于非理性决策的人是错误，对于避免落入陷阱的人是机遇。通过阅读这段话，芒格接着推演，他称之为"误判心理学"，这个概念我们将在第 6 章深入分析。通过持续的强调，这成为伯克希尔决策中的组成部分，也是芒格最为重要的贡献之一。

综上，格雷厄姆给予了巴菲特投资的知识基础——安全边际，以及帮助他掌控情绪以利用市场的波动。费雪教会巴菲特更新的、可执行的方法论，让他发现长期的优秀投资对象，以及集中的投资组合。芒格帮助巴菲特认识到购买并持有好企业所带来的回报。当我们了解了巴菲特思想是这三个人的智慧的结合之后，对于他很多投资上看似令人迷惑的做法自然就有了答案。

笛卡尔说："拥有好的心智并不足够，更重要的是如何好好运用。"运用之妙将巴菲特与他的同行区分开来，一些同辈人非常聪明、自律、专注，巴菲特之所以高于他们，是因为他具有整合三位智者的智慧，凝聚、提炼成自己方法的能力。

第 3 章

购买企业的 12 个坚定准则

根据巴菲特的说法，买下整个企业和以购买股票的形式买一部分企业，实际上没有根本性的不同。二者之间，他倾向于直接拥有整个企业，因为这可以让他对企业最重要的事务拥有决定权，这个重要事务就是资本配置。仅仅购买企业的部分股票有个很大的不利，因为作为二级市场的小股东，你无法控制企业。但这个缺点被两个突出的优点抵消了，巴菲特解释说：第一，虽然不能控股，但是股市上可供选择的投资对象较之非上市公司多很多；第二，股市可以提供更多的发现便宜货的机会。无论在哪种案例中，巴菲特遵循同样的策略是不变的。他寻找那些能看懂的企业，有着长期的光明前景、诚实且能干的管理者，以及，最为重要的是具有吸引力的价格。

"投资时，"他说，"我们以企业分析师的眼光来看，而不是市场分析师的眼光，也不是宏观经济分析师的眼光，更不是股票分析师的眼光。"[1] 这意味着，巴菲特首先是一个企业家，他审视企业的历史，用量化方式评估企业管理质量、财务状况及其购买价格。

如果时光倒流，回顾巴菲特曾经做过的交易，寻找其间的共性，可能会发现一系列基本原则或准则，这些指导了他的决策。我们将这些准则抽取出来，仔细观察，发现它们可以分为四大类：

（1）企业准则——三个基本的企业特点。

（2）管理准则——三个重要的高管素质。

（3）财务准则——四个至关重要的财务标准。

（4）市场准则——两项相关的成本指导。

　　并非所有的巴菲特投资案例都体现了这 12 个准则，但总体上，这些准则构成了他股票投资方法的核心。

　　这 12 个准则同样也是巴菲特管理伯克希尔公司的原则，他希望每天走进公司时，会看到自己的公司也能达到同样的标准。

巴菲特投资方法 12 准则

企业准则

企业是否简单易懂？

企业是否有持续稳定的经营历史？

企业是否有良好的长期前景？

管理准则

管理层是否理性？

管理层对股东是否坦诚？

管理层能否抗拒惯性驱使？

财务准则

重视净资产收益率，而不是每股盈利。

计算真正的"股东盈余"。

寻找具有高利润率的企业。

每一美元的留存利润，至少创造一美元的市值。

市场准则

必须确定企业的市场价值。

相对于企业的市场价值，能否以折扣价格购买到？

企业准则

对巴菲特来说，股票是一个抽象概念。[2] 谈及股票时，巴菲特不考虑市场理论、宏观概念、行业趋势，他仅仅基于一个企业运营状况如何，而做出投资与否的决策。他相信如果人们仅仅基于肤浅的概念，而不是对企业基本状况的了解而投资，一旦遇见麻烦，他们便会望风而逃，并极有可能在此过程中亏钱。然而，巴菲特会全面检视所有可能的情况，他关注如下三个方面：

企业应该简单易懂；

企业应该有持续稳定的运营历史；

企业应该有良好的长期远景。

简单易懂

在巴菲特的观点中，投资者的回报与他们是否懂得自己的投资有关。与以企业导向的投资者相比，那些打一枪换一个地方的炒股者有个显著的特点，这一类人经常买了又买。

多年以来，巴菲特拥有许多不同行业的公司，一些是全资或控股的，一些是参股的。但他对于所有的企业均有敏锐的观察，他了解旗下所有企业的营收、成本、现金流、劳资关系、价格弹性，以及资本配置的需求，他只选择那些在他智力范围内能够理解的企业。他的逻辑很有力，如果在不完全了解的行业里拥有一家企业（无论全部还是部分），你很难准确解读它的发展或做出明智的决策。

投资成功并不是靠你懂多少，而是认清自己不懂多少。"在自

己的能力圈内投资，"巴菲特建议，"这并不是圈子多大的问题，而是你如何定义圈子的问题。"³

持续稳定的经营历史

巴菲特不仅规避复杂，他还规避陷入麻烦的企业，甚至规避那些因发展失利而彻底转换方向的企业，经历重大变化的企业会增加犯错的可能。从他的经验看，最好的回报来自那些多年稳定经营提供同样产品或服务的公司。

"重大的变化很难伴随优秀的回报"，据巴菲特观察。⁴ 不幸的是，很多人的想法恰恰相反，因为一些无法解释的原因，投资者往往被迅速变化的行业或重组中的公司吸引，巴菲特说，投资者总是被明天发生什么所吸引，而忽视企业今天的真实情况。

巴菲特几乎从不关注热门股，只对那些他相信能够成功，并且长期盈利的企业感兴趣。尽管预测一家企业未来能否成功不那么简单，但企业一路走来的经营轨迹是相对可靠的。如果一家企业展示了持续稳定的经营历史，年复一年提供同样的产品和服务，推测其持续成功就是合理的。

对于现在正在解决难题的企业，巴菲特也是规避的。经验告诉他，转机很少发生。一个价格合理的好企业，比价格便宜的坏企业更有利可图。"查理和我不懂如何解决企业的麻烦，"巴菲特承认，"我们所学到的是如何规避它们。我们之所以成功，是因为我们专注于发现并跨越 1 英尺⊖的跨栏，而不是我们拥有跨越 7 英

　⊖　1 英尺 = 0.3048 米。

尺栏的能力。"[5]

良好的长期前景

巴菲特将经济的世界分为不等的两部分：少数伟大的企业——他称之为特许经营权；多数平庸的企业——多数不值得购买。

他定义特许经营权企业的产品或服务：①被需要或渴望；②无可替代；③没有管制。这些特点令这类公司能保持售价，偶尔还能提高售价，却不用担心因此失去市场份额和销量。这种价格弹性是伟大企业的一个显著特点，它令企业能够获得超出平均水平的资本回报。

"我们喜欢那些能提供高投资回报率的股票，"巴菲特说，"它们存在一种可能性，就是可能继续保有这种优势。"[6]他接着说，"我看重它们的长期竞争优势，以及持久性。"[7]

无论从个体还是整体来看，这些伟大的企业都具有被巴菲特称为"护城河"的东西，"护城河"能给这些企业带来清晰的优势，防御其他入侵者。护城河越宽，可持续性就越强，他就越喜欢。"投资的关键，"他解释道，"是确定企业的竞争优势。那些始终具有宽阔的护城河的企业，它们的产品或服务能给投资者提供回报。对我来说，最重要的事情是弄清楚护城河有多宽。我所喜欢的，当然是一个大城堡，而且它的周围有着非常宽阔的护城河，里面游着食人鱼和鳄鱼。"[8]

最后，巴菲特告诉我们，他最简单的投资智慧是："一个伟大企业的定义至少是伟大 25 ~ 30 年。"[9]

反之，一家平庸企业所提供的产品实质上是普通型商品，无法与其他竞争者的产品区分开来。以前，普通型商品包括石油、天然气、化学品、铜、木材、小麦、橙汁。今天，电脑、汽车、航空服务、银行和保险也成为普通型产品或服务。尽管有巨额的广告预算，但它们并未形成有意义的产品差异性。

通常，普通商品型企业是低回报企业，"会遇到利润的麻烦"。[10] 它们的产品与其他竞争对手无甚区别，这样它们只能在价格上进行竞争，这样当然损害利润。最可靠的令普通商品型企业赚钱的方法，是成为低成本供给者。这类企业能健康赚钱的唯一时机，是供给短缺的时期，但这一因素极难预测。巴菲特注意到，预测一家普通商品型企业长期利润的关键在于，关注"供给紧张对于供给充足的年头的比率"。然而，这个比率经常是不完整的。他说："相比之下，我喜欢的，是那种我明白的、可以持续的经济力量。"[11]

管理准则

当考虑一项新投资或企业并购时，巴菲特会非常自信地观察管理层。他告诉我们，伯克希尔购买的企业，必须由他欣赏、信任和具有竞争力的管理层来管理。"道不同，不相为谋。"他说，"无论企业具有多么诱人的前景，与坏人打交道做成一笔好生意，我们从来没有遇见过。"[12]

如果发现值得敬佩的管理层，巴菲特从不吝啬赞美之词。年复一年，在伯克希尔年报中董事长致辞的部分，读者总能看到巴菲特对于旗下各个企业管理者的赞誉。

当他考虑一只股票时，他会尽可能多地考察公司的管理层。他特别看重如下三点：

（1）管理层是否理性？

（2）管理层对股东是否坦诚？

（3）管理层能否抗拒惯性驱使？

巴菲特所给予的最高评价，是管理层像公司的主人一样做事和思考。一个从所有者角度出发的管理层，不会忽视公司的主要目标：提升股东价值，并且他们会做出理性的决策以达成这一目标。巴菲特也高度赞扬那些负责、坦诚和充分报告股东的管理层，以及那些有勇气拒绝他所谓的惯性驱使的管理层，他们不盲从同行。

理性

配置公司资本的能力，是管理层最为重要的能力，因为从长期而言，这将决定股东的价值。决定如何处理公司盈利，是继续留存在企业内再投资，还是分给股东，在巴菲特心中，这是逻辑和理性的练习。"巴菲特认为理性是他管理的伯克希尔的品质，同时是其他公司所缺少的。"《财富》杂志的卡罗尔·卢米斯写道。[13]

企业如何配置盈余与企业生命周期有关，一个企业在生命周期的不同阶段中，它的成长率、销售、盈利、现金流都有巨大变化。在发展阶段，企业会因为研发产品、开拓市场而亏损，在接下来的阶段，企业迅速成长而盈利，但快速成长需要足够的资金支持，通常它不但保留所有的盈利，而且需要借贷或发行股权去支持成长。在第三阶段——成熟阶段，成长速度慢下来，企业产生的盈利现金多过其发展和运营成本所需。最后的阶段——下滑，企业销售和盈利下滑，但仍然能产生额外的现金。在第三和第四阶段，尤其在第三阶段，问题来了：如何配置这些现金？

如果额外的现金被留存在企业内部，能产生高于平均的资产回报率，高于资金的成本，那企业应该留存所有现金进行再投资，这是符合逻辑的。如果留存的现金投资于那些低于平均回报的项目，则是非理性的，但这种现象却很常见。

通常，那些不断投资于低回报项目的管理层认为这种情况是暂时的，他们相信仅凭管理就可以令企业增加盈利。股东们往往被管理层这种改进的预期催眠，如果企业持续漠视这个问题，低效率地使用现金，股价肯定会下跌。

如果一个企业运营效率低下，现金使用不当，股价低迷，将会引起股市上企业狙击手的关注，这将敲响现有管理层的丧钟。为了自保，管理层经常做出第二个选择：通过并购其他公司购买成长。

宣布一个并购计划具有提振投资者信心，同时阻吓狙击者的效果。然而，巴菲特对于购买成长是持有怀疑态度的。一个原因是购买成长的价格过高；另一个原因是，整合和管理一家新企业很容易犯错，而巨大的代价将由股东支付。

巴菲特认为，对于企业增长的盈利，如果不能投资于超越平均回报率的项目，唯一合理和负责任的做法就是分给股东。具体做法有两种：①分红，或提高分红；②回购股票。

股东们拿到分红的现金，可以寻找更高回报的标的。外部看来，这也是个利好，因为很多投资者会将提高分红视为一家企业运作优良的体现。巴菲特相信，投资者得到现金分红好过企业留存盈利并进行低效率的再投资。

如果没有弄懂分红的真实价值，那么第二个方法——回购股票，也是有效的好方法，虽然在很多方面，它的效果是间接、无形的，不会立竿见影。

回购股票时，巴菲特认为回报是两方面的。如果股价低于其内在价值，回购显然是有利的。如果公司股价是 50 美元而内在价值是 100 美元，这意味着每一次回购都是用 1 美元付出得到 2 美元的内在价值。这种交易对于留下的股东是件大好事。

此外，巴菲特说，当管理层在市场上积极回购股份时，这表明他们在心中将自己视为公司的主人，而不是漠视其扩张。这种姿态会向市场传递积极信号，吸引那些寻找优秀管理企业的投资，从而增加股东财富。通常，股东会有双重回报——一个来自 IPO（新股发行），一个是其后正面的股价影响。

坦诚

巴菲特高度赞扬那些能全面、真实反映公司财务状况的管理层，他们承认错误，也分享成功，对于股东他们开诚布公。他尤其尊重那些充分沟通的管理层，他们从不掩饰 GAAP（通用会计准则）之下的东西。

"需要报告的是数据，"巴菲特说，"无论是会计报表之内还是之外，或者额外的准则，总之，它能帮助读者回答三个问题：①公司的大致估值如何？②公司有多大可能性达到未来目标？③鉴于过去的表现，管理层干得如何？"[14]

巴菲特还称赞那些有勇气公开讨论失败的管理层。每个公司都会犯错，不管是大的或小的。他认为，太多管理层爱夸大其词，而不是诚实沟通，他们为了自己的短期利益而损坏了大家的长期利益。

他直言不讳地指出，很多年报是虚假的。而在伯克希尔的年报里，巴菲特开诚布公地讨论财务状况和管理表现，无论好坏。这些年来，巴菲特承认在纺织业和保险业遭遇的困难，以及他自己的管理失误。在 1989 年伯克希尔的年报中，他开篇就列出了犯过的错误，称为"头 20 年的错误"。两年之后，标题改为"大话失误"。文中，巴菲特不但坦白错误，而且谈及那些因没有采取适当行动而错过的机会。

评论家们发现巴菲特从不避讳公开承认错误，因为他个人在公司持有大量股份，所以他不用担心被解雇。的确是这样。通过树立率真的形象，巴菲特已经悄悄地创造了一种报告管理的新方法。因为巴菲特相信，坦率的品质会令管理层至少与股东一样受益。他说："在公众场合误导他人的 CEO，私底下也会误导自己。"[15] 这一点巴菲特归功于芒格，是芒格让他懂得了，学习他人的失败教训也具有价值，而不仅仅是学习他人的成功。

惯性驱使

如果管理层面对失误可以获得智慧和信任，为什么还有那么多年报只是鼓吹成功？如果资本配置的逻辑如此简单，为什么还有那么多资本被胡乱分配？据巴菲特观察，答案是有种看不见的力量使然，这种力量就是"惯性"。公司管理层通常具有一种旅鼠般的、模仿他人的倾向，即使是愚蠢或不理性的行为。

学生们在学校里被教育说，有经验的管理层诚实、有智慧，能做出理性的商业决策。但当他们进入现实的世界，会吃惊地发现，"当惯性驱使来临时，理性经常枯萎。"[16]

巴菲特相信惯性驱使来自几种令人不安的情况："第一，（组织机构）拒绝改变当前的方向；第二，闲不住，仅仅为了填满时间，通过新项目或并购消化手中的现金；第三，满足领导者的愿望，无论其多么愚蠢，下属都会准备好新项目的可行性报告；第四，同行的行为，同行们是否扩张、收购、制订管理层薪酬计划等，都会引起没头脑的模仿。"[17]

巴菲特很早就学到了这一课。1967年伯克希尔收购了国民赔偿保险公司，国民赔偿保险公司的头儿杰克·林沃尔特做了个看似倔强的举动。当大多数保险公司销售那些低回报，甚至可能是亏损的产品——定期保证保单时，林沃尔特决定避开这个市场，拒绝销售新的保单。巴菲特意识到林沃尔特的决策是明智的，今天，伯克希尔旗下的所有保险公司仍然遵循一个原则：正确与否并不仅仅取决于大家都怎么做。

到底是什么原因导致这种惯性驱使？答案是：人性。大多数管理者不愿意看起来太愚蠢，例如，如果你报出的是季度亏损，而同行们报出季度盈利，这是不是看起来太突兀了，即使大家都像没头脑的旅鼠，不停行军直至集体入海自戕，如果你不跟着大家一起，好像还是很令人尴尬。

做出非常规的决策或转换方向是非常不容易的。如果一个策略能产生长期的良好回报，一个具有良好沟通能力的管理者，应该能够说服股东们接受短期的亏损，并促成公司转型。无力抗拒惯性驱使，常常因为公司股东不愿接受基本面变化的事实。即便管理者认为公司需要改造，计划实施仍然很困难。因此，很多人宁愿购买新的公司，也不愿直面现有的问题。

他们为什么要这么做？巴菲特列出了三个最有影响的因素：

（1）大多数管理者无法控制自己做事的欲望。这种多动症在商业活动中，经常以收购作为宣泄出口。

（2）大多数管理者不停地与同业，甚至不同行业的企业，比较销售额、利润、管理层薪酬计划，这也导致公司的多动症。

（3）大多数管理者容易高估自己的能力，就是搞不清楚自己到底能吃几碗干饭。

另一常见的问题是糟糕的资本配置水平。CEO 们经常在公司内越俎代庖，将手伸到行政、工程、市场或生产等部门，他们在资本配置方面经验非常有限，却越过专业人员、咨询顾问或投行专家，不可避免地导致决策过程的惯性驱使。巴菲特指出，如果一位 CEO 想收购一个具有 15% 投资回报率的项目，其部下呈上的可行性报告一定会成功地论证该项目的回报率为 15.1%。

惯性驱使的最后一个原因是盲目模仿。D 公司的 CEO 对自己说："如果 A 公司、B 公司、C 公司都在做同样的事情，那一定是正确的。"

巴菲特指出，他们的失败，不是因为受贿或愚蠢，而是因为迫切的惯性使得注定的行为难以抗拒。在一群学生面前，巴菲特展示了 37 个失败的投资银行，它们都有一些擅长的优势，他在那些优势之处打上钩，这些公司都由勤奋的人领导，他们都具有高智商，都具有强烈的进取心，但他们都失败了。他严肃地问："你们想想，他们为什么会得到失败的下场？让我来告诉你们——原因就是对他人的盲目模仿。"[18]

管理层测试

巴菲特是第一个用这些尺度评估管理层的人——理性、坦率、独立思考——这些尺度比财务指标还难评估，原因很简单，人比数字复杂得多。

的确，有很多分析师相信由于评估人类的行为更模糊和不精确，我们没有任何信心对管理进行估值，因此是无用的。另一些人认为管理层的估值，已经完全通过公司的表现反映出来——包括销售额、利润率、净资产收益率——没有必要进行其他评估了。

两方的意见都有其合理性，但我的观点是，两个都没有颠覆原本的前提。花时间评估管理层的原因，是它能发出早期预警。如果你能仔细观察管理层的言行，你会早于公司财报和股票行情，估算出公司团队的价值，发现线索。这样做耗时耗力，很多人懒得做，但因此他们损失，而你受益。

如何获得更多的信息，巴菲特提供了一些小窍门：回顾过去几年的年报，尤其是仔细阅读公司管理层言及未来的策略。然后，比照今天的结果，看看原来的计划实现了多少？比照公司过去的策略和今天的策略，看看有何不同？看看他们的思想如何变化？巴菲特也建议将公司年报与同行其他公司年报比较。即使两家公司并不完全相同，但相关的比照总能有所启发。

值得指出的是，管理层质量本身并不足以吸引巴菲特的兴趣。无论印象多么深刻的管理层，巴菲特都不会将其作为唯一的考虑因素，因为他知道有一点更为重要，就是即便再聪明、再能干的管理层也难以拯救一个陷入困境的公司。巴菲特有幸与全美最优秀的管理者共事，包括大都会/ABC 的汤姆·墨菲和丹·伯克、可口可乐的罗伯托·戈伊苏埃塔和唐纳德·基奥、富国银行的卡尔·赖卡特。然后，他迅速指出："如果你将这些人放在制造马鞭的公司里，公司绝不会有太多改变。[19] 即使是派最优秀的管理者去拯救一个状况欠佳的坏企业，这个企业也难以起死回生。"[20]

财务准则

巴菲特用来衡量管理水平和财务表现的准则，根植于一些典型的巴菲特式原则。例如，他注意到公司的利润并不像行星围绕太阳运行般准确，所以不太看重某个单年度表现，取而代之的，他看重五年的平均表现。对于采用会计戏法，产生令人印象深刻的年终数字、粉饰业绩的做法也往往让他失去耐心。他采用的原则如下：

（1）重视净资产收益率，而不是每股盈利；

（2）计算真正的"股东盈余"；

（3）寻找高利润率的企业；

（4）企业每留存一美元，必须至少产生一美元的市值。

净资产收益率

习惯而言，分析师们通常以每股盈利（EPS）来衡量一个公司的年度表现。是否过去一年 EPS 有所上升？是否超越预期？是否高到可以吹牛？

巴菲特将 EPS 视为一个过滤嘴，因为大多数公司都会留存上一年度的部分公司盈余，这样公司净资产就增大了，没有必要为增加的 EPS 兴奋。比如一家公司的留存利润增厚了公司 10% 的净资产，然后其 EPS 也提升了 10%，这有什么好骄傲的？他解释说，这样做与将银行存款产生的利息转存起来，再产生利息没有什么两样。衡量公司的年度表现，巴菲特倾向于使用净资产收益率这个指标——就是盈利除以股东权益。

使用这个指标，我们需要做一些调整。

首先，所持有的证券以成本计算而不是以市价计算，因为在特定的企业里，市值作为整体，可能对于股东权益回报有着重大的影响。例如，某年股市大涨特涨，如果以市价入账，一个企业的净值就会大升，持股市值上涨会增大分母，从而掩盖杰出公司的运营。反之，股市大跌会减少股东权益，这会显得平庸的运营看起来也不错。

其次，我们要剔除非经常性项目影响这个比率的分子。巴菲特会剔除所有资本损益，以及那些可能提高或降低运营盈利的非经常性项目，他会剔除这些特别的年度表现，因为他想知道真正使用资本创造的回报到底如何。他说，这是判断管理层财务表现的最好的单一指标。

此外，巴菲特相信，一个好企业应该在没有负债或极少负债的情况下，也能产生良好的回报。他知道有些企业通过提高资产负债率，来提高净资产收益率，但他不喜欢，"好的企业或好的投资，应该在没有财务杠杆的情况下，也能产生令人满意的回报。"[21]他说。此外，高杠杆企业在经济放缓之时，往往很脆弱。巴菲特宁愿在财务质量上犯错，也不愿意拿伯克希尔股东的利益去冒高负债的险。

尽管态度保守，巴菲特对于债务却没有恐惧症。实际上，他宁愿在不急于用钱时准备好资金，而不是临时急急忙忙到处举债。他注意到，如果进行有利可图的收购时，正好有相应的资金可用，那将是完美时刻，但经验显示现实情况往往相反。便宜的资金会迫使资产价格升高，紧缩的银根和高利率提升负债的成本，也令资产价格走低。在诱人的价格出现时，资金的高成本（高利率）会降低机会的吸引力。出于这个原因，巴菲特说，公司应该分开管理资产和负债。

先借后用的方式会有损短期利益，不过，如果未来投资的回报能覆盖负债成本，巴菲特也会这么干。这其中还有一个考虑，因为诱人的商业机会并不经常出现，巴菲特打算时刻做好准备，他说："如果你想射中罕有的、快速移动的大象，你必须时刻带着猎枪。"[22]

巴菲特没有特别说明什么样的负债水平对于一个企业合适或不合适，这很容易理解：不同的企业会有不同的负债水平，需要根据它们各自的现金流状况来判断。巴菲特明确的是，一家优秀的企业应该在没有负债的情况下，也能创造良好的回报。那些依靠高杠杆负债而产生高回报的企业令人担心。

股东盈余

"首先需要明白，"巴菲特说，"并非所有的盈利都是平等创造的。"[23] 相对于利润而言，重资产型企业财报中所提供的利润指标常常是虚的，因为这类企业会被通货膨胀悄悄侵蚀，它们的盈利就像海市蜃楼一般并不真实。因此，只有分析师们能估算出公司预期的现金流，会计盈余才有意义。

但是，巴菲特警告，现金流也不是一个完美的评估价值的工具。实际上，它经常误导投资者。对于评估初期需要大量投资而后期支出少的企业，例如房地产开发、气田、电缆等类的企业，现金流是个合适的评估方法。另一些企业，例如要求持续资本支出的制造业企业，则不能用现金流指标来准确估值。

一家公司的现金流习惯上被定义为税后净利润，加上折旧、损耗、摊销，以及其他非现金费用。巴菲特解释说，这个定义的问题在于，它遗漏了一个重要的事实：资本支出。一家公司需要将多少当年利润再投入新设备、工厂改进，才能维持其市场竞争地位？根据巴菲特的观察，绝大多数美国公司的资本支出几乎等同于它们的折旧。他说，你可以将资本支出递延一年或更久，但长期而言，如果你不进行资本支出，公司竞争力将下滑。这些资本支出就像人工费用和水电成本一样不可或缺。

现金流在杠杆收购盛行的时代极受重视，因为有人愿意基于公司的现金流估算，支付高昂的收购价格。巴菲特相信，现金流"经常被资本市场中，那些倒买倒卖企业的 PE 投行们所使用，他们用这个指标判断那些无法判断的对象，买那些卖不出去的东西。当盈利不足以覆盖一个垃圾债券的利率，或不足以推高估值的时候，使用现金流是最方便的。"[24] 但巴菲特警告，你不能仅仅关注现金流，除非你愿意减去必要的资本支出项目。

相对于现金流，巴菲特更喜欢使用"股东盈余"——一家公司的净利润，加上折旧、损耗、摊销，减去资本支出和其他必需的营运资本。但巴菲特承认，股东盈余这项指标无法提供很多分析师需要的精确数字。计算未来的资本支出经常只能预估，他引用凯恩斯的名言："宁要模糊的正确，不要精确的错误。"

利润率

像菲利普·费雪一样，巴菲特注意到，如果管理层不能通过销售产生利润，伟大的企业也会变成糟糕的投资。提升盈利能力并没有什么大秘密：就是控制成本。根据他的经验，高成本运作的经理人会继续增加开销，而低成本运作的经理人总会发现节俭之道。

对于那些允许成本升高的经理人，巴菲特没有耐心。这样的经理人经常会启动重组计划，令成本追随销售同步上升。每次看到一家公司宣布削减成本的计划时，他都知道管理层并未弄清对于公司股东而言，削减成本意味着什么。"真正优秀的经理人不会在早上醒来说：我今天要削减成本。就像他醒来后不会专门想着需要呼吸一样。"巴菲特如是说。[25]

巴菲特列出与他共事的那些最优秀的管理者，包括富国银行的卡尔·赖卡特和保罗·黑曾，大都会公司的汤姆·墨菲和丹·伯克，他们总是大力削减不必要的开支。这两个管理团队"痛恨乱花钱"，即便在利润屡创新高的情况下，他们仍然大力遏制成本，就像过紧日子一样。[26]

巴菲特自己在控制成本方面也身体力行，他懂得任何企业的员工规模与每一美元销售的对应关系都存在着一个合适的成本比例。对于伯克希尔的利润率，他非常敏感。

伯克希尔－哈撒韦是个独一无二的公司，它没有法务部门，也没有公共关系部门或投资者关系部门，没有 MBA 员工组成的进行收购兼并的策略规划部门，伯克希尔的税后成本不到营运利润的 1%。大多数同等规模的公司该指标比伯克希尔高出 10 倍。

一美元前提

宽泛而言，股市回答了一个基本问题：一家公司价值几何？巴菲特相信，一个长期前景优良、拥有为股东着想的管理层的公司，将会提升公司的市场价值。巴菲特认为，这同样适用于留存盈余。如果一家公司长期低效率地使用留存盈余，最终市场肯定会压低股价。反之，如果公司能善用留存盈余，产生超越平均水平的回报，这种成功将迟早反映为股价的上升。

　　然而，我们也知道，尽管就长期而言，股票市场将反映企业的合理价值，但在特定的年份，股价却可能因某些原因上下波动背离其价值。针对这一问题，巴菲特创造了一个指标，不仅可以迅速测试出公司的吸引力，而且能衡量公司管理层为股东创造价值的成果。这个指标就是"一美元原则"，该原则认为，公司每留存一美元的利润，至少应该创造一美元的市场价值。如果市值的提升超过留存的数字，就更好了。总之，巴菲特总结道："股市是个巨大的拍卖场，我们的工作就是挑选出那些优秀的企业，它们每保留的一美元最终都会创造出至少一美元的市场价值。"[27]

市场准则

　　巴菲特所有投资原则中都蕴含着一个关键点：买还是不买。任何人面临这点都有两个考虑因素：这家公司有价值吗？现在是买的好时机吗，也就是现在的价格好吗？

　　在投资中，价格和价值是一对永远绕不开的话题。价格在股市交易中被标出，价值是在分析师们权衡企业所有已知信息后给出的决定，包括模式、管理、财务特点等各类信息。价格和价值不一定相等。如果股市总是有效的，价格将瞬间反映、消化所有的信息。当然，我们知道现实情况不是这样的，至少市场并不总是有效的。价格总是由于各种原因围绕价值上下波动，并非总有逻辑性可言。

理论上说，投资者的行为被价格和价值差所决定。如果价格低于其价值，一个理性的投资者会买入股票。反之，如果价格高于价值，投资者将卖出。因为公司有其发展周期，分析师们会定期重估其价值与市场价格之间的关系，相应地决定买、卖或持有。

综上，理性投资有两个要素：

（1）什么是企业价值？

（2）相对于企业价值，能否以较大的折扣价格买入？

确定价值

多年以来，金融分析师们使用过很多公式计算一个公司的内在价值。一些人喜欢快速简单的方法：低市盈率、低市净率和高分红率。但根据巴菲特的观点，最好的系统描述是约翰·伯尔·威廉斯70年前的定义，在《投资价值理论》一书中，他的定义是："一个公司的价值取决于在其生存期间，预期产生的所有现金流，在一个合理的利率上的折现。"巴菲特解释说："这样的话，无论是马鞭制造商，还是手机运营商（尽管性质各异），所有企业在经济层面都是一样的。"[28]

巴菲特指出这个方法的使用，非常类似于债券的估值过程。债券通常具有明确的票面利息和到期日，人们可以清楚地知道，它在到期日之前产生的现金流。如果你将所有收到的票息加在一起，然后除以一个合适的折现率，就会得到债券的当前价格。要确定一个企业的价值，分析者只要估计公司未来的股东盈余现金流，并用合适的利率进行折现，即可得到其现在的价值（现值）。

对于巴菲特而言，确定企业的价值很简单，只要你能确定两个变量：①现金流；②合适的折现率。在他心里，对于一个企业未来现金流的预测，就像考虑债券票息一样确定。如果一个企业的业务简单易懂，并且拥有持续的盈利能力，巴菲特就能以较高的确定性预测其未来的现金流。如果不能，他就会放弃。这正是他与众不同之处。

在确定企业未来的现金流之后，他会运用他认为合适的利率作为折现率。当得知他只使用美国政府长期国债的利率作为折现率时，很多人感到吃惊，而实际上，这恰恰最接近人们常常谈到的"无风险收益率"。

学院派人士认为，合适的折现率应该是无风险收益率（长期债券利率），加上一个权益风险溢价，这个溢价用于反映企业未来现金流的不确定性。但是，正如我们接下来看到的，巴菲特拒绝了"权益风险溢价"这个概念，因为这是资本资产定价模型（CAPM）的人造品，就是说，用价格的波动去衡量风险。简而言之，股价的波动性越大，股票的风险溢价越大。

但巴菲特认为，用价格波动作为衡量风险的方法完全是一派胡言。他认为，如果公司拥有持续的、可预测的盈利，那么企业风险即便不是消除了，也是减少了。他说："我很看重确定性，如果你能做到这一点，那么风险因素将对你不起作用。风险来自你不知道自己在做什么。"[29] 当然，一个企业未来现金流的预估，不可能像债券以合同形式规定的那样明确，但比起因为股市的上下波动而加上几个点的风险溢价，巴菲特仅仅使用"无风险收益率"作为衡量手段方便多了。如果你对于忽略"风险溢价"感到不舒服，你可以在买入时加大安全边际作为补偿。

最后，有那么几次，长期利率异常低下。遇到这种情况，巴菲特会谨慎，并在无风险收益率上加上几个点，以反映更为正常的利率环境。

尽管巴菲特多次说明，批评家们仍然认为预测未来现金流基本上是胡扯，而选择合适的折现率，也会在估值上造成巨大的错误空间。这些批评家们用简易快速的方式去确定价值。一些所谓的"价值型投资者"使用低市盈率（PE）、低市净率、高分红等指标逆向推理，然后得出结论，他们应用这些会计指标寻找、购买满足条件的公司，进而取得成功。另一些人则声称通过寻求具有超越平均盈利水平的成长型公司来取得成功，他们被称为"成长型投资者"，典型的成长型股票具有高市盈率、低分红的特点，这与价值型完全相反。

价值投资者经常要面对"价值"与"成长"之间的抉择。巴菲特承认，多年以前，他也参与了这场拔河游戏。如今，他认为这场学院派争执毫无意义，成长和价值在某处是交汇在一起的。价值是未来现金流折现后的现值；成长是确定价值的一个因素。

营业收入、盈利、资产的成长性变化可以增加或减少投资的价值。当投资资本产生高于平均水平的回报时，成长能增加价值。由此推论，当一美元投资到公司里，至少应该有一美元的市

值被创造出来。反之，如果企业的效率低下，就会损害股东利
益。航空类公司就是一个这样的例子，在取得惊人成长的同时，
却不能为股东提供像样的回报，这令多数航空公司的投资人尴尬
多年。

无论如何计算市盈率、市净率、股息率，所有沉迷于短线的
赚钱方法终将失败于短线。巴菲特总结道："无论一个投资者基于
什么估值、什么原则买股票，无论公司成长与否，无论盈利呈现
出怎样的波动或平滑，无论相对其当前盈利、账面值而言的价格
是高是低，投资者应该买入的是，以现金流折现方法计算后，最
便宜的股票（越便宜越好）。"[30]

低价买入

巴菲特注意到仅仅专注于优秀的企业——业务简明易懂、运
营良好、有心系股东的管理层——并不足以保证成功。首先，你
必须买在合理的价位；然后，公司的表现符合预期。他指出，如
果我们犯错，可能是因为：①我们支付的价格；②管理层；③企
业未来的经营状况。第三类错误最为常见。

巴菲特所关注的，不仅仅是公司拥有超越平均水平的资本回
报率，还包括能否以低于其内在价值的价格买到。格雷厄姆教他
懂得了价格与价值之间存在的安全边际。

安全边际理论从两个方面帮助了巴菲特。首先，为股价下跌
提供了保护。如果他算出股价仅仅略微高于内在价值，他是不会
出手的。因为这种情况下只要公司未来的现金流比他预估的稍微

下滑，股价就可能下跌，以至于低于其买入价。反之，如果内在价值与股票价格之间的安全边际足够大，风险就小很多。例如，巴菲特以低于内在价值25%的价格购买了股票，而之后企业价值意外地减少了10%，他的原始买入价仍然可以产生足够的回报。（因为这个安全垫足够厚。）

安全边际也可以提供超级回报的机会。如果巴菲特准确地看出，一家公司拥有超越平均水平的资产回报率，长期而言，其价值就会增加，相应地股价也会反映出来。一个拥有15%净资产收益率的公司，长期而言，其股价表现一定会优于一个10%的公司。此外，巴菲特运用安全边际理论，可以折扣价买到杰出的公司，然后，当市场纠正其错误，回归正常之时，伯克希尔将大获其利。巴菲特说："市场就像上帝一样，帮助那些自助的人；但和上帝不同之处在于，市场不会原谅那些不知道自己在干什么的人。"[31]

长期股价的剖析

喜欢视觉阅读的读者，请参考图3-1，它显示了巴菲特投资方法的构成关键。

一个伟大企业（中心柱），随着时间（横轴）的推移，其股东价值（纵轴）将会提升。这张图告诉我们，只要以合适的价格购买，并选择优质的管理层。如果他们的水平高于市场平均水平，就能避免企业垮掉，最终提升公司价值。

为了见证这些准则的实施，请参考第4章的案例分析。

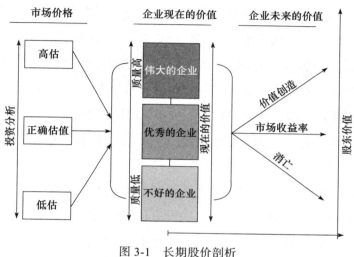

图 3-1 长期股价剖析

聪明的投资者

巴菲特投资哲学最为显著的一点，就是清楚地知道，投资是通过拥有股票而拥有企业，而不仅仅是纸片。他说，购买股票却不考虑公司状况——包括产品和服务、存货、运营资本需求、资本再投资需求（例如工厂和设备）、原材料成本以及劳资关系等，这是不合理的。在《聪明的投资者》一书中，本杰明·格雷厄姆写道："投资是件最需智慧的事情，就像运营企业一样。"巴菲特说："这句话道出了投资的真谛。"

股市参与者可以选择自己的身份：他们既可以企业所有者身份去行动，也可以像玩游戏一样去炒股票，或其他不是从企业主人角度出发的身份。

　　那些认为股票仅仅是一张纸片，而与公司财务状况毫无联系的持股者，会认为千变万化的股价更能反映公司价值，而不是企业的资产负债表、利润表。他们买进、卖出股票就像打牌一样。巴菲特认为这是愚昧的做法，他认为，拥有整个企业与拥有一部分，对待的心理应该是一样的。巴菲特坦诚："我是一个好的投资者，因为我是一个企业家；我是一个好的企业家，因为我是一个投资者。" [32]

　　巴菲特经常被问到未来他会购买什么类型的企业。首先，他说，避免普通商品型企业以及他没有信心的管理层。他会购买那些他了解的、具有良好经济状况、管理层值得信赖的企业。"一个好企业不一定是好的投资对象，"他说，"可以关注，但还需要考虑其他一些因素。" [33]

第 4 章

普通股投资的 9 个案例

年复一年，巴菲特的投资传奇在民间流传广泛。在每一起投资案例背后，都有一个独一无二的故事，1973 年投资华盛顿邮报不同于 1980 年投资盖可保险公司。同样，花了 5 亿美元投资大都会公司，帮助其收购美国广播公司（ABC），也与在可口可乐上投资 10 亿美元不同。上述投资又与后来购买富国银行、通用动力、美国运通、IBM、亨氏食品的投资不同。但对于希望了解巴菲特思想的人而言，所有的投资都具有一个共同点：让我们有机会观察现实中的企业状况、管理、财务和市场准则。

所有这些公司，除了大都会之外，目前都仍然留在伯克希尔公司的投资组合中，继续着它们的繁荣发展，除了华盛顿邮报和通用动力，其他几个公司都出现在伯克希尔前十名最大投资持股名单中。

在这一章里，我们将逐一分析当年投资案例的历史背景，将更多地分析巴菲特当时的思考，以及相关的公司、行业和股市。

本章分析的九个投资案例为：

➤ 华盛顿邮报公司

➤ 盖可保险公司

➤ 大都会 /ABC 公司

➤ 可口可乐公司

➤ 通用动力公司

➤ 富国银行

➤ 美国运通

> IBM（国际商业机器公司）

> 亨氏食品

华盛顿邮报公司

1931 年，《华盛顿邮报》是美国首都华盛顿五家阅读最为广泛的日报之一。两年之后，由于拖欠印刷费用，公司处于被接管状态。那年夏天，公司被拍卖以偿还债权人。金融家尤金·迈耶是个百万富翁，他花了 82.5 万美元买下了华盛顿邮报。接下来的二十年，在他的支持下，公司扭亏为盈。报纸的管理权后来转给了菲利普·格雷厄姆，他是个聪明的哈佛毕业的律师，娶了迈耶的女儿凯瑟琳。1954 年，菲利普·格雷厄姆说服老丈人买下了竞争对手《时代先驱报》。后来，格雷厄姆又买下了《新闻周刊》和两家电视台。菲利普·格雷厄姆将华盛顿邮报公司从仅有一份报纸的公司，发展成为拥有报纸、杂志、电视台的多元化媒体公司。悲剧的是，他于 1963 年自杀身亡。

格雷厄姆去世后，华盛顿邮报的控制权交到他的妻子凯瑟琳·格雷厄姆的手中。尽管她没有管理大型企业的经验，但面对商业活动中出现的困难，她反应迅速，表现不凡。凯瑟琳的成功多归因于她对邮报的天才影响力。她目睹了父亲和丈夫为了邮报事业的奋斗，意识到为了成功，公司需要一个决策者，而不是保育员。她说："我迅速地知道，事情都是在变化的，你需要做出决定。"[1] 她做出两个对于邮报具有特别影响的决定：邀请本·布拉德利担任主任编辑，以及后来邀请巴菲特成为公司董事。布拉德利鼓励凯瑟琳出版五角大楼文件、追查水门事件，后一事件使《华盛顿邮报》赢得了普利策新闻奖的荣誉。巴菲特则教会凯瑟琳如何管理一个成功的企业。

巴菲特第一次遇到凯瑟琳是在 1971 年，那时，他还拥有《纽约客》杂志的股票。他听说该杂志可能有意出售，于是问凯瑟琳是否有兴趣买下。尽管这个交易没有实现，但巴菲特对于邮报有了更多的印象。

大约在那个时候，华盛顿邮报的财务结构经历了深刻的变化。在家族信托的条款下，菲利普和凯瑟琳·格雷厄姆夫妇拥有邮报全部的投票权。在菲利普·格雷厄姆过世后，凯瑟琳继承了公司控制权。多年以前，凯瑟琳的父亲授予公司几百个员工很多内部股，以奖励他们对公司的忠诚和服务，基于这些内部股，他还建立了公司利润分享计划。随着公司的繁荣，华盛顿邮报的内部股价格从 1950 年的 50 美元火箭般蹿升到 1971 年的 1154 美元。这些持有内部股和参与利润分享计划的员工，希望公司建立一个交易市场，这同时也是公司处置非生产性现金的一种安排。此外，格雷厄姆家族还面临着财产继承税方面的考虑。

1971 年凯瑟琳决定将华盛顿邮报公司上市，这样就减轻了自己维持一个股票市场的负担，也让家族的其他继承者更有利地安排他们的财产。华盛顿邮报公司的股票分为 A 股和 B 股两类。A股可以选举公司董事会多数成员；B 股只能选举董事会少数成员。凯瑟琳持有 50% 的 A 股，这样实际上可以较少的股份达到控制公司的目的。

1971 年 6 月，华盛顿邮报发行了 135.4 万股 B 股。不同寻常的是，两天之后，凯瑟琳授权布拉德利出版水门事件调查文件。1972 年，公司 A 股和 B 股价格纷纷飙升，从 1 月的 24.75 美元涨到 12 月的 38 美元。

但是随着华尔街的心情开始变得阴郁，1973 年道琼斯工业平均指数也开始下滑，下跌 100 点到 921 点[⊖]。华盛顿邮报的股价也开始下滑，5 月份跌到 23 美元。著名的 IBM 的股价已经大跌了 69 点，跌破 200 日均线，华尔街的经纪人们议论纷纷，他们警告说这种技术上的击穿预示着市场接下来更是阴云密布。同月，金价跌破 100 美元 / 盎司，美联储将贴现率提高到 6%，道琼斯再次下跌了 18 个点，这是三年中最大的下挫。到 6 月份，贴现率再次提高，道琼斯指数又掉头向下，跌破 900 点大关。

这期间，巴菲特开始悄悄地买入华盛顿邮报的股票。到 6 月，他以 22.75 美元的均价买入 467 150 股，共耗资 1062.8 万美元。

刚开始，凯瑟琳并不紧张，但是想到一个非家族成员的人拥有如此多的公司股份，即便没有控制权，想想还是令人不安。巴菲特向她保证，伯克希尔的购买仅仅出于投资目的。为了让她安心，巴菲特将拥有的投票权授予凯瑟琳的儿子唐·格雷厄姆代为行使。安心之后，凯瑟琳 1974 年邀请巴菲特加入公司董事会，不久出任华盛顿邮报财务委员会主席一职。

巴菲特在邮报中的作用广为人知，在 20 世纪 70 年代的印刷

⊖　2014 年 7 月道琼斯指数已达 17 000 点。——译者注

工人罢工期间，他协助凯瑟琳坚持抗衡，他也教授唐·格雷厄姆如何经商、如何扮演好企业家的角色、如何负起对股东的责任。唐是个热爱学习的人，虚心听取巴菲特所说的每一个字。多年以后，唐写下承诺："继续为股东利益管理好公司，特别是为那些视野超越了季度和年度的长期股东们。我们不会以收入规模和控制公司的数量来衡量成功。"并誓言用"严格控制成本"和"有纪律地使用现金"来回报股东。[2]

准则：简单易懂

巴菲特的祖父曾经在内布拉斯加州的西点市拥有一份周报，并亲任编辑，他的祖母也在报社里帮忙印刷。他父亲在内布拉斯加大学期间编辑过《内布拉斯加日报》，巴菲特自己曾经干过《林肯日报》的发行，有人说，如果巴菲特没有从事投资活动，他最有可能成为一名记者。

1969年，巴菲特买下他的第一家报纸——《奥马哈太阳报》，同时还有一系列的周刊。尽管他认为高质量的新闻很重要，但他更坚持报纸首先也是企业，应该以利润为首要考虑，而不仅仅是影响力。拥有《奥马哈太阳报》让他了解了报纸行业的运作特点，在开始买入华盛顿邮报时，他已经拥有了四年与报纸相关的经验。

准则：持续的经营历史

巴菲特告诉伯克希尔的股东，他在财务上与华盛顿邮报发生联系的时间，可以追溯到13岁的时候。当时，他父亲在国会任职，他当报童每天派送《华盛顿邮报》和《时代先驱报》。巴菲特喜欢向别人讲述这个双重路线的投递故事，在菲利普·格雷厄姆代表华盛顿邮报收购《时代先驱报》之前，少年巴菲特就已经在送报路线上将它们合并了。

很明显，巴菲特注意到了报纸行业利润丰厚的历史，并且他认为《新闻周刊》杂志也具有可预测的良好未来。华盛顿邮报公司多年以来在报告中提到广播电台的优良表现，巴菲特从中迅速认识到公司电视台的价值。巴菲特自身的经历让他相信该公司是个可持续发展的、可靠的好企业。

准则：良好的长期前景

1984 年巴菲特写道："一家具有主导地位的报纸，其经济价值是优秀的，是世界上最为优秀的一类。"[3] 请注意，这是巴菲特 30 年前说的话，是在互联网的潜力首次被人们认识之前整整十年。20 世纪 80 年代早期，美国共有 1700 家报纸，其中大约 1600 家没有直接的竞争对手。巴菲特观察到，这些报纸的所有者认为，他们自己每年赚取的可观利润是由于报纸的新闻质量。事实真相是，即便是一家三流的报纸也能取得不错的经营业绩，如果它是市区里唯一的报纸。现在，很清楚了，高质量的报纸具有更高的渗透率，他解释道，但平庸的报纸的广告栏对于广告主们依然颇具吸引力。城里的每一家公司、每一个房屋卖家，甚至每一个想了解社区消息的人，都要依靠报纸的流通才能实现信息的传递。就像加拿大媒体大亨汤姆森勋爵，巴菲特相信拥有了一家报纸，就可以收取城里每一个想做广告的企业的版权费。

除新闻质量之外，报纸还拥有价值不菲的商誉。如同巴菲特指出的那样，报纸业对于资本的需要很低，这使它们能轻而易举地将销售额转化为利润。即使一家报纸安装了昂贵的电脑排版印刷系统，它们也能迅速地以低工资的成本优势将其付清。在 20 世纪七八十年代，报纸业能轻而易举地提高定价，产生高出平均水平的资本回报，减弱通货膨胀的影响。

准则：确定价值

1973 年，华盛顿邮报的总市值为 8000 万美元，然而，巴菲特说："大部分证券分析师、媒体经纪人、媒体执行层都将公司估值为 4 亿～ 5 亿美元。"[4] 为什么巴菲特如此估值？让我们通过数字，看看巴菲特的评估路径。

我们从当年的股东盈余开始：净利润（1330 万美元）加上折旧和摊销（370 万美元），减去资本支出（660 万美元），得出 1973 年公司股东盈余 1040 万美元。如果我们用美国政府长期国债的利率（6.81%）去除股东盈余，那么华盛顿邮报的价值达到 1.5 亿美元，几乎是市值的两倍，但依然低于巴菲特的估值。

巴菲特认为，整体而言，一个报纸类公司的资本性支出最终将等同于折旧和摊销。这样，公司净利润将大约与股东盈余持平。懂得了这个道理，我们可以简单地将股东盈余除以无风险利率，这样，华盛顿邮报公司估值结果是 1.96 亿美元。

如果我们就此打住，假设股东盈余上升的幅度能赶得上通货膨胀的幅度。但我们知道报纸业拥有非同寻常的提价能力，因为它们大多数在当地居于垄断地位，其提价幅度可以超过通货膨胀的幅度。如果我们再做最后一个假设——华盛顿邮报有能力多提价 3%，那么公司的估值就接近 3.5 亿美元。

巴菲特知道公司当时税前 10% 的利润率，低于历史上 15% 的平均记录，但他相信在凯瑟琳的领导下，公司会重拾雄风，恢复到历史平均水平。如果税前利润率改善至 15%，那么公司现值将多出 1.35 亿美元，使得整个公司估值达到 4.85 亿美元。

准则：以有吸引力的价格买入

即使以最为保守的估值计算，巴菲特还是以半价买入了华盛顿邮报，但他仍然坚持认为实际上他支付的价格仅仅是 2.5 折。无论如何，有一点是很清楚的，相对于内在价值，他以巨大的折扣买入。在这个案例中，巴菲特满足了本·格雷厄姆的前提条件：以折扣价买入能创造安全边际。

准则：净资产收益率

当年巴菲特买入华盛顿邮报时，它的净资产收益率为 15.7%，这是报业的平均回报，比标普 500 指数的成分股公司仅仅略高出一点。但是，不到五年，邮报的净资产收益率翻了一番，比标普 500 指数高出一倍，比同业高出 50%。在接下来的十年，公司一直保持着这一荣耀，甚至在 1988 年达到了 36%。

如果我们纵观邮报的表现，尤其是在减去负债的情况下，这些超越平均水平的回报令人印象深刻。1973 年，邮报的长期负债对股东权益的比率为 37%，这一负债率居于整个行业第二高。令人惊讶的是，到了 1978 年凯瑟琳减少了 70% 的公司负债。到了 1983 年公司长期负债对权益的比率降低至 2.7%，只有整个行业平均水平的十分之一。然而，邮报创造的利润却比同业高出 10%。1986 年，在投资了手机电话系统和购买了大都会 /ABC 公司的 53 个电缆系统之后，负债达到异常的 3.36 亿美元之巨，但不到一年，负债减少到 1.55 亿美元。1992 年，公司长期负债是 0.51 亿美元，长期负债对权益比率为 5.5%，而同行平均水平为 42.7%。

准则：利润率

在华盛顿邮报上市 6 个月时，凯瑟琳会晤了华尔街的证券分析师，她说，公司的首要事务是追求现有运营的利润最大化。来自电视台和《新闻周刊》杂志的利润持续攀升，但来自报纸的利润表现平缓，凯瑟琳说，这是由于高生产成本，即工资引起的。在邮报购买了《时代先驱报》之后，利润开始上升。每次遇到工会罢工事件（1949 年、1958 年、1966 年、1968 年、1969 年），管理层通常都满足工会的要求，以避免报纸关门的危险。这期间，首都华盛顿特区依然拥有三家主流报纸。整个 20 世纪五六十年代，不断上升的工资成本侵蚀了利润。凯瑟琳对华尔街说，这个问题将会得到解决。

与工会签订的合同在 70 年代开始到期，凯瑟琳聘请了采取强硬路线的谈判专家与工会谈判。1974 年，邮报挫败了由报纸工会领导的罢工。经过长时间谈判，印刷工人签署了新合同。在 1975

年的印刷工人罢工中，邮报公司立场坚定。这次罢工充满暴力，在罢工期间，工人破坏了印刷车间，失去了同情心。管理层亲自印刷，报纸工会和印刷工会成员又冲击警戒线。4 个月之后，凯瑟琳宣布公司已经聘用了非工会成员。最后公司取得了胜利。

　　70 年代早期，财经媒体对于邮报的评价是，"对于华盛顿邮报在盈利方面的表现，最好的评价恐怕就是给它一个温柔的 C"[5]。1973 年，公司税前利润率是 10.8%，比历史上 60 年代最高的 15% 低很多。在与工会成功谈判签约之后，公司的利润开始改善。到 1988 年，税前利润率达到 31.8%，而同行平均水平为 16.9%，标普工业指数成分股公司的平均水平只有 8.6%。

准则：理性

　　华盛顿邮报公司为股东产生持续的现金流，因为它产生的现金多于其需求，管理层面临两个选择：或将钱还给股东，或投资于有利可图的新机会。巴菲特倾向于公司将资本还给股东。在凯瑟琳担任邮报总裁期间，它是业内第一家大笔回购股票的公司。在 1975 ～ 1991 年，公司令人吃惊地以平均 60 美元/股的价格回购了 43% 的股份。

　　公司还以提高分红的方式将现金返还给股东。1990 年，面对公司巨大的现金储备，华盛顿邮报公司决定将年度每股分红从 1.84 美元提高到 4 美元，升幅 117%。

　　在 20 世纪 90 年代早期，巴菲特得出结论，总体上与美国其他产业相比，报纸业的利润高于平均水平。但是，该行业比他和其他分析师们早些年预测的价值有所下降，主要原因在于报纸丧失了定价弹性。早年，如果经济放缓、广告主削减费用，报纸可以通过增加版面保持利润率。但今天，报纸已经不再居于垄断地位。广告主们找到了更便宜的方法寻找客户——有线电视、直邮、报纸夹页等，但最重要的是互联网的广泛运用，它们分走了报纸业的大蛋糕。

到 1991 年，巴菲特意识到，这些影响利润的变化，既是一个短期的周期性变化，也是一个长期的根本性变化。他说："实际上，报纸、电视、杂志这类媒体开始像普通商品型企业一样运转，不再是特许经营权类型的企业了。"[6] 周期性的变化会损害公司的短期利润，但不影响公司的内在价值。根本性的变化则既会减少公司利润，也会影响内在价值。不过，他认为华盛顿邮报的内在价值受到的负面影响低于同行，因为首先，邮报 0.5 亿美元的负债被其持有的 4 亿美元现金所抵销，邮报基本是唯一一家几乎没有负债的公司。"结果是，它资产价值的缩水不会因为其债务杠杆而加剧。"巴菲特说。[7]

准则：一美元前提

巴菲特希望选择这样的公司，它每一美元的留存至少产生一美元的市值。这个测试能很快区分出，长期而言，管理层是否最优化使用公司的资本。如果留存的资金被投资于高于平均水平的对象，其证明就是公司市值会相应地上升。

自 1973 ～ 1992 年，华盛顿邮报公司赚了 17.55 亿美元，其中付给股东 2.99 亿美元，留存了 14.56 亿美元进行再投资。1973 年，公司总市值为 0.8 亿美元，到了 1992 年，市值成长为 26.3 亿美元。在这 20 年中，每一美元的留存为股东创造了 1.81 美元的市值。

评价凯瑟琳在华盛顿邮报的成功领导还有一个方法，威廉·桑代克在他具有非凡洞察力的书——《局外人：八个非传统的 CEO 和他们的成功理性蓝图》中，帮助我们既观察公司，也欣赏 CEO 的表现，"从 1971 年 IPO 上市，到 1993 年（凯瑟琳）离任，公司为股东提供了年复利 22.3% 的回报，使得标普（7.4%）和同行（12.4%）相形见绌。在 IPO 时投资的每一美元，在她退休之际达到了 89 美元，同期，标普是 5 美元，同行是 14 美元。凯瑟琳的表现超过标普 18 倍、同行 6 倍，在其 22 年的职业生涯中，她是国内同行中的最佳 CEO。" [8]

盖可保险公司

盖可保险公司，全称为政府雇员保险公司，成立于 1936 年。创始人利奥·古德温是一名保险会计 [9]，他设想成立一家向低风险驾驶员提供保险的公司，并且通过直接寄信的方式销售保险。他发现政府工作人员作为一个整体，比普通公众发生交通事故少。他也了解到通过直接寄送保单的直销方式，公司能减少 10% ～ 25% 的中介费用。古德温明白如果他能区分出谨慎驾驶者，并采用直销保单的方式，他将成功在握。

古德温邀请了得克萨斯州沃思堡的银行家克利夫斯·瑞亚作

为合伙人，古德温投资 2.5 万美元，持有 25% 的股份；瑞亚投资 7.5 万美元，持有 75% 的股份。1948 年公司从得克萨斯州搬到华盛顿特区。当年，瑞亚家族决定卖掉其持有的股份，瑞亚请巴尔的摩的债券推销员洛里默·戴维森帮忙联系此事。戴维森找到一位华盛顿特区的律师戴维·克里格帮忙找买家，克里格找到了格雷厄姆 – 纽曼公司。格雷厄姆决定以 72 万美元买下瑞亚手中一半的股份，克里格和戴维森两人联合起来买下另外一半。此外，因为格雷厄姆 – 纽曼公司是个合伙人性质的投资基金，所以证券交易委员会根据相关法规强迫他们持股不得超过盖可保险公司 10% 的股份，这样格雷厄姆将超出的部分分配给了公司的合伙人。多年以后，当盖可成为数以十亿美元计的大公司时，仅格雷厄姆自己持有的部分就价值数百万美元。

曾经的债券推销员洛里默·戴维森后来在古德温的邀请下，加入盖可的管理团队。1958 年，他出任公司董事长，并领导公司直到 1970 年。在此期间，公司将汽车保险覆盖人群的范围扩展到专业人士、管理人士、高科技人群和行政事务人员。盖可的市场占有率从 15% 提高到 50%。公司的新战略是成功的，承保利润飙升，因为新扩展的人群就像政府雇员们一样谨慎驾驶。

1960 ～ 1970 年是公司的黄金时代，保险监督委员会也对盖可的成功运营赞叹不已，公司股东为股价的飙升欢欣雀跃。公司保费收入对盈余比达到 5：1，这个比率测量的是公司保费收入相对于保单持有人的索赔。因此，保监会对盖可保险印象极佳，允许他们超过这一指标的行业平均水平。

但到了 20 世纪 60 年代末，盖可的光芒开始暗淡。1969 年公司宣布低估了储备金，额度是 1000 万美元，因此公司非但没有盈利 250 万美元，反而录得年度亏损。会计收入的调整在下一年度继续进行，公司再次低估储备金 2500 万美元，这样，1970 年公司发生了灾难性亏损。

保险公司从投保人那里收到的费用叫作保费收入，从这些保费中，公司承诺在承保期间，为出险的投保人赔偿。保险公司的成本包括索赔、损失成本、行政管理费用。这些费用被倒推分为两个部分：索赔和成本。这些在公司做出预算后，从上一年度的收入中提取预留资金。由于诉讼等原因，索赔、理赔工作经常牵涉很多的法律和医疗成本，可能需要数年时间。盖可公司面临的麻烦不仅是它卖出去的保单产生亏损，而且还有之前的承保预留拨备不足。

1970 年戴维森退休了，他的位置由那位华盛顿律师戴维·克里格接任，诺曼·吉登作为总裁和 CEO 负责公司的日常运作。接下来发生的事情，显示了盖可公司想走出 1969 年、1970 年拨备问题的烂摊子。从 1970 ~ 1974 年，公司新汽车保单的增长率为 11%，相比较而言，1965 ~ 1970 年是 7%。此外，公司在 1972 年进行了代价高昂、雄心勃勃的多元化，投资于房地产、电脑设备和人力资源方面。

到了 1973 年，面对激烈的市场竞争，公司降低了核保标准以扩大市场份额。这样，盖可首次将蓝领工人和 21 岁以下驾驶员人群纳入投保范围，这两类人员并非谨慎的驾驶人群。这两个战略性的转变——公司的多元化和扩大保险涵盖人群——几乎与 1973

年政府放开保险价格管制同时发生。不久，随之而来的是，全社会汽车维修和医疗成本的大幅攀升。

1974 年第四季度，盖可保险公司的承保损失开始大幅上升。在其 28 年的历史上，公司首次出现了高达 600 万美元的损失。令人惊讶的是，公司保费对盈余的比率仍然是 5∶1。然而，公司继续扩张，1975 年的第二季度，盖可报出更大的亏损，并宣布取消 0.80 美元的分红计划。

吉登总裁聘请了知名的明德精算咨询公司（Miuiman & Robertson），希望它们能提出建议以扭转下滑的局面。研究结果并不乐观，咨询公司认为盖可的拨备金短缺 3500 万～7000 万美元，需要补充新的资本才能生存。盖可董事会采纳了咨询公司的建议，并向股东宣布。此外，盖可预计 1975 年的亏损将达到惊人的 1.4 亿美元（最终实际是 1.26 亿美元）。对这个令人震惊的消息，股东们和保监会都傻眼了。

1972 年，盖可公司的股价最高达到每股 61 美元，到 1973 年，跌去一半。1974 年，跌去更多，达到 10 美元。1975 年，董事会宣布预计的巨额亏损时，跌到 7 美元。几个股东实在咽不下这口气，以欺诈罪起诉公司。盖可公司的管理层申辩说，公司的困境是由通货膨胀和离谱的法规、医疗费用引起的。但问题是，这些难题是所有保险公司都要面对的，又不是盖可一家独有。

盖可的问题在于脱离了它原有的只承保谨慎驾驶者的传统成功方法。更要命的是，它放松了公司的成本控制。由于公司降低了投保人的准入标准，它的新保单出险率以及出险频率都高出原来的预期，导致拨备不足。在它低估了承保风险的同时，又增加了固定成本。

1976 年 3 月的盖可公司年会，吉登建议公司换一位新总裁或许能改善公司状况，他宣布公司董事会已经开始寻找一位新管理者。此时，公司股价已经下跌到 5 美元并依然摇摇欲坠。[10]

1976 年年会之后，盖可宣布来自旅行家集团的 43 岁的市场总监约翰·J. 伯恩成为公司的新总裁。新总裁上任不久，公司就宣布一个 7600 万美元的优先股集资计划，以增加公司资本金。但是，投资者非常失望，股价下滑至 2 美元。

在此期间，巴菲特正在悄悄地、持续地买进盖可的股票。当公司摇摇欲坠，处于破产边缘时，他投资了 410 万美元，以 3.17 美元的均价买进了 1 294 308 股。

准则：简单易懂

早在 1950 年，巴菲特在哥伦比亚大学求学时，他的老师格雷厄姆就是盖可保险公司的董事。这激起了年轻的巴菲特的好奇心，一个周末他独自前往华盛顿特区去拜访公司。周六，他敲开了公司的大门，看门人让他进来，并带他来到当天唯一当值的经理人——洛里默·戴维森那里。巴菲特提了一系列问题，戴维森用了五个小时，向这个年轻人解释公司的与众不同之处。这样的"闲聊"方式一向是巴菲特的另一位导师菲利普·费雪特别推崇的。

稍后，巴菲特回到父亲在奥马哈的经纪公司，向公司的客户推荐盖可保险股票。他自己投资了 1 万美元在这只股票上，大约相当于资金的 2/3。很多投资人对于这个建议不以为然，甚至有当地的保险经纪人向巴菲特的父亲抱怨，这个盖可保险根本就是一个不给保险经纪人活路的公司。伴随着这样的挫败感，巴菲特在一年之后将持有的盖可股票卖出，赚了50%。自那之后，他再也没有买过这家公司的股票，直到1976年，相隔整整26年。

巴菲特继续胸有成竹地向他的客户推荐保险公司的股票，他以3倍市盈率（PE）买下堪萨斯城市寿险公司，还将马萨诸塞保障人寿公司纳入伯克希尔旗下，1967年他还买下了国民保障公司的控股权。在接下来的十年，国民保障公司的CEO杰克·林沃尔特教了巴菲特保险行业的运行机制。这个经历非常难得，令巴菲特了解了保险公司的赚钱方式。这也给了巴菲特信心，虽然盖可保险公司正摇摇欲坠。

伯克希尔除了投资410万美元在盖可股票之外，还投资了1940万美元参与其可转换优先股。两年之后，伯克希尔将优先股转换为普通股，1980年巴菲特又增持了1900万美元的投资。1976～1980年，伯克希尔共投资了4700万美元，购买了720万股，均价为6.53美元/股。1980年这些投资升值123%，市场价值1.05亿美元，成为巴菲特投资组合中的最大持股。

准则：持续的经营历史

在盖可保险这个案例中，我们的第一反应或许是巴菲特违反了他的行为准则，很明显，在1975年和1976年，盖可公司的运营成果是非连续性的。当伯恩成为盖可总裁时，他做了一系列的改变，但巴菲特说，这种改变实质上并非根本性的改变。那么，我们如何理解伯克希尔购买盖可的股票呢？

可以肯定的是，伯恩成功地将公司在行业内重新定位。但更重要的是，巴菲特认为，公司没有到快毁灭的地步，仅仅是受了伤，其低成本、无中介的特许经营权优势依然存在。此外，那些谨慎的驾驶者作为公司的客户依然贡献着可观的利润。在价格优势方面，盖可依旧可以击败竞争对手。

数十年来，盖可保险公司不断投资强化它的竞争优势，为股东赚取了大量利润。巴菲特认为这些原有的优势依然存在。70 年代遇到的这次经营危机，没有对其特许经营权造成伤害，尽管有运营和财务方面的麻烦，但即便其净资产为零，盖可仍然值很多钱，因为它的特许经营权仍在。

准则：良好的长期前景

尽管汽车保险属于普通商业型产品，但巴菲特认为如果能保持持续的、广泛的成本优势，一个普通的企业也能赚钱。这个描述用在盖可公司上很贴切。我们也知道管理水平是企业最为重要的变量，自伯克希尔投资入股之后，盖可保险的管理证明了其具有竞争力优势。

准则：坦诚

约翰·J. 伯恩在 1976 年接任盖可总裁之后，马上说服保监部门和同行，使他们相信如果盖可公司倒闭，对整个行业都有不利影响。他提出的拯救公司计划包括：募集新的资本金、取得再保险条款、其他保险公司分保一部分盖可的业务，以及大刀阔斧地削减成本费用。伯恩称之为"操作引导"，其目标在于使公司重返盈利轨道。

上任第一年，伯恩关闭了 100 个办公室，将员工由 7000 人减少到 4000 人，将保险执照的营业范围扩大到新泽西州和马萨诸塞州。伯恩告诉新泽西州的保监部门，原有保单到期后，他不打算续保这些每年消耗公司 3000 万美元的 25 万个保单。接下来，当伯恩检查客户信息时，他发现公司需要更新的这些保单价格定低了 9%。他废除了允许客户自己更新信息以延续保单的电脑系统。当盖可为保单重新定价时，40 万个客户决定不再续保。总之，伯恩的行动令公司的保单持有人从 270 万人减少到 150 万人，盖可保险公司在全国的排名从 1975 年的第 18 名，下降到一年之后的第 31 名。尽管如此，公司在 1976 年亏损 1.26 亿美元之后，1977 年完成营业收入 4.63 亿美元，盈利达到了令人印象深刻的 0.586 亿美元。这是伯恩上任之后的第一个完整的财务年度。

毫无疑问，盖可保险戏剧性的复苏伯恩居功至伟，他坚定地控制成本的做法，使得公司持续复苏。伯恩告诉股东们，公司必须回归最初的原则，即作为一个低成本保险提供商。他的报告揭示了公司如何持续地降低成本。甚至，到了 1981 年，公司成为美国第七大汽车保险公司时，伯恩仍然和其他两名高管共用一个秘书。他引以为豪的是，盖可公司的每个员工管理的保单数量从以前的 250 个提高到 378 个。在这些变革的年头里，伯恩是公司伟大的驱动力。巴菲特说："伯恩就像个养鸡场的农场主，他将鸵鸟

蛋扔进母鸡舍，然后说：'嗨，这是竞争的结果！'" [11]

连续数年，伯恩愉快地报告着盖可成功的进展；遇到坏情况时，他也会坦诚地向股东披露。1985 年，公司遇到暂时的困难，出现了承保亏损。在当年第一季度的报告中，伯恩写道："好比飞机上的机长告诉他的乘客们：'坏消息是我们亏损了，好消息是我们为伟大的时刻做了准备。'" [12] 很快，公司重新站稳脚跟，并在下一年度重新实现了盈利。更重要的是，这样的做法，为公司赢得了对股东开诚布公的好名声。

准则：理性

年复一年，伯恩证明了盖可公司管理层的理性。上任之后，他有意控制公司的增长速度。伯恩指出，如果公司有意识地以慢一些的速度发展，则更能监控那些损失和成本，这样做比以两倍的速度发展却财务失控更有利可图。实际上，这种可控发展持续地为盖可创造了超额的回报。另一个理性的标志是公司处理现金的态度。

自 1983 年起，公司用留存现金进行再投资已不合算，于是决定将现金回馈股东。从 1983～1992 年，盖可回购了 3000 万股股票（在分拆之后的基础上），减少了公司 30% 的普通股总股本。除了回购之外，公司还提高了分红数量。1980 年公司每股分红 0.09 美元（复权调整），到 1992 年达到 0.60 美元，年化增幅为 17%。

准则：净资产收益率

1980 年，盖可的净资产收益率达到 30.8%，几乎两倍于同行业。80年代后期，公司净资产收益率开始下降，不是因为生意不好，而是因为净资产增长快于盈利。因此，为了维持一个可以接受的净资产收益率，符合逻辑的做法是提高分红，以及回购股份。

准则：利润率

投资者可用几种不同的方式衡量保险公司的盈利能力，税前利润率是最好的测量方法之一。从1983～1992年的十年，盖可保险税前利润率非常稳定，波动极小。

众所周知，盖可保险对于成本的关注一丝不苟，并且对于处理理赔的成本也密切跟踪。在此期间，盖可的成本占保费收入的比例维持在平均15%——仅有行业平均水平的一半。这个低比率反映了盖可公司不需要支付给保险中介所节约的成本。

盖可公司的成本和承保损失的综合比率，被证明高于同行业平均水平。从1977～1992年，行业平均水平仅仅超过盖可公司一次，发生在1977年。自那之后，盖可的该综合指标平均为97.1%，比行业平均水平高出十个百分点。盖可仅有两次承保亏损：一次是1985年，另一次是1992年。1992年是因为出乎意料、席卷全国的自然灾害所致，如果没有发生安德鲁飓风和其他严重的风暴，盖可的综合比率应该是93.8%。

准则：确定价值

当巴菲特开始为伯克希尔公司买入盖可保险股票时，公司正面临破产危机。但他认为盖可仍然价值连城，因为即便净资产为负，公司仍然拥有保险经营特许权。由于公司在 1976 年没有盈利，无法用贴现的方法推算公司的现值，但尽管公司的未来现金流具有不确定性，巴菲特仍认定公司会存活并且未来会赚钱，但是何时可以实现还是未知数，因此颇具争议。

1980 年，巴菲特持有公司三分之一的股份，投资本金为 0.47亿美元，那年盖可的总市值是 2.96 亿美元，巴菲特认为公司具有极大的安全边际。1980 年公司营业收入为 7.05 亿美元，盈利 0.6亿美元。折算下来，伯克希尔持有的部分可分得的盈利为 0.2 亿美元。按照巴菲特的说法："买入一个具有一流经济特性和前景光明的企业，预期 0.2 亿美元的盈利至少要花 2 亿美元。"如果想控股，需要花更多的钱。[13]

考虑到约翰·伯尔·威廉斯的贴现估值理论，巴菲特的 2 亿美元估值是可靠的。假设，盖可公司在没有新增投资的前提下，保持 0.6 亿美元的盈利状态，用当年美国 30 年期国债利率 12% 做折现，公司的现值应该达到 5 亿美元——几乎两倍于盖可的市值。如果公司盈利的实际增长率能达到 2%，或是 15%（未扣除通货膨胀率[⊖]），那么盖可的现值将到达 6 亿美元，伯克希尔的持股价值将为 2 亿美元。换句话说，盖可的市值比其内在价值低一半还多。

准则：一美元前提

1980 ～ 1992 年，盖可保险公司的市值从 2.96 亿美元增长到 46亿美元，增加 43 亿美元。在这 13 年里，公司盈利 17 亿美元，支付

　⊖　当年美国通胀率极高。——译者注

红利 2.80 亿美元，留存 14 亿美元作为再投资。公司的每一美元留
存都为股东创造了 3.03 美元的市值。这个成就表明，盖可保险公司
不仅具有优秀的管理和营销利基，而且还具有善用股东资本之长。

此外，盖可保险的出类拔萃还体现在：1980 年投资于公司的
每一美元，到 1992 年升值为 27.89 美元。这是令人震惊的 32% 的
年复利回报，远远超出行业平均水平和标普 500 指数，这两个指
标同期仅录得 8.9% 的年回报。

大都会 /ABC 公司

大都会公司出身于新闻行业。1954 年，著名的记者洛厄
尔·托马斯和他的业务经理弗兰克·史密斯，与几个同事一起买
下了哈德逊山谷广播公司，该公司包括了纽约州奥尔巴尼市的
电视台和调频广播电台。那时，后来成为大都会公司董事长的托
马斯·墨菲还在另一家公司任产品经理。公司的发起人之一弗兰
克·史密斯与墨菲的父亲正好是高尔夫球的球友，他于是雇请了
年轻的墨菲管理公司的电视台。

1957 年公司收购了罗利·达勒姆电视台，并更名为大都会广
播公司，以反映奥尔巴尼和罗利各自是其州的首府（注：奥尔巴尼
是纽约州的首府，罗利是北卡罗来纳州的首府）。

1960 年，墨菲雇请了丹·伯克管理奥尔巴尼的电视台，他是
墨菲哈佛大学同学吉姆·伯克的兄弟，吉姆·伯克也是个非凡之
人，他后来成为强生公司的董事长。丹·伯克是奥尔巴尼本地人，

他留下来管理电视台，而墨菲返回纽约。1964 年墨菲被任命为大都会公司总裁，自此开始，公司渐渐成为美国商界最为成功的企业之一。在接下来的 30 年中，墨菲和伯克这对搭档共同管理公司，进行了 30 余起广播和出版业的并购，其中最为著名的是 1985 年收购美国广播公司（ABC）。

巴菲特首次遇见墨菲是 20 世纪 60 年代末在纽约，墨菲一个同学安排的一次午餐会上。开始时，墨菲对巴菲特印象深刻，想邀请他加入大都会的董事会。[14] 巴菲特婉拒了邀请，但是他和墨菲成了很好的朋友，很多年都保持联系。巴菲特在 1977 年投资了大都会公司的股票，但次年，就卖出了所持股份，没有解释原因，但是获利。

1984 年 12 月，墨菲与 ABC 主席伦纳德·戈登森联系，想将两家公司合并。开始这个建议被回绝了，墨菲在 1985 年再次联系戈登森，因为联邦通讯委员会通过了新法规，允许一个公司可以拥有的电视台和广播电台的数量由原来的 7 个提高到 12 个，该法案于当年 4 月生效。这一次，戈登森同意了，他当时已经 79 岁高龄，很关心继任者问题。尽管 ABC 公司内部有几个潜在的候选接班人，但他觉得都还不是很成熟，而墨菲和伯克这对搭档在美国媒体新闻界被认为是最佳的经理人。戈登森认为通过与大都会公司合并，公司将会保留在最强有力的优秀管理层手中。

双方谈判的时候，ABC 带着收费高昂的投资银行家团队，墨菲像往常一样，只带着他最为信赖的朋友——巴菲特。两个公司的合并是电视网络历史上的第一次，也是当时最大的媒体合并案例。

大都会给 ABC 的出价是每股 121 美元（包括 118 美元现金，

以及价值 3 美元的购买 10% 大都会股票的期权），这个价格是发表声明的前一天，ABC 股票收盘价的两倍。为了这个 35 亿美元的交易，大都会公司需要从银行借款 21 亿美元，并出售那些不再允许持有的资产，例如有线资产，给华盛顿邮报公司，出售重叠的电视台和广播电台大约获得 9 亿美元。最后的 5 亿美元来自巴菲特，他同意伯克希尔公司认购大都会公司以 172.50 美元发售的新股，共 300 万股。墨菲此时再次邀请他的好朋友加入董事会，这次，巴菲特同意了。

准则：简单易懂

在参与华盛顿邮报董事会超过十年之久后，巴菲特懂得了电视、广播、报纸和杂志的业务运作。巴菲特在这方面的知识增长还来源于 1978 年和 1984 年伯克希尔曾经购买过 ABC 的股票。

准则：持续的经营历史

无论是大都会公司，还是 ABC 公司，都有超过 30 年盈利的良好的经营历史。ABC 公司从 1975 年到 1984 年，平均净资产收益率为 17%，净资产负债率为 21%。大都会公司在合并之前的十年，平均净资产收益率为 19%，净资产负债率为 20%。

准则：良好的长期前景

广播电视网络类公司长期享有超越平均水平的经济回报，基于很多和报纸行业一样的原因，它们拥有巨大的商誉。一旦广播电视塔建成，后续资本和人力的投入需求极小，并且没有存货。电影、节目等都可以先播放着，等收了广告费之后再结算给制作企业。这样，一般说来，广播公司能产生超越平均水平的资本回报，以及产生超出需求的大量现金。

广播网络类的公司最大的风险，包括政府管制、科技的变化，以及切换的广告投放费用。政府有可能拒绝公司牌照到期后的续期申请，当然这很少发生。在 1985 年的时候，有线电视的影响很小，尽管一些观众喜欢看有线电视，但绝大多数观众依然倾向于广播网络类节目。整个 80 年代，针对那些花钱大手大脚的消费者的广告费用增长大大超过 GDP 的增长速度。为了能接触到大规模的观众，广告商们仍然依赖广播网络。巴菲特认为广播网络商以及出版商的经济状况高于平均水平，至少在 1985 年看，它们的前景非常光明。

准则：确定价值

伯克希尔投资大都会公司 5.17 亿美元，是当时巴菲特做过的所有投资中最大的单笔投资，他当时是如何确定大都会和 ABC 公司合并后的价值的值得探讨。墨菲出售新公司 300 万的股份给巴菲特，每股 172.50 美元。但我们知道价格和价值是两回事，正如我们已经研究过的巴菲特的行为，只有当价格对于公司内在价值有明显的安全边际之时，他才会出手。然而，在买入大都会 /ABC 公司时，巴菲特承认有所妥协。

如果我们用 10% 的折现率（这是 1985 年时美国 30 年国债的

利率水平）去乘 172.50 美元，然后再乘以 1600 万股股份（当时大都会总股本 1300 万股，加上给巴菲特的 300 万股），那么，这个公司的现值要求公司具有 2.76 亿美元的盈利能力。

1984 年，大都会公司的盈利在去除折旧和摊销之后是 1.22 亿美元，ABC 公司在去除折旧和摊销之后是 3.2 亿美元，两个相加是 4.42 亿美元。但两公司合并后，债务沉重，墨菲借了 21 亿美元，每年需支付利息 2.2 亿美元。这样，新公司的盈利大约只有 2 亿美元。

额外的考量因素还有，墨菲在削减成本、提高现金流方面名声在外。大都会公司的运营利润率为 29%，ABC 公司是 11%。如果墨菲能将 ABC 公司的运营利润率提高 1/3 到 15%，那么公司每年将多增收益 1.25 亿美元，合并后的新公司盈利将是 3.25 亿美元。一个具有 1600 万股本、盈利 3.25 亿美元的公司以 10% 的折现率计算应该每股值 203 美元——距离巴菲特的买入成本 172.50 美元有 15% 的安全边际。巴菲特惬意地说："这笔交易，格雷厄姆也会鼓掌叫好的。"他指的是他的导师本·格雷厄姆。[15]

如果我们再做一些假设，巴菲特的安全边际还能扩大。巴菲特说传统智慧认为，报纸、杂志、电视台能够每年提价 6%——不需要额外的资本投入。[16] 他解释道，原因在于资本支出与折旧率相当，需要的运作资本很少。因此，收入几乎可以被认为是利润。这意味着，媒体所有者拥有了一台不需要增添更多资本，在可见的未来，却能以 6% 的速度永续增长的年金机器。与此相反的例子是，一家公司需要不断增加新投资才能发展。

如果你拥有一个媒体公司，每年赚 100 万美元，预计年增长率为 6%，这个公司约价值 2500 万美元（计算公式是：100 万美元÷（10% 的无风险利率 –6% 的增长率））。另外一个公司每年也赚 100 万美元，但没有新资金投入的话，增长率为 0，它将仅值 1000 万美元（计算公式是：100 万美元 ÷10%）。

如果我们将上述公式代入大都会公司案例中使用，公司的估值将从 203 美元 / 股，提高到 507 美元 / 股，这意味着巴菲特支付的每股 172.50 美元具有了 66% 的安全边际。但是在这个假设中有了太多的"如果"。墨菲能将大都会公司的部分资产卖出 9 亿美元的价钱吗？（实际上，卖了 12 亿美元。）他能改善 ABC 的运营利润率吗？他能持续增加广告收入吗？

巴菲特能在大都会公司投资中，获得显著安全边际的原因是复杂的。首先，大都会公司的股价已经上涨多年。墨菲和伯克这对绝佳拍档干得不错，而公司股价也对此有所反映。当年盖可保险公司遇到暂时的经营困难，导致股价大跌，巴菲特可以便宜买入，这样的机会没有在大都会股票上重演。而且，股市的大势也在持续上升，似乎也不给予配合。因为巴菲特这次涉及的是二级市场的交易，新股股价需接近大都会股票的二级市场交易价格。

尽管需要接受股价的不尽如人意之处，巴菲特还是对这些股票价格的迅速上升感到满意。1985 年 3 月 15 日，星期五，大都会的股价是 176 美元 / 股，3 月 18 日周一下午，公司宣布了合并 ABC 的新闻。次日收盘，股价达到 202.75 美元。四天时间，股价上升 26 美元，上升 15%。巴菲特获利 9000 万美元，而新股认购的交易要到 1986 年的 1 月才完成。

巴菲特在购买大都会时的安全边际大大小于其他投资案例，为什么他会这么做？答案是汤姆·墨菲。如果不是因为有墨菲，巴菲特承认他不会投资大都会，墨菲就是巴菲特的安全边际。大都会 /ABC 公司是家卓越的企业，是吸引巴菲特的企业类型，墨菲也有其特殊之处，约翰·伯恩曾说："沃伦崇敬汤姆·墨菲，与他合伙一起做事本身就是一件很具吸引力的事。"[17]

大都会的管理方式是去中心化，墨菲和伯克尽可能雇请最好的工作人员，然后让他们独当一面，所有的决策都自主做出。伯克在与墨菲合作的早期发现这一规律，当年伯克管理阿尔伯尼电视台时，每周将最新的情况报告给墨菲，但墨菲从来不回复，后来，墨菲对伯克说："我不会来阿尔伯尼，除非你邀请我，或你被开除了。"[18]墨菲和伯克为旗下每一个公司做出预算，并每个季度进行监控，除了这两点，管理层像经营自己的企业一样。墨菲曾说："我们对他们寄予厚望。"[19]

大都会的管理层被寄予厚望的第一要务是控制成本，如果他们没有做到这一点，墨菲就会亲自出马。大都会合并 ABC 公司时，墨菲控制成本的天分实在是太必要了。广播电视网络业通常看重的是传播的渗透率，而不是利润。他们考虑如何提高渗透率，而不是考虑成本。在墨菲接手之后，这种心态戛然而止。在 ABC 精心挑选的成员们的帮助下，墨菲重新制定了工资、津贴和费用标准。在支付了慷慨的遣散费之后，解雇了 1500 名员工。ABC 公司供公司高层使用的餐厅和专用电梯被关闭了。墨菲首次访问公司时乘坐的豪华轿车也被处理了，他再去公司时，坐的是出租车。

　　这样的成本意识贯穿于大都会公司，公司在费城名列第一的电视台——WPVI，雇员有 100 人，相比之下，同城的 CBS 有 150 人。在墨菲来 ABC 之前，公司由 60 人管理 5 个台，在合并之后不久，6 个人可以管理 8 个台。在纽约的 WABC-TV，雇用 600 人管理，产生 30% 的税前利润；在墨菲重新配置了人员之后，仅雇用 400 人，产生的税前利润超过 50%。一旦成本危机解除，墨菲就交给伯克进行日常管理，他则专注于收购和股东资产。

准则：抗拒惯性驱使

　　广播电视网络行业的基本状况，保证了大都会公司能产生充足的现金流；行业的基本经济特征，加上墨菲的控制成本的偏好，意味着大都会公司产生的现金流极为可观。从 1988 年到 1992 年，大都会公司产生了 23 亿美元可支配现金。在这种情况下，很多管理者会无法抗拒花钱的诱惑，会去收购新业务、扩张公司的版图。墨菲也买了很少的一些新业务。1990 年，他花了 6100 万美元进行了小型收购。他说，在整个市场上绝大多数传媒企业的价格过高。

　　收购兼并是大都会公司非常重要的成长方式。墨菲一直在留心市场上是否有合适的传媒行业资产出售，但他始终坚守着"拒付高价"的纪律。拥有巨额现金的大都会公司可以轻而易举地吞下任何公司，但就像《商业周刊》杂志报道的那样："墨菲有时会等待数年，直到合适的收购对象出现，他从来不会因为手中拥有资源而随意浪费这种资源。"[20]

墨菲和伯克意识到，传媒行业是有周期性的，如果使用财务杠杆进行不恰当的收购，股东将无法接受。伯克说："墨菲从不感情用事。"[21]

一家公司赚取的现金多于再投资的需要时，可以收购成长型企业、偿还债务和分红回馈股东。因为墨菲不愿冒高价收购企业的风险，他选择偿还债务和回购股票。1986年，在收购ABC之后，大都会公司总的长期负债是18亿美元，净资产负债率是48.6%。1986年年底，公司持有的现金和现金等价物大约为1600万美元。到1992年，长期债务降到9.64亿美元，净资产负债率降到20%，同时，公司的现金及现金等价物上升到12亿美元。这意味着公司几乎相当于没有负债。

墨菲通过减少负债的形式，大大改善了大都会公司的资产负债表，降低了公司风险。他的下一步是提升公司价值。

准则：一美元前提

1985～1992年，大都会/ABC公司的市值从29亿美元增长到83亿美元，在此期间，公司保留了27亿美元的盈余，因此，每一美元的留存创造了2.01美元的市值。考虑到公司挺过了1990～1991年经济周期的萧条期，以及有线电视网的出现造成其内在价值的降低，这个成就尤其值得一提。伯克希尔在大都会的投资从5.17亿美元升值为15亿美元，折合年复利回报14.5%，这

个表现优于投资哥伦比亚广播公司（CBS），也超过标普 500 指数
的表现。

准则：理性

1988 年大都会公司宣布将回购不超过 200 万股股票，相当于
11% 的总股本。1989 年，公司支付 2.33 亿美元回购 52.3 万股，
均价 445 美元 / 股，7.3 倍于公司运营现金流，相对于同业公司的
股价是 10 ~ 12 倍的现金流。第二年，公司回购 92.6 万股，均价
为 477 美元，7.6 倍于运营现金流。1992 年，公司继续回购股份，
以均价 434 美元回购 27 万股，8.2 倍于现金流。墨菲重申，购买
自家公司的代价较购买行业内其他公司为优。1988 ~ 1992 年，大
都会公司一共投资 8.66 亿美元，回购 195.3 万股。

1993 年 11 月，公司宣布以荷兰式拍卖方式回购最多 200 万
股，价格在每股 590 ~ 630 美元。伯克希尔以持有的 300 万股中
的 100 万股参与了此次拍卖。这次行动引发了广泛的投机活动。
是公司找不到合适的投资机会吗？巴菲特出售 1/3 持股是因为不再
看好公司吗？大都会最终回购了 110 万股——其中 100 万股来自
伯克希尔——均价为 630 美元 / 股。巴菲特收回了 6.3 亿美元，并
且没有造成公司股价的大幅波动，仍旧是第一大股东，持有公司
13% 的股权。

多年以来，巴菲特观察过无数公司的运营和管理，大都会公
司是在国内公众公司中最好的。为了证明这一点，在他买入公司
时，他就将未来 11 年的投票权交给了墨菲和伯克，条件是只要他

们中的任何一位仍然继续管理该公司。如果这还不足以让你体会巴菲特对他们的高度信任，请看他曾说过的："墨菲和伯克不仅是优秀的管理人，而且是人们愿意将女儿出嫁的好对象。"[22]

可口可乐公司

1988 年秋天，可口可乐总裁唐纳德·基奥发现有人在巨量买入公司的股票。经历了 1987 年股市崩盘，可口可乐的股价较之崩盘前的高价低 25%。但股价已经触及地板价，因为"一些神秘的买家通过大宗交易吃货"。当基奥发现所有这些买单均来自中西部的经纪商时，他突然想到了他的朋友沃伦·巴菲特，并决定打个电话给他。

"你好，沃伦，"基奥开始说，"你不是恰好正在买入可口可乐吧？"巴菲特顿了一下，然后说："巧得很，我正在买入。但是如果你能在我发表声明之前保持沉默，我将非常感激。"[23] 如果巴菲特买入可口可乐股票的消息走漏，人们将会蜂拥而进，最终推高股价，那伯克希尔的入货目标就可能无法完成。

1989 年春天，伯克希尔的股东们获悉巴菲特动用 10.2 亿美元购买可口可乐的股票，占到可口可乐公司股本的 7%，也是伯克希尔投资组合的三分之一。这是时至今日，伯克希尔最大的单笔投资，令华尔街都挠头。对这家卖汽水的百年老店，巴菲特的出价是 5 倍市净率和超过 15 倍的市盈率，均较市场有溢价。奥马哈的先知到底看到了什么别人没有看见的东西？

可口可乐是世界上最大的饮料公司，在全世界 200 多个国家销售超过 500 种充气和不充气饮料。在这 500 个品种里，有 15 个品牌估值超过 10 亿美元，包括可口可乐、健怡可乐、芬达、雪碧、维他命水、动乐、美汁源、简易、乔治亚、戴尔山谷。

巴菲特与可口可乐的关系，可以回溯到他的童年时代，他 5 岁时第一次喝到可口可乐。不久之后，他就开始显现出企业家精神，你或许还记得第 1 章里提到的，他花 25 美分批发来 6 罐可乐，然后以 5 美分一罐的价钱卖出去。在接下来的 50 年里，虽然他目睹了可口可乐非凡的成长，却没有买，取而代之的是，他买了纺织厂、百货公司、农场设备制造商。即便在 1986 年，当可口可乐公司的樱桃可乐被伯克希尔公司选为年会的正式官方饮料时，巴菲特还是一股可口可乐都没买。直到两年之后，1988 年的夏天，巴菲特开始买入。

准则：简单易懂

可口可乐的生意相当简单，公司购买大宗原材料，然后根据配方生产浓缩原浆，卖给装瓶商，再由他们将浓缩原浆与其他成分合成成品。装瓶商将成品卖给零售商，包括小商铺、超市、自动贩售机。公司也面向餐馆和快餐连锁店提供软饮料，在那里，它们被分装在杯子和玻璃瓶里卖给顾客。

准则：持续的经营历史

没有哪家公司能与可口可乐的持续运营历史相提并论，创立于 1886 年的可口可乐只卖一种产品，大约 130 年后的今天，可口可乐仍然卖着同样的饮料，辅以少许其他产品。重大的不同在于，公司的规模和覆盖的地域版图，早已不可同日而语。

进入 20 世纪之时，公司雇用了 10 名推销人员跑遍全美，那时一年销售 116 492 加仑⊖的糖浆，销售金额达到 148 000 美元。成立 50 年之后，公司年销售 2 亿件软饮料（销售单位从以加仑计变为以件计）。巴菲特说："很难找到一个公司能与可口可乐相比较，有十年的记录、销售不变的产品。"[24] 今天，可口可乐公司是世界上最大的饮料、速溶咖啡、果汁、果汁饮料提供商，每天售出 17 亿份。

准则：良好的长期前景

1989 年，在伯克希尔宣布它持有 6.3% 的可口可乐公司股权后，巴菲特接受了《塔特兰大宪章》的商业记者梅利莎·特纳的采访。她问了巴菲特一个经常被提及的问题：为什么没有更早买入可口可乐的股票？巴菲特谈到了他在做最终决定时的想法。

他说："让我们假设你将外出去一个地方十年，出发之前，你打算安排一笔投资，并且你了解到，一旦做出投资，在你不在的这十年中，不可以更改。你怎么想？"当然，不用多说，这笔生意必须简单、易懂，这笔生意必须被证明具有多年的可持续性，并且必须具有良好的前景。"如果我能确定，我确定市场会成长，我确定领先者依然会是领先者——我指的是世界范围内，我确定销售会有极大的增长，这样的对象，除了可口可乐之外，我不知道

⊖ 1 加仑 = 4.546 升。

还有其他公司可以做得到。"巴菲特解释道，"我相对可以肯定，
当我回来的时候，他们会干得比今天更好。"[25]

但是为什么在这个特定的时点买入呢？因为巴菲特所描述的
可口可乐的商业属性早已存在了数十年。他说，吸引他目光的是
发生在可口可乐领导层的变化，1980 年罗伯托·戈伊苏埃塔成为
公司董事长，唐纳德·基奥成为总裁。

变化是巨大的。整个 20 世纪 70 年代，可口可乐公司麻烦不
断，惹起装瓶商的争议，美汁源园区的农民的受虐待指控，环境
保护主义者指责可乐的单向容器加重了环境污染，联邦交易委员
会指控公司的独占连锁体系违反了谢尔曼反垄断法。可口可乐的
国际业务也是跟跟跄跄，因为公司授权以色列连锁，阿拉伯世界
抵制可乐，拆毁了投资多年的工厂。日本曾经是增长最快的国家，
却也是公司失误连连的地方，26 盎司○的可乐罐在货架上发生爆
炸，此外，日本消费者对于公司在葡萄味芬达里加入人造煤焦油
色素感到气愤。当公司开发出使用真正葡萄皮的新款饮料时，却
因为发酵变质被倒入东京湾。

整个 70 年代，可口可乐支离破碎，在饮料行业里也没有
创新。尽管如此，公司依然继续创造着数以百万计的利润。保
罗·奥斯汀 1962 年出任总裁，1971 年出任董事长，他没有用赚来
的利润在饮料行业里继续投资，而是打算多元化，投资水利项目、
养虾厂，尽管利润微薄，还买了一个酒厂。股东们心怀怨恨地反
对，认为可口可乐不应该与酒精有关。为了回击这种声音，奥斯

○　1 盎司 = 2.84 厘升。

汀花了史无前例的巨资大打广告。

同时，可口可乐净资产收益率高达 20%，但税前利润率开始下滑。1974 年，在熊市的末期，公司市值为 31 亿美元，六年之后，升至 41 亿美元。换言之，从 1974 年到 1980 年，公司市值的成长率仅仅是每年 5.6%，严重跑输标普 500 指数。在这六年中，公司留存的每一美元仅仅创造了 1.02 美元的市值。

奥斯汀的独断专行损害了可口可乐公司荣辱与共的精神。[26] 更糟糕的是他的夫人珍妮对公司造成的损害，她换掉公司经典的诺曼·罗克韦尔○的画作，用现代画重新装饰公司总部，甚至动用公司的喷气式飞机四处搜寻艺术品。不过这可能是她的最后一单了，因为她的行为加速了丈夫的倒台。

1980 年 5 月，奥斯汀夫人强令公司公园不再开放给员工享用午餐。她抱怨，落在地上的食物招引鸽子，破坏了草坪的美观。员工们的情绪低落到了极点。公司 91 岁高龄的家长、公司金融委员会主席罗伯特·伍德拉夫（曾经在 1923 ～ 1955 年领导公司）受够了，他要求奥斯汀辞职，起用罗伯托·戈伊苏埃塔替代他。

戈伊苏埃塔生长于古巴，是可口可乐第一个出生在外国的首席执行官，相对于奥斯汀的沉默寡言，他是个外向的人。他首先的行动之一，就是在加州的棕榈泉召集可口可乐公司 50 名高层开会，他说："大家说说哪里出了问题，我想知道全部。一旦问题得

○ 诺曼·罗克韦尔（1894–1978）从 16 岁开始成为一个插画家，直到 82 岁，一生创作不断，曾被《纽约时报》誉为"本世纪最受欢迎的艺术家"，其作品记录了 20 世纪美国的发展与变迁，最知名的作品是第二次世界大战期间创作的《四大自由》。

到解决，我希望得到 100% 的忠诚。如果你们中仍有谁不满意，我们将给予妥善的安排，然后说再见。"[27] 从这个会议开始，公司的启动了《八十年代的策略》，一个 900 字的小手册勾勒出可口可乐公司的目标。

戈伊苏埃塔鼓励他的经理们去冒合理的风险，他希望可口可乐首倡行动，而不是反馈。他开始削减成本，他要求可口可乐拥有的任何生意都必须优化其资产回报。这些措施迅速起效，利润率开始提升。

准则：利润率

1980 年，可口可乐的税前利润率低至 12.9%。利润率连续五年下跌，并且明显低于公司 1973 年 18% 的利润率。戈伊苏埃塔上任后的第一年，利润率恢复到 13.7%。到 1988 年，巴菲特买入可口可乐股票的那一年，利润率已经攀升至创纪录的 19%。

准则：净资产收益率

在《八十年代的策略》的小册子里，戈伊苏埃塔指出，公司将剥离全部无法产生令人满意的资产回报的生意。任何新投资项目，必须具备足够的成长潜力才予以考虑。可口可乐对于在呆滞的市场上战斗不再感兴趣。"提升每股盈利、提升净资产收益率才是这个游戏的主题。"戈伊苏埃塔声明。[28] 他以行动践行自己的诺言：可口可乐酒业生意在 1983 年卖给了施格兰公司。

尽管公司在 7 年里实现了令人尊敬的 20% 的净资产收益率，

但戈伊苏埃塔并未止步,他要求再接再厉,继续加油。到 1988年,可口可乐公司的净资产收益率达到了 31%。

以任何衡量标准来看,戈伊苏埃塔时代的可口可乐都抵得上两个或三个奥斯汀时代的可口可乐。这种结果也反映到公司在二级市场的市值上,1980 年的市值是 41 亿美元,到了 1987 年年底,虽然 10 月份发生了股市崩盘,市值还是上升到了 141 亿美元。这7 年里,可口可乐公司的市值以年复利 19.3% 的速度增长,在此期间,可口可乐留存的每一美元,都创造了 4.66 美元的市场价值。

准则:坦诚

戈伊苏埃塔的《八十年代的策略》包括了对于股东利益的考虑,"在下一个十年,我们将继续向股东承诺,保证和提高他们的投资回报。为了给予股东们超越平均水平的回报,我们必须选择能战胜通货膨胀的投资。" [29]

戈伊苏埃塔不仅需要保证公司业务成长——这需要投入资金,他还需要提升股东价值。为了达到这个目标,可口可乐公司提升利润率和净资产收益率,一边提高分红数量,一边降低分红率。整个 20 世纪 80 年代,公司的分红数量每年提高 10%,同时,分红率从 65% 降低到 40%。这使得可口可乐公司既能将更大比例的公司盈利投入扩大再生产以保证公司成长,同时又对得起股东。

在戈伊苏埃塔的领导下,可口可乐公司的愿景变得一目了然:管理层的主要目标,就是随着时间推移,将股东利益最大化。为了实现这一目标,公司专注于高回报的软饮料生意。如若成功的话，这种成功会表现为现金流的上升、净资产收益率的上升，最终，是股东回报的上升。

准则：理性

　　净现金流的上升不仅能使可口可乐公司提高给股东的分红，而且使公司有机会首次尝试回购公司股份。1984 年，戈伊苏埃塔宣布，公司将在公开市场回购 600 万股公司股票。只有当内在价值高于股票市价，回购股份才是明智理性的。这种由戈伊苏埃塔首创的回购机制，旨在提高股东的净资产收益率，这表明可口可乐公司已经到了引爆点。

准则：股东盈余

　　1973 年，可口可乐公司股东盈余（税后利润 + 折旧 − 资本开支）是 1.52 亿美元。到 1980 年，股东盈余达到 2.62 亿美元，成长率为年复利 8%。从 1981 年到 1988 年，股东盈余从 2.62 亿美元上升到 8.28 亿美元，成长率为年复利 17.8%。

　　如果我们以十年为期观察可以很明显看到，可口可乐的股价反映出了股东盈余的增长。从 1973 年到 1982 年，可口可乐公司股票回报的增长率为 6.3%。在接下来的十年中，从 1983 年到 1992 年，在戈伊苏埃塔领导的新政下，公司平均的年复利回报为 31.1%。

准则：抗拒惯性驱使

　　当年戈伊苏埃塔接手公司之初，他首先抛弃了前任董事长保罗·奥斯汀发展的不相关的产业，回归公司的核心业务：卖糖浆饮料。这是可口可乐公司抗拒惯性驱使的明证。

无可否认，让公司重新成为一个生产单一产品的企业，这是个大胆之举。更令人称道的是，当整个行业都在竞相多元化的时候，戈伊苏埃塔却有反其道而行之的心智与行动力。当时的几家饮料业巨头都在用它们的盈利投资一些非相关的行业。安海斯-布希公司用它们从啤酒业务赚来的钱投资主题公园。百富门公司（Brown Forman），一家酒业巨头，用其利润投资了瓷器、水晶、银、箱包生意，所有这些投资的回报都非常低。施格兰公司，一家全球烈酒和红酒商家，买下了环球影城乐园。百事可乐（可口可乐最大的竞争对手），买下了休闲食品公司（非多利公司）和餐馆，包括塔可钟、肯德基、必胜客。

更重要的是，不仅戈伊苏埃塔的行动专注于公司最大、最重要的产品，而且整个公司的资源都向最具利润率的业务倾斜。因为销售饮料的利润远远大于其他业务，公司将盈余再投资仍然投向回报最高的业务。

准则：确定价值

当巴菲特1988年首次购买可口可乐时，人们不禁要问："可口可乐的价值体现在哪里？"当时，PE是15倍，股价是现金流的12倍，分别比市场平均水平高出30%和50%。巴菲特支付了5倍的市净率，这样只有6.6%的收益率，相对于长期国债9%的收益率，似乎并不具有吸引力。巴菲特愿意这样做是因为可口可乐无可比拟的商誉，公司用相对较少的资本支出，能够取得 31% 的净资产收益率。巴菲特解释，股票的价格说明不了价值。可口可乐的价值和其他企业一样，取决于未来公司存续期内，所有预期股东盈余的折现。

1988 年，可口可乐公司股东盈余为 8.28 亿美元，美国 30 年期国债的利率（无风险利率）是 9%。以 1988 年盈余，使用 9% 作为折现率，可以算出公司价值 92 亿美元。当巴菲特购买可口可乐时，公司的总市值为 148 亿美元。猛一看，巴菲特买高了，但是别忘了，92 亿美元的估值是基于当时盈余的计算。如果有买家愿意多付 60% 的代价，一定是因为看到了可口可乐公司未来成长的机会。

分析可口可乐公司，我们会发现，从 1981 年到 1988 年，公司的股东盈余年增长率为 17.8%，高于无风险利率的水平。在这种情况下，分析人员会使用两段法进行分析，假设公司未来的一段时间以高速增长，然后以稍慢些的水平增长，在这两个不同阶段，使用不同的折现率，然后相加，得出公司的估值。

我们可以用两段法计算 1988 年公司未来现金流的现值。1988 年可口可乐股东盈余是 8.28 亿美元，如果我们估计它能在下一个十年里，保持 15% 的增长（这是一个合理的预估，因为这低于它过去七年的平均增长率），届时股东盈余将达到 33.49 亿美元。让我们继续测算，从第 11 年起，它的增长率降低到了每年 5%，用 9% 的折现率（当时的长期国债收益率），我们可以推算出，在 1988 年可口可乐的内在价值是 483.77 亿美元。

我们可以重复用不同的增长率假设进行计算。如果我们假设可口可乐下一个十年的股东盈余增长率是 12%，然后是 5% 的增长率，以 9% 折现率，公司当下内在价值为 381.63 亿美元。如果下一个十年增长 10%，然后 5%，那么价值是 324.97 亿美元。即便我们假设可口可乐今后的所有增长率只有 5%，公司也至少值 207 亿美元。

准则：以有吸引力的价格买入

1988 年 6 月，可口可乐的股价大约是 10 美元 / 股（已做除权调整），随后的 10 个月，巴菲特共投资 10.23 亿美元，买入 9340 万股，他的平均成本为 10.96 美元 / 股。到了 1989 年年底，对可口可乐的投资占到了伯克希尔公司投资组合的 35%，成为绝对的重仓股。

自戈伊苏埃塔 80 年代开始接管公司起，可口可乐的股价每年都在上涨。在巴菲特第一次出手的前五年，股价年均上涨 18%。公司前景如此美好，以至于巴菲特无法以更低的价格买入。他告诉我们，价格和价值是两码事。

1988 年和 1989 年在巴菲特买入期间，可口可乐的估值平均在 151 亿美元左右，但巴菲特的估值是 207 亿美元（假设 5% 的股东盈余增长），或 381 亿美元（假设 12% 的增长），或 483 亿美元（假设 15% 的增长）。巴菲特的安全边际——相对于内在价值的折扣——从保守的 27% 到乐观的 69%。

巴菲特说，最好的生意是那些长期而言，无须更多大规模的资本投入，却能保持稳定高回报率的公司。在他心目中，可口可乐是对这个标准的完美诠释。在伯克希尔买入十年之后，可口可乐公司的市值从 258 亿美元上升到 1430 亿美元。在此期间，公司产生了 269 亿美元利润，向股东支付了 105 亿美元分红，留存了 164 亿美元用于扩大再生产。公司留存的每一美元，创造了 7.15 美元的市场价值。到 1999 年年底，伯克希尔最初投资 10.23 亿美元持有的可口可乐公司股票市场价值为 116 亿美元，同样的投资，如果放在标普 500 指数上只能变成 30 亿美元。

通用动力公司

通用动力公司是个军工企业，1990 年，它在美国是仅次于麦克唐奈·道格拉斯的第二大国防产品承包商，它的产品包括给军方提供导弹系统、防空系统、航天飞船、战斗机（F-16 等）。1990 年公司综合营业额为 100 亿美元，1993 年营业额下降到 35 亿美元，尽管如此，公司的股东价值在此期间却上升了 7 倍。

1990 年，柏林墙的倒塌，标志着长期的、代价高昂的"冷战"的结束。次年，苏联也随之解体。伴随着每一次来之不易的胜利，从第二次世界大战到越南战争，美国都会大规模精简、重整一次国防资源。现在，冷战结束了，美国军工企业处于再一次的重整之中。

1991 年 1 月，通用动力公司任命威廉·安德斯为 CEO 时，公司股价处在十年的低点 19 美元 / 股。起初，安德斯试图让华尔街相信，即便国防工业缩减了预算，通用动力公司依然颇具价值。

他开始着手重组公司结构，希望去除那些让分析师产生分歧的财务上的不确定性。他削减了10亿美元资本性开支和研发费用，裁员数千人，建立了基于公司股价表现的激励机制。

安德斯意识到国防工业的根本性变化，他大踏步地进行变革，而不是小打小闹。大规模的国防订单在缩减，同时小规模的订单只会令公司的业务规模萎缩，向非军工领域进行多元化发展。

准则：抗拒惯性驱使

1991年10月，安德斯专门定制了一份有关国防工业的调研报告，结论并不乐观：国防军工类企业由军品转向民品，失败率为80%。只要军工企业保持产能过剩，这个行业中将没有一家企业能保持较高的效率。安德斯得出结论：如果想成功，必须理性地处理通用动力的生意。他决定通用动力只保留如下生意：①证明被市场接受的产品；②能够达到临界规模的产品，其研发和产能相匹配，能达到最佳经济规模和财务指标。未能达标的业务将被出售。

最初，安德斯相信通用动力应该专注于四个核心业务：潜艇、坦克、飞机和太空系统。这些业务在市场上居于领导地位，即便在收缩的军工市场中，它们依然保持强有力的地位。除了这些之外，余下的生意陆续被出售。1991年11月，通用动力将其数据系统以2亿美元卖给电脑科技公司。转年，将赛斯纳飞机公司以6亿美元卖给德事隆公司，导弹系统以4.5亿美元卖给休斯飞机公司。6个月之内，公司共出售了价值12.5亿美元的非核心业务。

安德斯的行动唤醒了华尔街，通用动力公司的股价1991年上升了 112%。他接下来的动作引起了巴菲特的关注。

手握大量现金，安德斯声明，首先将满足公司流动性的需要；其次，减少债务以令公司财务更为健康。在减少负债后，通用动力产生的现金依然超出需求。由于在军工产业订单收缩的大背景下，增加产能是不明智的，同时向非军工产业扩张也多导致失败，在这种情况下，安德斯决定用多余的现金回馈股东。1992 年 7 月，以荷兰式拍卖方式，通用动力以每股 65.37 ～ 72.25 美元回购了1320 万股，减少了 30% 的股本。

1992 年 7 月 22 日的早晨，巴菲特致电安德斯，告知伯克希尔公司购买了 430 万股通用动力股票。巴菲特告诉对方，通用动力公司令人印象深刻，购买是出于投资目的。同年 9 月，巴菲特将伯克希尔的投票权授予通用动力的董事会代为行使，条件是：只要安德斯还担任 CEO。

准则：理性

在所有伯克希尔的投资组合中，通用动力投资案最令人困惑。它完全不同于巴菲特之前的投资记录。该公司并不简单易懂，没有持续的杰出表现，也没有表现出长期的良好前景。不仅公司所处行业被政府控制（90% 的销售来自政府合同），而且整个行业处于萎缩状态。通用动力公司利润可怜，净资产收益率也低于行业平均水平。更糟糕的是，公司未来的现金流不可确知。

那么，巴菲特如何确定其价值呢？答案是，巴菲特投资之初，并未将其当作长期持有的投资对象。他购买通用动力是进行短期对冲，所以之前的那些条条框框没有发挥作用。

巴菲特说："我们购买通用动力是件幸运的事，在此之前，我很少关注该公司，直到去年夏天，该公司宣布以荷兰式拍卖方式回购30%的股份。见到有对冲的机会，我开始为伯克希尔买进这只股票，希望赚点小钱。"[30]

但是，随后他改变了主意。最初的计划是参与荷兰式拍卖赚些小钱，"但当我开始研究这家公司时，我注意到比尔·安德斯就任CEO不久即取得的成就，这令我睁大了眼睛。安德斯具有清晰、明确、理性的策略，做事专注，在执行中充满了紧迫感，并且结果也真的是非常漂亮。"[31] 由此，巴菲特放弃了短期对冲的打算，决定成为长期持有者。

很清楚，巴菲特对通用动力的投资，是比尔·安德斯抗拒惯性驱使取得成功的明证。尽管有评论指出安德斯的行为令一家大企业解体，但安德斯辩护说，自己的行为只不过是让公司未能实现的价值货币化。他1991年接任之时，通用动力的股价仅仅是其账面价值的六折，在此之前的十年，公司对于股东的回报是年复利9%，而同行是17%，同期标普500指数是17.6%。巴菲特看到的是一个股价低于净资产、产生现金流、着手实施资产剥离计划的企业。此外，最重要的是，其公司管理层以股东价值为行为导向。

尽管早先通用动力公司认为飞机和太空系统部门是核心业务，安德斯还是决定卖掉它们。飞机部门卖给了洛克希德公司，当时通用动力、洛克希德和波音三家公司合作，各占1/3股份，共同发展下一代战术战斗机——F22。在买下通用动力1/3的股份后，洛克希德在 F22 项目中占有 2/3，波音占 1/3。太空系统部门卖给了马丁·玛丽埃塔公司，这是一家航天运载火箭制造企业。出售这两项业务给通用动力公司带来了 17.2 亿美元现金。

随着现金滚滚而来，公司选择继续回馈股东。1993 年 4 月，公司派发了每股 20 美元的特别红利。同年 7 月，公司又派发每股 18 美元的特别红利，10 月再次派发每股 12 美元红利。1993 年，公司总共派发了每股 50 美元的特别红利给股东，并将季度分红从每股 0.40 美元提高到 0.60 美元。

从 1992 年 7 月到 1993 年年底，伯克希尔当初以每股 72 美元购买的股票，收到 2.6 美元的普通红利和 50 美元的特别红利，分红之后，每股价格上升为 103 美元。这笔投资在 18 个月的时间共获得 116% 的回报。毫无疑问，在此期间，通用动力公司的股价表现不仅超越同行，也远远超越了标普 500 指数。

富国银行

如果说通用动力公司是巴菲特最令人困惑的投资案例，对于富国银行的投资就是最具争议的案例了。1990 年 10 月，巴菲特宣布伯克希尔投资 2.89 亿美元购买 500 万股富国银行的股票，均价 57.88 美元／股。伯克希尔拥有 10% 的富国银行股票，成为该公司最大股东。

那年年初，富国银行股价还是 86 美元／股，但是随后，投资者开始抛售加利福尼亚州的银行股，他们担心席卷西海岸的房地产萧条，会导致银行在商业地产和住宅方面的坏账大幅增加。因为富国银行是加州最大的商业地产贷款提供者，投资者大幅抛售其股票，而卖空者也乘机兴风作浪。卖空的仓位在 10 月份跳升了 77%，与此相反，巴菲特此时开始买进。

在伯克希尔成为第一大股东的第二个月，围绕着富国银行的战斗堪称是一场重量级的较量。一方是巴菲特代表的看多一方，投了 2.89 亿美元押富国银行会上涨；另一方是空方，打赌已经下跌 49% 的富国银行注定会继续下跌。美国最大的空头费什巴赫兄弟公司（Feshbach Brothers）与巴菲特唱起了对台戏，该公司在达拉斯的一位基金经理汤姆·巴顿说："富国银行就是一只死鸭子。我虽然不敢说它已经到了破产的境地，但它的确已经不堪一击了。"[32] 巴顿的意思是富国银行的股价会从哪儿来，跌回哪儿去。保德信证券公司（Prudential）的分析师乔治·塞勒姆说："巴菲特以买便宜货和长期持有闻名，但是加州很可能成为下一个得克萨斯州（房地产崩溃的危险之地）。"[33] 他指的是，在能源价格下滑期间在得克萨斯州出现的银行危机。《巴伦》杂志的约翰·李休说："如果他在底部买入银行股，巴菲特并不担心等的时间更久些。"[34] 巴菲特非常熟悉银行业务。早在 1969 年，伯克希尔就购买过 98% 的伊利诺伊国民银行信托公司的股权。《银行控股法案》出台之后，要求伯克希尔剥离银行业务，在此之前，巴菲特在伯克希尔的年报中，每年都会提到银行的营收与利润情况。银行业务在伯克希尔掌控的企业占有一席之地。

就像杰克·林沃尔特帮助巴菲特懂得了复杂的保险业一样，

伊利诺伊国民银行的董事长吉恩·阿贝格教会巴菲特认识了银行业务。巴菲特知道，如果能够谨慎放贷和控制成本，银行是个有利可图的生意。"经验表明，那些不知控制成本的企业经理人，总会在花钱方面足智多谋，"巴菲特说，"而那些善于控制成本的经理人却总是能找到节约的新途径，尽管他们已经干得很好了。在这方面吉恩·阿贝格是个好榜样。"[35]

准则：良好的长期前景

富国银行可不是可口可乐，很难想象可口可乐会失败，但银行是完全不一样的生意模式。银行可能失败，而且，历史上的确有很多银行破产。巴菲特指出，银行的失败多归咎于管理层的失误，他们发放了很多不合理的贷款。银行业的总资产通常是净资产的 20 倍，所以，任何一个管理上的愚蠢的小失误，都足以吞噬一家银行的全部净资产，导致其破产。

但银行成为一个好的投资标的也不是不可能的，巴菲特说，如果管理层知人善任，银行能产生 20% 的净资产收益率。尽管这低于可口可乐，但高于大多数企业。巴菲特解释说，如果你是一家银行，你不必想着成为第一名，只要考虑如何管理好你的资产、负债、成本就可以了。像保险公司一样，银行业非常像普通商业类生意。如我们所知，在一个普通商业类企业里，管理层行为经常带有显著的特征。在这方面，巴菲特选择了业内最佳的管理团队，"在富国银行，我们得到了业内最好的经理人：卡尔·赖卡特和保罗·黑曾。他们常常让我想起大都会/ABC 公司的最佳拍档：

汤姆·墨菲和丹·伯克。每一对都比单个强。"[36]

准则：理性

1983 年，当卡尔·赖卡特成为富国银行董事长后，他开始将一家呆滞的银行转变为一个盈利的生意。自 1983 年到 1990 年期间，富国银行的总资产收益率为 1.3%，净资产收益率为 15.2%。1990 年富国银行成为美国第十大银行，拥有 560 亿美元的总资产。赖卡特和巴菲特所称赞的一样，是个理性的人。虽然他没有进行股份回购或发放特殊红利来回报股东，但他从所有者利益的角度出发来管理富国。就像大都会 /ABC 公司的汤姆·墨菲一样，他在控制成本方面能力超群。一旦成本被控制下来，赖卡特绝不会让它再反弹。他总是不停地寻找改善利润的方法。

衡量一家银行运营效率的指标是运营（例如非利息）成本对净利息收入之比[37]。富国的这一指标比美洲第一洲际银行高出 20 到 30 个百分点。赖卡特像一个实业家一样管理富国银行，他说："我们把这个公司视为一个生意，2 + 2 = 4，不是 7 或 8。"[38]

巴菲特 1990 年购买富国银行的时候，它是全美主要银行中商业地产贷款比率最高的银行，达 145 亿美元，5 倍于其净资产。由于加州的衰退趋于恶化，分析家们指出这些贷款的大部分会有麻烦。出于这个原因，富国的股价在 1990 年和 1991 年大跌。

由于联邦储蓄贷款保险公司（FSLIC）的破产敲响了警钟，监管当局严格审查了富国银行的贷款组合，并强令其于 1991 年计提了 13 亿美元的坏账拨备，次年又计提了 12 亿美元。由于拨备预算是逐季计提，每做一次声明，投资者心中就收紧一次。相对于一次性拨备，上述计提拨备的过程持续了两年之久，这令投资者开始心中打鼓：富国银行能否挺到最后？

1990 年在伯克希尔宣布购买富国银行之后，股价短暂回升，1991 年年初达到 98 美元 / 股，令伯克希尔的账面多出了 2 亿美元的利润。但到了 1991 年 6 月，当富国宣布进行了又一轮新的坏账剥离时，股价连续两天下跌了 13 个点，到 74 美元。尽管在 1991 年年底股价略微回升，但富国依然需要进行又一次有损利润的坏账拨备。年底，收于 58 美元 / 股，就像坐了一次过山车，伯克希尔投资此时又回到了不亏不赚的状态。"我低估了加州的衰退程度和房地产的麻烦。"巴菲特说。[39]

准则：确定价值

1990 年富国银行净利润是 7.11 亿美元，较 1989 年上升 18%。第二年，由于坏账拨备，净利润是 0.21 亿美元，1992 年净利润攀升至 2.83 亿美元——仍然比两年之前少一半多。毫无疑问，公司利润与坏账拨备之间存在反向关系。但是，如果将富国银行的坏账准备从利润表中拿掉，你会发现富国具有惊人的赚钱能力。自 1983 年起，富国净利息收入年均增长 11.3%，非利息收入（投资顾问费、信托收入、存款收费）增长率达到 15.3%。如果你将 1990 年、1991 年的坏账拨备剔除，富国将具有盈利 10 亿美元的能力。

一家银行的价值在于其净资产加上未来持续经营的盈利。当伯克希尔 1990 年购买富国银行时，公司前一年的盈利是 6 亿美元，美国政府 30 年国债的平均利率是 8.5%。保守起见，我们用 9% 作为贴现率，以 1989 年的 6 亿美元折算，那么富国银行价值 66 亿美元。如果未来 30 年，富国银行每年的盈利不比 6 亿美元多一分钱，那么它就正好值 66 亿美元。当巴菲特 1990 年以每股 58 美元买入时，富国总股本有 5200 万股，这相当于公司的总市值为 30 亿美元，比估值低 55%。

当然，围绕富国银行的争论主要在于，如果考虑到公司贷款质量问题，该银行是否仍然具有盈利能力？做空者说没有，巴菲特说没问题。他知道购买富国不可能没有风险，他清醒的逻辑是这样的："加州银行面临着一个大地震的特殊风险，这样的浩劫会重创借款人，随之将会毁掉借款的银行。第二个风险是系统性的，经济收缩或金融恐慌如此严重，将会打击每一个高杠杆企业，无论其管理是好是坏。"[40] 巴菲特判断，这两种风险同时爆发的可能性很小。但他指出，还有一种可变的风险，"由于房地产供给过度和银行贷款的过度扩张，市场担心西海岸的不动产价值将贬值，因为富国银行是房地产主要的放款人，它被认为尤其脆弱。"[41]

巴菲特知道，在不考虑平均每季度 3 亿美元的坏账拨备的情况下，富国银行有 10 亿美元的税前年度利润。他算了算，如果银行 480 亿美元中有 10% 出了问题，并在 1991 年计提损失，包括利息，平均 30% 的本金，富国银行将达到盈亏平衡点，甚至一年不赚一分钱，这当然令人痛心，但他计算出这是不可能的。他说："在伯克希尔，我们乐意买那些暂时一年不挣钱的公司或投资项目，只要它将来预期能有 20% 的净资产增长。"[42] 当巴菲特能以五折价格购买股份时，这种吸引力更加强化了。

"银行业不一定是个坏生意，但经常是，"巴菲特说，"银行家们不是一定会干愚蠢的事情，但他们也经常会干。"[43] 他认为愚蠢的银行家会借出高风险的贷款，当巴菲特购买富国银行时，他打赌赖卡特不是愚蠢的银行家。芒格说："这完全是将赌注压在经理人身上，我们认为他们会比其他人更快、更好地解决问题。"[44] 伯克希尔的赌注得到了回报，到 1993 年年底富国银行的股价升至每股 137 美元。

美国运通

"我发现长期熟悉一个公司及其产品，有助于对其进行评估。"巴菲特说。[45] 相对于自从小时候就分拆可口可乐来出售、投递《华盛顿邮报》、推荐他父亲的客户购买盖可保险股票，在伯克希尔的投资组合里，巴菲特与美国运通打交道的时间最长。你或许会回忆起在 20 世纪 60 年代中期，在美国运通公司发生色拉油丑闻时，巴菲特合伙企业将 40% 的资产投资在美国运通的股票上。30 年之后，伯克希尔累计持有美国运通 10% 的股票，价值 14 亿美元。

准则：持续的经营历史

尽管企业也有如同天气一样的周期变幻，但美国运通的主业自巴菲特合伙企业首次购买之后，基本上没有变化。它有三个业务部门：旅行相关服务（TRS）、金融顾问、运通银行业务。其中旅行相关服务部门发行著名的运通卡和运通旅行支票，该部门贡献了 72% 的公司营收。金融顾问业务（前身是 IDS 金融服务）是提供财务规划、保险和投资产品的部门，贡献了公司 22% 的营收。运通银行部门贡献了 5% 的营收。公司在全球有 87 个办公室，分布于 37 个国家。

公司的旅行相关服务部门预计能为公司持续盈利，该部门总是能产生大量现金以支持公司发展。通常，当公司运营产生的现金超出其发展所需，如何处理多余的现金，将考验公司管理层的责任感。一些管理层以提高股东分红或回购股份的方式通过了这项测试。另一些管理层则未能抵御惯性驱使，不断寻找新投资途径，用多余的现金扩展企业帝国的版图。很不幸，这种盲目扩张的情况发生在詹姆斯·鲁宾逊领导之下的美国运通身上。

当时 IDS 发现了一个有利可图的并购机会，鲁宾逊的计划是用 TRS 产生的现金去并购相关业务，令公司成为金融业的巨头。然而，鲁宾逊收购的希尔森·雷曼公司表现令人失望，它不仅不能养活自己，而且需要运通公司提供更多的资金才能维持运营。鲁宾逊共投资了 40 亿美元在这个项目上，最后实在没法填补这个大窟窿，被逼无奈，他给巴菲特打电话求援。巴菲特终于伸出援手，伯克希尔买了运通 3 亿美元的优先股。巴菲特首先是通过优先股的方式进行注资的，直到他觉得搞清公司的财务情况后，才有信心转为持有公司的普通股。

准则：理性

运通卡是美国运通公司皇冠上的钻石，这是众所周知的，遗

憾的是，它缺乏认识和欣赏自己的管理团队。幸运的是，1992 年
终于有人慧眼识珠。当鲁宾逊黯然下台后，哈维·戈卢布成为新
一任 CEO。戈卢布发出与巴菲特一样的声音，当他谈及美国运通
时，开始使用诸如特许经营权、品牌价值等名词。他的首要任务
是加强 TRS 的品牌意识，重组资本结构，并准备出售希尔森·雷
曼公司。

接下来的两年，戈卢布开始出售美国运通旗下表现不佳的资
产，提高盈利和净资产收益率。1992 年他将公司的数据服务部
门——第一数据公司公开上市，募集了 10 亿美元。次年，公司将
其货币管理部门——波士顿公司——以 15 亿美元的价格卖给梅隆
银行。不久，希尔森·雷曼公司被拆分为两个部分：希尔森零售
部分被出售，雷曼兄弟部分以税务豁免的方式配售卖给了运通的
股东们。

到了 1994 年，运通公司逐渐恢复了它原先的赚钱本色。公司
的所有资源倾力支持旅行相关服务（TRS），管理层的目标就是将
美国运通打造为"世界上最受尊敬的服务品牌"。公司每一次与公
众的交流沟通，都强调美国运通的特许经营权价值。甚至 IDS 金
融服务部门也更名为美国运通金融顾问。

现在各就各位、物尽其用，戈卢布的财务目标是：每年提升
每股盈利 12%～15%，净资产收益率达到 18%～20%。1994 年
9 月公布的报表，清楚地显示出美国运通公司管理层是理性的。公
司董事会授权管理层，根据市场情况，回购 2000 万公司普通股。
这消息对于巴菲特而言如同美妙的音乐。

夏天，巴菲特将伯克希尔公司持有的运通优先股转换为普通股。接着，他开始买入更多股票。截至年底，伯克希尔公司拥有美国运通 2700 万股股票，均价为 25 美元／股。在 1994 年秋天，美国运通完成了回购计划，次年春天，公司再次宣布将回购 4000 万股，占到公司总股本的 8%。

很清楚，美国运通是一家已经转型的公司。在堵上了希尔森·雷曼这个吃钱的大窟窿之后，公司成了下金蛋的母鸡，产出的现金远超出需求，公司历史上第一次出现了多余的现金。巴菲特非常欣赏公司的惊人变化，他大幅提高了伯克希尔对于美国运通的持股，到 1995 年 5 月，他又增持了 2000 万股，这样累计持股接近美国运通总股本的 10%。

准则：确定价值

自 1990 年之后，美国运通的非现金收入、折旧和摊销几乎与公司增添的土地、建筑和设备支出等值。当折旧和摊销基本上与资本支出相等时，公司的股东盈余基本上就是净利润。但是，由于公司飘忽不定的历史，很难估计美国运通的未来盈利增长率。在这种环境下，最好用非常保守的增长估算为好。

1994 年年底，包括 1993 年出售子公司收入在内，美国运通盈利约 14 亿美元。你或许还记得，戈卢布的目标是每年提升 12% ～ 15% 的收益。使用两段法估值模型：前十年盈利增长率 10%，其后是 5%（这低于管理层的预计），使用 10% 的折现率（这已经保守了，因为 30 年国债的收益是 8%），美国运通的内在价值为 434 亿美元，或每股 87 美元。如果公司能保持 12% 的增长率，那么其内在价值为 500 亿美元，或每股 100 美元。这就是说，巴菲特几乎以三折的价格买了美国运通，这真是巨大的安全边际！

IBM

2011 年 10 月，巴菲特在接受 CNBC 电视采访时，宣布伯克希尔公司投资了 IBM，我肯定当时很多伯克希尔的股东都摸不着头脑。毕竟，巴菲特多年以来一直在说，他没有兴趣投资高科技股。"即便我花所有时间思考下一年度的高科技公司走势，在分析这些公司时，我仍然会排在全国最聪明的第 100 个、1000 个或者 10 000 个人之后。"巴菲特曾经说。[46]

巴菲特不买高科技公司的原因并不是他不懂这些公司，实际上他很懂，真正的原因是预测这些公司未来的现金流非常困难。高科技公司由于行业本身的不断更新，使得其技术所带来的特许经营权的寿命非常短暂。对于像可口可乐、富国银行、美国运通、强生、宝洁、卡夫食品、沃尔玛这样的企业，巴菲特自信能预见它们的未来，但对于像微软、思科、甲骨文、英特尔这样的高科技公司，巴菲特觉得无法预见其未来。按照这个思路，IBM 也应在高科技公司的名单上。

但是到了 2011 年年底，伯克希尔买进了 6390 万股 IBM 股票，相当于 5.4% 的总股本。这项斥资 108 亿美元的大胆投资，是巴菲特有史以来做出的最大单一股票投资。

准则：理性

在 2011 年伯克希尔股东大会上，当巴菲特向股东们介绍对 IBM 的投资时，很多人以为会听到一堂关于 IBM 高级信息处理技术竞争优势的速成课。但他们得到的教程，却是关于普通股回购的价值，以及如何明智地看待公司策略的长期远景。

巴菲特开始说："所有人都知道，IBM 的 CEO 郭士纳（Lon Gerstner）和彭明盛（Sam Palmisano）干得非常棒，他们使公司从 20 年前的破产边缘，转变到今天的辉煌，他们的运营成就真的非常杰出。"[47] 很难想象，20 年前，已有百年历史的 IBM 接近崩溃的边缘。1992 年，IBM 宣布亏损 50 亿美元，从来没有哪个美国公司在一年时间里亏掉这么多钱。次年，郭士纳开始带领公司转变，在他的畅销书《谁说大象不能跳舞》（2002 年哈珀柯林斯出版）中，郭士纳描述了他的策略，包括卖掉利润率不高的科技硬件资产，向软件和服务转型。之后的 2002 年，彭明盛成为 CEO 后，他卖掉了个人电脑业务（买家为中国的联想），通过专注于服务、互联网、软件业务，使公司保持了又一个十年的增长。

巴菲特接着说："公司金融财务管理也同样非常出色，我认为没有哪一家公司有比之更优秀的金融人才，以至于没有哪一家大公司的股东能享受 IBM 股东这样的盈利提升。公司非常智慧地使用资金，总是基于现金考虑进行能增加价值的并购，大量回购自家的股票。"[48]

1993 年，IBM 总股本为 23 亿股。十年之后，在郭士纳退休、彭明盛接任 CEO 之时，总股本已下降为 17 亿股。在这十年的时间里，郭士纳回购了 26% 的股份，同时将分红提升了 136%。这种风格在其后任身上继续传承，在随后的十年，公司回购令总股本从 17 亿股减少到 11 亿股，减少 36%。两个人加起来，回购了超过半数的公司股份。如果这还不够令你印象深刻的话，彭明盛在任的十年，还将分红从每股 0.59 美元提高到 3.30 美元，上升 460%。

在高科技四巨头——IBM、微软、英特尔、思科中，只有一家公司的近期股价超过了 1999 年高科技泡沫狂潮时的价格巅峰，这就是 IBM。1999 年年底，IBM 每股 112 美元，到 2012 年年底，股价为 191 美元。相比之下，同期，思科从每股 54 美元跌到 19 美元，英特尔从 42 美元跌到 20 美元，微软从 52 美元跌到 27 美元。并非 IBM 公司的整体盈利比其他公司增长得多，而是因为 IBM 每股的价值增长较其他公司多。从 1999 年到 2012 年，微软回购减少了 19% 的股本，英特尔和思科减少了 23%，而 IBM 减少了 36%。

还记得巴菲特提到的观念吗？在他开始购买一家公司的股票时，他喜欢市场对其价值的认识滞后，因为这样可以让他有机会买进更多的便宜货。在公司回购股份时，这个道理同样适用。"如果伯克希尔购买的企业正好在回购其股份，我们希望两件事情：首先，公司的盈利长期而言处于正常的上升通道。其次，我们当然也希望公司的股价，在相当长的时期里表现不佳（这样就可以买到更多的便宜货)。"IBM 未来五年可能动用 500 亿美元进行股份回购，巴菲特对此评价说："作为像伯克希尔这样的长期投资者，这是值得欢呼的时刻。我们希望 IBM 股价在未来的五年保持低迷的状态。"[49]

在普遍迷恋短期表现的股市中，希望自家的股票长期低迷，听起来很奇怪。但如果真是一个长期投资者，这实际上是相当理性的想法。听听巴菲特是怎么算账的，"比方说，IBM 的股价是平均每股 200 美元，那么公司花 500 亿美元能回购 2.5 亿股，这样在 IBM 的 9.1 亿总股本中伯克希尔的持股就占到 7%。如果股价上涨，股价在这五年中平均每股 300 美元，那么公司花 500 亿美元只能回购 1.67 亿股，五年之后，在公司 9.9 亿总股本中，伯克希尔只占到 6.5%。"[50] 是 7% 还是 6.5%，二者的差距是巨大的。在较低的股价环境中，伯克希尔可以多出 1 亿美元的盈利，这意味着五年之后，伯克希尔公司的价值多出 15 亿美元。

准则：良好的长期前景

巴菲特说参与 IBM 这个 PARTY 他来晚了。像 1988 年的可口可乐、2006 年的伯灵顿北方圣达菲铁路公司，在他顿悟之前，整整读了五十年的年报。他说，顿悟的灵感出现在 2011 年 3 月的一个周六。他引用梭罗的话："并非你用眼睛看到了什么，而是你的心突然开悟了。"巴菲特向 CNBC 披露，IBM 拥有的寻找和留住客户方面的竞争优势，像一道灵光"击中眉心"，令他豁然开朗。[51]

信息技术（IT）服务业是充满活力的、全球化的产业，这方面的领导者非 IBM 莫属。[52] 全球信息技术产业每年的市场规模超过8000 亿美元，涉及方方面面，可以被分为四类：咨询、系统集成、IT 资源外包、业务流程外包。前两类合在一起占了 IBM 营业收入的 52%；其余部分，32% 来自第三类 IT 资源外包，16% 来自业务流程外包。

在咨询和系统集成方面，IBM 是全球的老大，比第二名埃森哲公司领先了 38 个百分点。在 IT 资源外包方面，IBM 依旧是全球老大，比第二名的竞争对手惠普公司领先了 78 个百分点。在业务流程外包方面，IBM 排在全球第七的位置。

在高科技行业里，信息技术被认为是成长防御行业。高科技行业中，技术的部分例如硬件和半导体更具有周期性的性质，而服务的部分则具有相对稳定增长的前景。IT 行业更具弹性，因为它的收入来源于大企业和政府机构，这些机构的预算通常不会任意变动。这样，IT 行业的咨询、系统集成、IT 资源外包被视为具有了类似护城河的性质。根据晨星公司科技部助理总监格雷迪·伯克特的分析，公司的声誉、历史记录、客户关系等这样的无形资产都是咨询和系统集成方面护城河的资源。在 IT 资源外包方面，转换成本和规模优势可以创造自身的护城河，这些保证了IBM 一旦获得客户，这些客户就会保持多年的忠诚。只有相对小的业务流程外包方面，不具备无形资产和转换成本的保护。

根据全球领先的信息技术研究咨询公司——加特纳公司的分析，IT 市场将以每年 4.6% 的速度增长，预计从 2011 年到 2016

年，其规模将从 8440 亿美元增长到 10 500 亿美元。

准则：利润率、净资产收益率、一美元前提

IBM 在郭士纳的带领下，从硬件转向咨询和软件；紧接着，在彭明盛领导下，摆脱利润低下、普通商品化的技术产业，转向高利润、具有护城河性质的咨询、系统集成、IT 外包方面。在 1994 年郭士纳接手时，IBM 的净资产收益率为 14%，到他 2002 年退休时，净资产收益率已达 35%。彭明盛在前任的基础上继续前行，他甚至将该指标推至更为惊人杰出的地步，在他 2012 年退休之时，IBM 的净资产收益率达到了 62%！

净资产收益率的提高，部分归因于公司回购股份减少资本金。但更为主要的原因在于，公司剥离了低利润率业务，转向高利润的咨询和资源外包业务。2002 年，IBM 的净利润率为 8.5%，到十年之后公司净利润率达到了 15.6%。

从 2002 年到 2011 年的十年里，公司共获得净利润 1080 亿美元，其中支付股东分红 200 亿美元，留存 880 亿美元进行再投资，包括资本再投资、收购、回购。同期，公司的市值增加了 800 亿美元。这不太符合巴菲特关于"留存一美元至少创造一美元市值"的理念，但考虑到这十年是大型公司的梦魇期，这个表现已经值得尊敬了。

准则：确定价值

2010 年，IBM 为股东创造了 148 亿美元的净利润。当年它的

资本支出是 42 亿美元，折旧与摊销是 48 亿美元，相抵之后，股东盈余是 154 亿美元。一个能赚取 154 亿美元现金的公司应该值多少？按照约翰·伯尔·威廉斯（和巴菲特）的计算方式，需要对公司未来的现金流进行折现。未来的现金流取决于公司的增长率，而巴菲特常用的折现率是美国政府长期国债利率，他将其定义为无风险利率。请记住，巴菲特在他的计算中不使用权益风险溢价这个概念，他使用他愿意支付的价格确定安全边际，以调节风险。

应用该理论，我们可以自己计算一下 IBM 价值几何。用两段法折现，我假设 IBM 前十年增长率为 7%，之后为 5%。然后，我使用 10% 作为折现率——这已经比美国 10 年期国债利率的 2% 高出很多。折现率越高，意味着要求的安全边际越高。这样计算下来，IBM 价值 326 美元 / 股，比巴菲特支付的价格 169 美元高出近一倍。如果我们将公司未来的增长率调低为 5%，接近加特纳咨询公司预计的 IT 服务行业的增长，价值约为 279 美元 / 股，仍比巴菲特的成本高出 100 美元。

看待这个估值问题的另一种方式是自问一下，什么样的增长率可以对应 169 美元 / 股的 IBM 公司？为了满足 169 美元的估值，IBM 需要保持每年 2% 的永续增长率。读者也许会质疑之前的 326 美元或 279 美元的估值，但就像许多人一样，我相信 IBM 在未来十年的增长率一定会高于 2% 的速度。呵呵，这样一来，公平的估值应该在这两个估值之间的某处，这令人想起巴菲特的一句名言："宁要模糊的正确，不要精确的错误。"

在很多方面，巴菲特购买 IBM 让我想起他买入可口可乐的案例，当时也有很多质疑的声音，因为巴菲特的买入价几乎接近历史最高点（就像 IBM 的例子一样）。很多人认为，可口可乐的业务很单一，增长又缓慢，好日子已经过去了（就像 IBM）。当巴菲特购买可口可乐时，股价相当于市盈率 15 倍和 12 倍于现金流，这两个数据分别高出市场平均水平 30% 和 50%。当我们运用各种不同的折现法计算可口可乐的价值时，发现即便以溢价的股价计算，仍然有相当可观的折扣。假设，可口可乐的增长率降低至不可思议的 5%，折现后依然显示公司价值 207 亿美元，比其市值高出近151 亿美元。

巴菲特买入可口可乐之后的十年，股价上涨了 10 倍，同期标普 500 指数的增长是 3 倍。在此我必须声明：我不能肯定地说未来十年 IBM 也会增长 10 倍，我只是想说，华尔街此时此刻所使用的按各种会计比率进行估值的方式，在计算长期增长率方面可能并不适用，或者说，长期可持续的增长率会被市场标出错误的价格。

对 IBM 未来成功的最大影响因素是公司未来的盈利水平。华尔街投资研究机构桑福德·C. 伯恩斯坦公司的高科技分析师托尼·萨科纳吉将 IBM 公司称为 "IBM 要塞，因为这个公司的盈利似乎不受行业周期的影响"。IBM 是全球最大的向企业和政府提供信息技术支持的公司，以至于 "预测都感到乏味"[53]。"预测都感到乏味" 恰恰也是他们 1989 年对可口可乐的评价，而这类公司对于巴菲特却正中下怀。

我们知道，财务管理在一个公司的成功中，扮演了第二重要的因素。郭士纳和彭明盛的财务管理风格对继任者、新 CEO 罗睿兰（Ginni Rometty）产生了深远的影响，在 IBM 的新五年计划——IBM 金融模式和业务展望中，包含了 500 亿美元的股票回购计划。按照当前进展，到 2030 年 IBM 的总股本将减少到小于 1 亿股。当然，没有人可以肯定计划的执行是否会有变化，但这无法阻止巴菲特的梦想，他告诉股东们："如果回购计划能将 IBM 的总股本减少到 6390 万股，我会打破我出了名的节俭，奖励伯克希尔每一位员工一个带薪假期。" [54]

亨氏食品公司

2013 年 2 月，伯克希尔公司和巴西 3G 资本公司合作出资 230 亿美元，收购了 H. J. 亨氏食品公司，折合每股 72.50 美元，比前一天的收盘价溢价 20%。

很明显，亨氏食品公司非常符合伯克希尔的胃口，它是世界上最知名的食品公司之一，在全球的识别度类似可口可乐和 IBM。亨氏深红色的番茄酱，伴随着薯条和其他酱菜出现在千家万户的厨房和餐厅里。2012 年，公司营业额达到 116 亿美元，大部分销售来自欧洲，在新兴市场也迅速成长。巴菲特说："这正是我们喜欢的公司类型。" [55]

准则：持续的经营历史

在药剂师约翰·彭伯顿发明可口可乐配方的 18 年前，亨利·J. 亨氏在宾夕法尼亚州的夏普斯堡开始了他的食品包装生意。公司 1869 年起步时是卖辣根酱[⊖]，1876 年转向番茄酱。

1888 年亨利·亨氏买断了另两个合伙人的股份，并重新将公司命名为 H. J. 亨氏食品公司。1896 年公司打出了著名的口号："57 种变化"！据亨利·亨氏本人讲，这口号源于一天他在纽约市乘坐高架火车，看到一个鞋店的标语："21 种风格"。亨氏随机选取了"57"这个数字，其中选择"7"是因为它能带来积极的心理正能量。巴菲特注意到，1869 年亨氏开始创业的那一年，正是巴菲特曾祖父西德尼创立杂货店的同一年。

准则：良好的长期前景

亨氏在全球番茄酱行业稳坐第一把交椅，在所有酱菜类行业名列第二。亨氏的未来发展如何，不仅取决于如何维护好当前市场份额的领先地位，也取决于如何在迅速成长的新兴市场站稳脚跟。亨氏做得很不错，今天，在公司销售额前十大市场中有 7 个是新兴市场。2010 年它收购了福达（中国）公司，现在公司价值已经翻了一番。2011 年它又收购了巴西的美洲康尼速食公司。

新兴市场对于亨氏到底有多重要？在过去的五年中，公司销售额的增长有 80% 来自新兴市场。在 2012 财年，公司 20% 的营收来自新兴市场，预计 2013 年这一数据将上升至接近 25%。根据公司 CEO 威廉·约翰逊的测算，公司在新兴市场的内生性增长率在同行中名列第一。

⊖ 一种类似芥末酱的东西。——译者注

准则：确定价值

2012 年，亨氏公司报出 9.23 亿美元的净利润，3.42 亿美元的折旧和摊销费用，4.18 亿美元的资本支出，这样，公司股东盈余为 8.47 亿美元。但在公司年报中，我们发现另有 1.63 亿美元税后支出，用于遣散人员、资产计提减值和履行其他职责的成本。如果将这些非运营费用加回去，我们能估计出公司可以产生 10 亿美元的股东盈余。

用两段法折算，我们估计公司将在 10 亿美元的基础上，未来十年能以 7% 的速度增长，之后保持 5% 的增长速度。以 9% 为折现率（这是伯克希尔通常持有优先股的条件），可以得出价值 96.40 美元 / 股（巴菲特的购买价是 72.50 美元）。如果以较低的 5% 作为其永续增长率，公司价值应该在 82.10 美元 / 股。考虑到公司在过去五年的年复利增长率为 8.4%，以及未来五年公司的增长，多来源于快速发展的新兴市场，我认为这个估值是保守的。

准则：以有吸引力的价格买入

如果公司今后十年能以 7% 的速度增长，之后保持 5% 的速度，巴菲特的买入价格仅仅低于内在价值 25%。如果以相当保守的 5% 增长率计算，只有 12% 的折扣。必须承认，在这笔交易中，没有我们在其他投资案例中见到的那么大的安全边际，但亨氏的吸引力超过了普通的折扣公式。

伯克希尔和巴西私募公司 3G 资本各自持有一半价值 40 亿美元的亨氏净资产。此外，伯克希尔还投资了 80 亿美元持有其可赎回优先股，票面利息为 9%。这个优先股有两个优势：首先，在未来的某个时点，可以显著的溢价赎回优先股；其次，优先股附带期权，允许伯克希尔公司将来可以合适的价格另外购买 5% 的亨氏普通股。

总之，在这笔交易中，伯克希尔的所有投资综合起来有 6% 的回报，还不包括期权、优先股转股溢价和公司未来内在价值的成长。即使亨氏将来经营不善，伯克希尔还能收到优先股分红。甚至，万一公司破产了，伯克希尔也能在其他债权人之前，在重组亨氏公司时居于有利的地位。

准则：理性

从伯克希尔的投资组合中，很容易看出亨氏食品属于巴菲特喜欢的公司类型：生意模式简单易懂；具有长期持续的运营历史；而且，因为亨氏占据了新兴市场的有利地位，公司具有良好的长期远景。公司投资资产回报率（包括负债）为 17%，股东权益回报率为 35%。

但是在亨氏食品的投资案例中，与巴菲特的其他投资相比较，有两个特别需要警惕之处。首先，亨氏食品每 1 美元净资产对应有 6 美元的负债。伯克希尔持有的 9% 优先股所产生的利息占了公司盈余的相当一部分。换言之，公司负债水平很高。

其次，公司更换了所有管理层，新的管理团队来自 3G 资本，它的主人是巴西最富有的人乔格·保罗·莱曼。

过去，巴菲特购买公司后，倾向于保留现有的管理团队继续运营。但在这个案例中，未来运营亨氏的角色由新的管理层担当。

巴菲特第一次遇见莱曼是在 20 世纪 90 年代，在吉列公司的董事会上。尽管莱曼和 3G 资本在美国并不知名，但他们在巴西的快餐业、银行业、啤酒业取得了巨大的成功。2004 年，莱曼领导的规模较小的巴西美洲啤酒公司，与体量大很多的世界啤酒巨头比利时英博啤酒公司（成立于 1366 年，旗下有时代啤酒、贝克啤酒品牌）合并，这一事件被视为其事业的分水岭。2008 年，在莱曼主导下，这家新公司支付 520 亿美元，与安海斯－布希公司合并，这是迄今为止世界上最大的并购案。合并后的公司更名为安海斯－布希英博公司，成为啤酒行业全球老大。

2010 年，3G 资本以 330 亿美元收购了快餐连锁公司汉堡王，数周之内，就解雇了迈阿密总部的一半雇员 600 人，卖掉了公司行政专用飞机，并规定今后员工需要得到许可才能进行彩色打印。收购之后，3G 资本削减了 30% 的运营成本。同时，每个连锁店都引进了新的产品，包括沙冰、小吃等，并进行了一场连锁店重塑运动，其费用由加盟商支付。2012 年第四季度，汉堡王报出了靓丽的财报，现金流得到改善，利润翻了一番。

研究 3G 资本的投资管理和它做过的每一项成功投资，让我想起了被巴菲特称赞为世界上最好的管理者——大都会的墨菲，他大刀阔斧地削减不必要的成本、提高工作效率，和 3G 资本公司所做的一样。

一些人认为，3G 资本作为私募机构，可能很快会将亨氏食品股份卖掉，而不会长期持有。莱曼坚持说，持有亨氏将是一个长期行为，就像他们长期持有啤酒公司，将其打造为整合啤酒业的一个平台，分享未来成长一样，他们也会将亨氏公司作为早期平台，用以整合食品业务，分享未来食品业的成长。

无论 3G 公司将来是持有还是卖出，巴菲特都乐于成为长期持有者。他说："亨氏是 3G 的孩子。如果 3G 想卖出股份，我们也愿意接手。"[56]

一个共同的标准

通过这些投资案例，你可能会注意到贯穿其间的一个标准：沃伦·巴菲特从不着急卖出股票，即便在他买入后，这些股票表现良好，但股价短期的上升并不令他感兴趣，菲利普·费雪教会巴菲特持有企业好过持有现金。巴菲特说他"满足于无限期持有这些企业，只要它们能带来令人满意的资产回报，管理层能够诚信，以及股价没有过高。"[57]（这些是否令你想起那些准则？）如同他提醒股东的话，他喜欢的持有期限是"永远"。

通过这些令人难忘的案例，巴菲特将我们带到了硬币的另一面：在确定购买哪个股票时如何做出理性的决定？我们应该如何管理投资组合？这正是下一章的主题。

第 5 章

投资组合管理

投资数学

让我们来回顾一下，到目前为止，我们学习了巴菲特购买企业或挑选股票的方法体系（当然，在他那里实际上是一回事），它建立在由 12 条准则组成的永恒原则之上。在很多伯克希尔收购或投资案例中，我们看到了这些准则的运用，包括著名的可口可乐案例、近期的 IBM 案例。我们还知道了来自他人的智慧如何融入了巴菲特的投资哲学之中。

但是，众所周知，决定买哪些股票只是故事的一半，另一半是投资组合的持续管理。

当我们想到管理投资组合时，多是想到一个简单的过程：买，卖，或持有。以巴菲特的想法，根据股价与其内在价值相比较后所得出的安全边际，在股价大幅低于其价值时买入，在股价没有被高估时持有，在股价大幅攀升时卖出。

然而，安全边际理论本身虽重要却不充分。我们在实际的组合管理中，还必须考虑巴菲特所运用的三个重要因素：

（1）他构建长期成长的投资组合的方法。

（2）他判断投资组合进展的测量方式。

（3）他在面临过山车般行情考验时控制情绪的方法（管理巴菲特投资组合的心理学挑战将在第 6 章讨论）。

关于华尔街的人如何与金钱打交道，好莱坞电影已经给人们留下了深刻的印象：同时接听两个电话，疯狂地记录着什么；同时盯着多个电脑屏幕，上面永远闪烁着不断跳动的数字，一旦股票价格下跌，便显出一脸痛苦的表情。

巴菲特与这样疯狂无度的生活完全无关，他自信且沉静，他无须盯着一大排电脑屏幕，对于每分每秒的价格变化毫无兴趣。他考虑的不是每分每秒，不是以天、月、季度为单位的股价变动，而是以年甚至多年为单位。他不需要数以百计的电脑，因为他的持股集中而有限。他说，"（自己是）专注的投资者。我们只投资于少数杰出的公司"。[1] 这种集中投资的方法，大大简化了投资组合的管理任务。

集中投资看似简单，却建立在精密复杂、相互交汇的基础上。在这个章节里，我们将仔细研究集中投资的问题，目标是给你一个新的方法去思考投资组合管理。注意：这种新方法可能与你已经知道的投资方法格格不入。

当今有两种如同拔河比赛式的针锋相对的投资组合管理策略：①主动管理；②指数投资。

主动管理的投资经理们会经常买入、卖出大量不同的股票。他们这样做是为了让客户满意，降低丢失客户的风险，最终保住饭碗。主动型投资经理试图预测股票在未来几个月的表现，这样在每个季度末有好的表现，客户就会高兴。

指数型投资与此相反，是买进并持有。它会买入一系列股票，设计复制一个特定基准指数，例如标普 500 指数。

主动型投资经理认为他们通过优秀的选股技能可以战胜指数。指数型投资的拥趸则以历史上的记录为证据，自 1980 年到 2011 年，仅有 41% 的大型基金的表现胜出标普 500 指数。[2]

从一个投资人的视角来看，这两种策略都有吸引人之处。通常多元化能够降低与个股相关的风险，持有不同行业的不同股票，投资人不用担心他们的钱都集中于一只股票,在灾难发生时可能全军覆没,他们能睡个安稳觉。通常情况下,这种思维有效,在多元化投资组合中,一只股票的下跌损失可能被另一只股票的上涨抵消。

主动型投资经理达到这个目标的方式,是增加组合里的个股数量。在他们看来,投资组合里的股票数量越多,效果就越好,10只好过1只,100只好过10只。因此,一个传统的基金会持股超过100只不同的股票。指数型基金对此没有异议,因为通常指数本身就是多元化的反映。

这里引出了一个问题:我们听到多元化这个说法已经很久了,以至于对于其必然的结果都麻木了:这种多元化的结果就是回报的平庸。主动型投资和指数型投资都能满足多元化的愿望,但是,一般而言,它们都不能带给你优异的回报。

那么,巴菲特对于这两种投资策略的看法如何?就这两种方式——指数型和主动型而言,巴菲特毫不犹豫地选择指数型。如果一些投资人不能忍受较高的风险,对资本市场没有什么了解,那么参与指数型投资是一种从股票投资中获益的长期方法。巴菲特以他独特的风格说道:"通过定投指数型基金,毫无专业知识的投资人实际上会比大多数职业投资者干得更好。"[3]

然后,巴菲特指出还存在第三种可替代的、不同的主动策略,它能将指数型投资的优点大幅提升。这个方法就是集中投资。集中投资的精华之处在于:挑选几只长期而言能产生超越平均水平回报的股票,将资金大量投在其上,在遭遇短期市场波动时,忍耐坚持。

　　从巴菲特的投资准则中，就可以看到对于优秀公司的集中投资。他所选中的公司，都具有长期优异的表现、稳定的管理层、高利润率，并且可以预见未来会继续复制过去的成功。集中投资的核心在于：将你的投资集中在那些可以超越平均表现的、提供最高回报的公司上。（源自数学领域的概率论奠定了集中投资的基础，在本章稍后，我们将更多地讨论概率论。）

　　还记得巴菲特给一无所知的菜鸟投资人的买指数型基金的建议吗？他接下来的话更有意思："如果你是一个还'懂一些'的投资人，懂得商业经济，并能识别出 5 ～ 10 家具有长期竞争优势、标价合理的公司，那么所谓的多元化对你而言就是俗套。"[4]

　　传统老套的多元化问题出在哪里？问题就在于它大大增加了你买一些搞不懂的企业的机会，也就是提高了犯错的概率。那些"懂一些"的投资人运用巴菲特的准则，买 5 ～ 10 只股票，有机会对它们进行深入了解。而其他所谓多元化的投资人通常要关注 10 ～ 20 家公司。

　　我们在第 2 章中知道，巴菲特的思想深受费雪影响，而费雪在投资组合管理方面，以其集中投资而闻名，他总是说宁愿持有少数自己非常了解的优秀公司，也不愿意持有大量的平庸公司。正如我们所见，费雪的组合通常保持在 10 家公司以内，而且其中的三四家会占到总投资的 75%。

　　费雪对于巴菲特的影响还体现在，当遇见重大机遇时，做出重大投资。今天，巴菲特以实际行为作为回应，他说："在你做出投资决策时，你应该具有这样的勇气和信念，至少将你 10% 的身家放在那只股票上。"[5]

由此，你可以看出为什么巴菲特说，理想的组合持股不应该超过 10 只股票，因为每一只的仓位至少是 10%。但是，集中投资并非简单地发现 10 只好股票，然后平均分为 10 份。即便组合中持有的 10 只股票都是好公司，其中的一些一定具备更好的回报，那么它们应占据更大的份额。

喜欢玩 21 点的人对这种策略有着直观的感受，当他们占据优势时，会下更大的赌注，在这一点上，投资者与赌博者基于同一学科——数学。基于概率论，数学为集中投资提供了理由：凯利优化模型。（细节我们将在本章稍后论述。）凯利用概率计算优化，在这个案例中，最优的选择是只押注一只。

集中投资与广泛持股、高频交易的方式完全不同。尽管持有优秀标的集中投资，在主动型策略的长期表现中会领先于指数，但它也要求投资人具有耐心，尤其在其他投资策略表现更好的情况下。在相对较短的期限里，我们知道利率、通货膨胀、短期公司盈利的变化都会影响股价。但当时间放得更长远时，企业的基本面终将在股价上得到反映。

那么多久才是理想的时间长度呢？没有标准答案，尽管巴菲特说是五年，但这只是他专注于伯克希尔的结果。长期持有的目的并不是不交易，这是另一个愚蠢的极端做法，可能导致你错失更好的机会。我建议，总的大原则是周转率在 10%～ 20%。对于持有 10 年的组合有 10% 的换手率，对于五年的组合有 20% 的换手率。

应用集中投资策略追求超越平均水平的投资结果，正如我们所看到的，学术研究和实际案例都显示出这种方法如果能够深思熟虑地运用，它是成功的。然而，毫无疑问，集中投资由于持股较少，所以股价波动带来的震荡是不可避免的副产品。运用这种方法的投资者之所以能够承受震荡，是因为他们知道，长期而言，所持有的企业会提供足够的回报以补偿短期波动带来的折磨。

巴菲特在无视市场的波动方面是专家，他的搭档芒格也一样，芒格曾经解释说："回想 60 年代，我拿着一张复利表，对于到底持有多少种股票做了各种假设。"[6] 他做出多种场景的假设，以确定他的合伙企业持有股票的数量以及预期的波动。

"我从扑克玩家那里获知，在你占据优势的时候要加大筹码。我知道我在心理上不惧波动，因为我就是在波动中成长起来的。"[7] 芒格总结到，他只需持有三只股票就足以应付股票的波动。

或许，你天生就具有抗波动的能力，即便你没有这么幸运，也可以从他们身上学到一些特质。你可以有意识地改善你的思想和行为，这种改善并非可以一蹴而就，但渐渐地让自己在变幻莫测的市场中不要惊慌或冲动是可行的。

集中投资的数学

将股票市场称为一个巨大的、充满各种可能性的仓库，这种说法可能过于简单，却并不夸张。在这个大仓库里，数以千万计的不同力量的合力反映在股价上，它们都在持续不停地变动着，任何一种力量都可能突然影响股价，任何一种力量都无法绝对预测到。投资者的任务就是，认清哪些是不可知的因素与信息，并将其逐一排除，最后留下那些最有把握的。这就是在做概率的练习。

当我们不太确定一件事情，却想表达一下意见时，常说些诸如"大约""可能"之类的词语，当我们想更进一步地表达并做出量化时，就开始与概率打起了交道。概率，也就是可能性，是风险的数学语言。

一只猫生一只鸟的可能性有多大？将这个概率定为0！太阳明天从东方升起的可能性有多大？将这个概率定为1。那么，所有事件发生的可能性将介于0和1之间，可表述为分数。确定其分数的数值就是概率论的内容。

1654年，布莱斯·帕斯卡和皮埃尔·德·费马相互往来的一些信件奠定了概率论的基础。帕斯卡是数学和哲学方面的天才，他遇到另一个哲学家兼赌徒希瓦利埃·代·米尔的挑战，试图解开一个难倒很多数学家的谜题。如果在游戏尚未结束之前需要离开，两个玩牌的人如何决定比赛的赌注？帕斯卡找到费马帮忙以应对米尔的挑战。

对风险有着精彩论述的《与天为敌》[⊖]一书的作者彼得·伯恩斯坦说："1654年，帕斯卡和费马之间的通信，在数学和概率论上具有划时代的意义。[8]"尽管他们所用的方法不尽相同（费马使用的是代数方法，帕斯卡使用的是几何方法），但他们构建了一个系统，能确定数种或有结果的可能性，包括你喜欢的球队在他们首

⊖ 《与天为敌》中文版已由机械工业出版社出版。

战失利之后，赢得世锦赛的可能性。

帕斯卡和费马的工作标志着决策理论的开端。决策理论的研究对象是当你不确定将要发生什么时，决定做什么的过程。伯恩斯坦说："做出决策是风险管理重要的第一步。[9]"

帕斯卡和费马被认为发展了概率论，而另一位数学家托马斯·拜尔所写的一些东西将概率论推向实际的应用。

拜尔 1701 年生于英国一个很普通的家庭，比帕斯卡整整晚了100 年。他是皇家科学院院士，但终生没有出版过任何数学著作。直到他死后，他写的《在机会原则中解决问题》的论文才被人发现，但当时并未引起人们的注意。然而，根据伯恩斯坦的说法，这篇论文是"惊人的原创论文，它奠定了拜尔作为统计学家、经济学家和社会学家的不朽地位"。[10] 它为投资者提供了数学概率论的使用方法。

拜尔分析法给我们提供了一系列结果，但是仅有一个会实际发生。它只是概念上的一个简单程序。我们基于可以获得的信息，将每一个结果赋予一种可能。如果获得了新的信息，原有的可能性将做出相应的调整。拜尔定理提供了一个数学程序，根据新获得的信息，调整我们原有的预期，以改变相应的概率。

具体如何应用呢？让我们假想一下，你和朋友在一个下午玩着喜欢的棋类游戏，现在，游戏快结束时，你们聊着天，说来下个注：掷一下骰子，看能否得到数字 6。这个概率是 1/6，16% 的可能性。但是你的朋友掷完之后，用手捂住，悄悄看了一下说：

"我可以告诉你,这是个偶数。"这样你有了新信息,概率从 1/6 升到了 1/3,33% 的可能性。当你琢磨猜哪一个的时候,朋友又逗你说:"再告诉你这不是 4。"有了这个新信息,你猜中的概率变成了 1/2,50% 的可能性。

在这个简单的例子中,你使用的就是拜尔分析法。每一次新信息的增加,都会改变你原有的可能性,这就是拜尔推理。

拜尔法分析者试图将所有的信息,都融入推理或决策过程。大学里使用拜尔定理帮助学生学习决策,在课堂上,它被称为决策树理论。树的每一个分支代表新的信息,它会影响决策概率。芒格说:"在哈佛商学院,第一年所学的全部,综合在一起实际上就是决策树理论,他们做的所有事情,加起来就是在用高中学到的代数解决生活中的问题。学生们很喜欢,他们惊喜地发现高中代数竟然能在生活中发挥作用。"[11]

正如芒格指出的那样,基础代数在计算可能性方面极为有用。当我们在实际投资中运用概率论时,需要更深入地了解这些数字是如何计算的。我们特别需要注意频率的概念。

随机扔一枚硬币,猜正面向上的可能性是 1/2。掷出骰子之后,猜出现偶数的可能性是 1/2。如果一个盒子里装满了弹球,其中 70% 是红色的,30% 是蓝色的,就有 3/10 的概率拿到的球是蓝色的。在这些例子中,事件的可能性被称为频率解读,它基于平均法则。

如果一件不确定的事情重复发生无数次,它发生的频率就体现在它的可能性上。例如,如果我们投掷一枚硬币 10 万次,那么出现正面向上的机会预计有 5 万次。注意，我没有说正好是 5 万次。大数法则说当无限次重复之后，相应的频率和可能性应该相同。理论上说，我们知道在正常的投掷硬币游戏中，出现正面向上的机会是 1/2，但我们永远不可能说正反面出现的次数完全相等，直到它们被投掷无数次之后。

很明显，如果一个问题具有不确定性，我们无法就不可能做出明确的定义。反之，如果问题已经被明确定义，我们应该能够列出各种可能的结果。如果一个不确定因素重复的次数足够多，那么结果的频率就能反映出不同结果的概率。如果我们关心的问题只能出现一次，这才是真正的难题。

我们如何估计明天通过科学课考试的概率，或某球队赢得超级杯比赛的概率？在每一个个案中，我们面临的问题是不一样的。我们可以回顾过去在科学课考试中的表现如何，但每次考试的内容不尽相同，而且我们的知识水平不是一成不变的。我们可以将这支球队过去的成绩进行统计，但是我们没有足够的数据统计每一位队员在相同环境下捉对厮杀的记录。

没有大量重复的实验，我们就无法得到频率分布，无法计算可能性。这种情况下，我们只好依靠自己对于可能性的主观解读，实际上我们经常这么干。例如，我们说，某球队赢得隆巴迪奖杯的可能性是 1/2，或顺利通过科学课考试的可能性是 1/10。这些都是关于可能性的陈述，它描述了我们对于一件事情的相信程度。当不可能做足够的实验，以得到基于频率的可能性解读时，我们只有依靠自己的主观感觉。

你可以立即发现这两个例子中的主观解读如何误导了自己。在主观的可能性中，真正的难题是分析你的假设。算了，不要再想它们了。假设你在科学课考试只有1/10的顺利通过的可能性，是因为考试内容更难了吗？或你做的练习不够？或是假装谦虚？你推断球队有1/2的捧杯概率，是否因为你一直以来都是他们的忠实粉丝，以至于对其他强队视而不见？

根据贝叶斯分析，如果你相信你的假设是理性的，那么对于一个特定事件的主观可能性，就等同于实际发生的频率可能性，这是完全可以接受的。[12] 你所要做的就是，剔除那些非理性的、不符合逻辑的部分，保留理性的部分。实际上，在很多例子中，主观可能性很有价值，因为它在你的思考中增加了实际的运用因素，而不仅依靠长期的统计规律。

概率论与市场

无论投资者是否意识到，实际上所有的投资者都在运用概率论。为了成功，他们需要将历史数据与最新发生的数据结合在一起进行考虑。这就是现实中的贝叶斯分析法。

巴菲特说："我们所要做的全部就是，将盈利概率乘上可能盈利的数量，减去亏损的概率乘上可能亏损的数量。"[13]

为了搞清投资和概率论之间的联系，一个有用的例子是风险对冲的使用。纯粹的风险对冲实际上就是同一证券在两个市场上的价格差异。例如大宗商品和外汇在全球几个市场交易，如果两个市场上，对于同一商品或货币标出不同的价格，你就可以在价格高的市场上卖出，同时在价格低的市场上买进，差价就是你的利润。

今天，对冲的机会经常伴随着收购兼并出现。有些人专门针对上市公司未披露信息进行对冲，但这一领域巴菲特是避开不做的，我们也应该像他一样。巴菲特说："我的工作就是评估这些事件发生的概率以及盈亏比例。"[14]

让我们看看巴菲特在斯坦福学生面前如何谈论这种情况。假设雅培现在的交易价格是 18 美元 / 股，在早盘时段，它宣布今年某个时候会以 30 美元 / 股的价格卖给科斯特洛公司。消息一经公布，雅培的股价即刻上升至 27 美元，然后在此价格上下波动。

巴菲特看到这样的并购声明后，会首先评估这个事件成功的可能性。某些公司的并购不一定能成功，或是由于董事会的反对，或是由于来自联邦交易委员会的反对。无人能确切知道对冲交易的结果如何，这就会导致亏损的风险。

巴菲特在这一过程中，运用了主观可能性评估，他说："如果我遇到一个机会，有 90% 的可能赚 3 美元，同时有 10% 的可能亏 9 美元，那么 2.70 美元减去 0.90 美元，从数学上看，我还有 1.80 美元的赚头。"[15]

接下来，巴菲特说，你需要考虑时间跨度，用这个投资项目的回报与别的投资项目进行比较。如果你买了每股 27 美元的雅培，潜在的回报是 6.6%（1.8 美元 /27 美元）。如果整个交易需要 6 个月完成，那么年化回报率为 13.2%。巴菲特会将这个对冲回报与其他的投资机会相比较。

巴菲特也公开承认，这样的风险对冲机会存在亏损的可能。

他说："对于一些特定事件，例如对冲的机会，我们绝对愿意冒一些损失金钱的风险。对于我们实在算不清楚的机会，我们就不参与了。我只参与那些我们能算清账的投资。"[16]

从这里，我们能清楚地看到巴菲特对风险对冲的判断使用的是主观可能性，在对冲中没有频率分布。每一次交易都是不一样的。每一次交易环境都要求不同的评估。即便如此，在对冲中运用一些理性的数学计算还是很有价值的。当投资普通股票时，我们的决策过程并无不同。

凯利优化

去赌场赌博，胜算是非常低的。这没有什么可惊讶的，大家都知道赌场具有最佳的胜率。但是有一种游戏，如果玩得好的话，可以给你一个合法的机会战胜赌场庄家，这个游戏就是 21 点。有一本畅销全球的书，名为《击败庄家：21 点的有利策略》〇，作者是爱德华·索普，他是个训练有素的数学家，在书中，他描述了智取庄家的方法。[17]

索普的策略基于一个简单的概念，当桌上有很多大牌（例如 10、人头、A）时，相对于庄家而言，玩家（比如说就是你）便具备了统计学上胜出的优势。玩家可以在心中算牌，每遇到大牌就减一分，每遇到小牌就加一分，在脑子里记住这些加加减减的流水账，当计算的数字转为正时，你就知道会有更好的牌出现。聪明的玩家会在最佳机会出现之时，押上他们最佳的赌注。

〇 《击败庄家：21 点的有利策略》中文版已由机械工业出版社出版。

隐含在索普这本书中的就是凯利投注模型[18]，而凯利的灵感来自克劳德·香农发明的信息理论。

作为贝尔实验室的数学家，在 20 世纪 40 年代，香农花了很多时间研究通过铜线传输信息的最佳方式，以期减少随机噪声分子的干扰。1948 年他在一篇名为《通信的数学原理》的文章中描述了他的发现。[19] 在文中，提到了通过铜线传导的最佳信息量，被认为是最佳成功概率的数学公式。

几年之后，数学家 J. L. 凯利读到香农的这篇文章，并意识到这个数学公式可用于人类活动——赌博，这个成功概率的公式可以帮助赌徒提高胜算。1956 年，凯利写了文章《信息速率的新解读》。在文中，他指出香农关于不同传递速率和同一事件的不同结果的可能性论述，基本上讲的就是概率，而这个数学公式对于两者都很有用。[20]

凯利优化公式通常被称为优化成长策略，它基于一个概念，如果你知道你的成功概率，就可以通过合理下注使你的账户收益最大化。

其公式是：$2p - 1 = x$，这里 2 乘以获胜的概率（P）减去 1 等于你的投资比例（x）。

如果打败庄家的概率为 55%，你就应该押上 10% 的筹码以使获利最大化。如果概率是 70%，押 40%。当然，如果你知道概率是 100%，那么这个公式告诉你：押上全部资金！

当然，股市比之赌场 21 点要复杂得多。在游戏中，牌的数量是有限的，因而出现各种不同结果的可能也是有限的，而在股市中，有数以千计的上市公司和数以亿万计的投资人，这导致具有无法估量的各种可能性。使用凯利方法要求根据新的信息，不停地进行重新计算和调整，这基本上是不可能的。不过，这个公式的基础概念——可能性的程度与投资规模之间的数学联系——却有着重要的启示。

我相信凯利模型对于集中投资者是个具有吸引力的工具，不过，它只能使认真运用它的人受益。运用该模型是有风险的，投资者必须清醒地认识到它的三个局限：

（1）无论是否使用凯利模型，投资人都应该做好长期的打算。虽然21点的玩家有机会战胜庄家，但是并不能确保在头几轮就获胜。在投资中也是一样，有多少次，投资人选中了好企业，但市场却不能及时地做出反应。

（2）谨慎使用杠杆。格雷厄姆和巴菲特都极力反对借钱投资股票（包括使用融资账户），在你最需要钱时，反而接到意想不到的电话要求追加资金，这种风险往往发生在市场最为困难的时候。如果你在融资融券账户中使用凯利模型，一旦遇到股市大跌，你可能要被迫卖出所有股票，从而出局，即使你本来具有很高的成功概率。

（3）在玩大概率游戏时，最大的风险就是过度押注。如果你判断有70%的成功概率而实际上仅有55%，你可能面临的风险被称为"赌徒的破产"。使风险最小化的方法是不要过度押注，这被称为"半数凯利模型"或"部分凯利模型"。例如，凯利模型告诉你使用10%的资金，你只用5%（半数凯利模型）。半数或部分凯利模型为投资组合管理提供了安全边际，加上个股挑选上的安全边际，二者合力为投资人提供了双重保护。

由于过度押注的风险过大，我认为投资者，尤其是刚开始运用集中投资策略的投资者，可以使用部分凯利模型以减少风险。但不幸的是，减少风险同时也意味着减少收益。然而，由于凯利模型的抛物线关系，少量押注的破坏性风险总是好于过度押注。减少 50% 投资数量的半数凯利模式，仅仅减少 25% 的潜在收益。

芒格的投注赔率

1994 年，芒格接受吉尔福德·巴布科克博士的邀请，为南加州大学商学院的师生们做了一次投资演讲。这次演讲涉及多个话题，包括 "获取普世智慧的艺术"，他也解释了关于概率和优化的思考。

他说："模型简化了股市中所发生的事情，它就像赛马场上的赌注计算系统。如果你停下来想一想，赛马场就是股市，每个人去到那里，然后下注，赔率随着下注的变化而变化，这同样也发生在股市上。"

他继续说："连智障者都看得出来，一匹具有良好比赛记录、负重轻、占据好位置的赛马，比那些比赛记录平平、负重沉重的赛马，更具胜出优势。但是当你看到赔率时，发现好马的赔率是100∶1，而一般的马赔率是 3∶2，那么从统计学上说，很难说押哪一匹马更有把握。价格、赔率在不断调整，所以战胜系统很难。"[21]

芒格的赛马比喻对于投资者很有启发，投资人经常被过于乐观的胜算概率所吸引，却因为种种原因未能坚持到终点。甚至有时候，他们在选股时根本没有考虑回报。对于我而言，参与赛马或股市的最明智的方法，是等待具有最佳赔率的良马出现。

心理学的因素

写过赛马方面著作的作家安德鲁·拜尔，曾经用了很多年去观察赌徒的行为，发现很多人是因为浮躁而输钱。在赛马场上，就像赌场里的心态一样，身临其境的人一进去立刻开始手痒：押上筹码、掷出骰子、转轮盘。场内热闹的场面，迫使人们立刻开始愚蠢的行动，没空多想自己在干什么。

拜尔熟悉参与游戏的心理冲动，建议玩家将资金分为游戏资金和重要资金两个部分。认真的玩家将重要资金保留着，直到两个条件出现：

（1）赛马胜出的信心很高时。

（2）回报（赔率）非常有利时。

重要的下注要求认真的资金。游戏资金不用说了，顾名思义，是满足于那些远远观望、心理满足即可的人。游戏资金的比例不应该占据主要部分。

当赌马的人开始混淆重要资金和游戏资金之间的区别之时，拜尔说：他们"就难免向混乱迈出一步，没有重点，没有在强弱之间做好选择的平衡。"[22]

从理论到现实

现在，让我们从赛马场回到正题，将这些理论应用到现实中的股市，思考的线索是相同的。

（1）计算概率。

你应该考虑这种可能性：长期而言，我选择的这只股票能否跑赢大势？

（2）等待最佳赔率出现。

当你具有安全边际之时，成功的概率在你一边。不确定性越大，你需要的安全边际就越大。在股市上，安全边际体现为折扣价格。当你喜欢的股票股价低于其内在价值之时，那就是买入的信号。

（3）根据最新信息及时做出调整。

当出现好机会时，要谨慎地观察公司本身的情况。是否公司管理层开始瞎搞？公司财务决策是否有变化？行业里是否出现了新的竞争对手？如果这样，原来评估的可能性也应该进行相应的调整。

（4）决定投资数量。

在你用于投资的所有资金中，有多少投资于某个特定对象？使用凯利模型时，向下调整一下，以凯利半数模型或分数模型开始。

思考概率问题对你或许是个新事物，但你不可能学不会。如果能用这种方法反思股票投资，你将优化自己的投资方法并从中受益。想想巴菲特 1988 年购买可口可乐，他投了 1/3 资金在其中，可口可乐公司是个具有超越平均水平回报、股价低于内在价值的杰出公司，这样的投资机会并不会经常出现。但这种机会一旦出现，懂的人会即刻出手，正如芒格说的那样："当世界给予你机会的时候，聪明的投资者会出重手。当他们具有极大赢面时，他们会下大注。其余的时间里，他们做的仅仅是等待。就是这么简单。"[23]

格雷厄姆·多德式的集中投资家

1934 年，经济大萧条依然严重，《证券分析》出版了，这是一本名字并不起眼，但极不平凡的著作。两位作者——本杰明·格雷厄姆和大卫·多德一起用了五年时间才写就此书。他们的写作，时不时被日常事务打断而延迟，或是因为哥伦比亚大学的教学，或是处理客户因 1929 年大崩盘带来的后遗症。格雷厄姆后来说，这种延迟是天赐良机，让他能在书中增加那些"以痛苦为代价获得的智慧"[24]。《证券分析》被广泛地赞誉为经典之作，即便在 80 年后的今天，还在出版它的第 5 版。《证券分析》对于当代投资界影响深远，无论以任何语言赞誉都不过分。

在出版 50 年时，哥伦比亚大学商学院举办了五十周年研讨会。作为该校最著名的校友、当代最著名的格雷厄姆价值理论的支持者，巴菲特应邀在这次聚会上做了发言，题为《格雷厄姆 - 多德部落的超级投资家们》，这次演讲成了与该书一样的经典。[25]

在 1984 年演讲那天的现场观众中，有大学教授、研究人员、其他学院派学者，他们依然坚信现代投资理论，肯定有效市场假设的正确性。毫无意外，巴菲特坚定地持有不同的观点，在演讲中，他悄悄地拆毁了有效市场理论的平台。

他开始回顾了现代组合理论的核心论点——股市是有效的，

所有的股票标价都是合适的，所以能年复一年战胜市场的任何人都仅仅是因为运气好。他说，但我知道一些人，他们的成功不能简单地被归结为运气好。

　　他接着展示了他的证据，他提到的所有人管理的投资在长期都战胜了市场，而且他们取得这样的成果并非因为运气好，而是他们都遵循了一些原则，这些原则都源自本·格雷厄姆，他说，这些人都是格雷厄姆 – 多德的知识部落里的居民。

　　巴菲特说，尽管他们做着各自不同的决策，但他们都运用着同样的策略，寻找并利用股价与内在价值之间的不一致。"不用说，我们这些格雷厄姆 – 多德式的投资者不会讨论贝塔、资本资产定价模型或回报方差等，没人有兴趣谈论这些，实际上，他们中的大部分根本不知道这些术语的定义。"

　　根据 1984 年巴菲特的演讲整理出来的文章中，列出了这些格雷厄姆 – 多德部落超级投资者的业绩表现。[26] 但将这些超级投资者联系起来的，不仅仅是格雷厄姆的价值投资理论，他们中的查理·芒格、比尔·鲁安、卢·辛普森，每个人都采用集中投资，就像巴菲特一样。这项研究可从集中投资的鼻祖开始，他就是大名鼎鼎的约翰·梅纳德·凯恩斯。

约翰·梅纳德·凯恩斯

　　大多数人知道凯恩斯是因为他对经济学的贡献，很少有人知道他也是个传奇的投资家。要想了解他的投资实力，可以查阅由他管理的英国剑桥国王学院的切斯特基金的表现。

1920 年之前，国王学院的投资局限于固定收益证券。1919 年年底，凯恩斯被任命为第二任总务长，他说服大家成立一只新的基金专门投资普通股、货币和商品期货。这个新成立的基金就是切斯特基金，从 1927 年他被任命为第一任主管人，到 1945 年去世，凯恩斯全权负责此事。在任期间，该基金的投资对象集中于几个公司。1934 年，在格雷厄姆的《证券分析》出版的同年，凯恩斯给学校写了封信，阐述他的理由。

"一个人如果将投资分散于自己不甚了解的企业上，或毫无根据的盲目自信上，并认为这样的方式可以控制风险，这种认识绝对是错误的。一个人的知识与经验都是有限的，在特定的期间里，我个人认为我只能对两三家企业具有充分的自信与把握。"[27]

四年之后，凯恩斯准备了一份完整的切斯特基金的报告，说明了他的一些原则：

（1）投资于经过认真挑选的对象，它们相对于真实和潜在的内在价值具有价格上的折扣，相对于同期的替代投资也具有更优的性价比。

（2）坚定地持有选定之后的组合，风雨同舟，或许数年，直至它们的潜力释放，或有证据表明当初买错了对象。

（3）保持投资组合平衡性。尽管集中投资个股会隐含一系列风险，但不同的个股之间会做风险的对冲。[28]

尽管他没有使用术语，但我相信从凯恩斯阐明的投资策略来说，他是个集中投资者，他有意识地将投资组合限制在有限的股票上，并对它们进行深入研究，看它们的性价比是否合适。他的换手率非常低，且以持有不同行业的高质量、可预期的企业的方式对冲风险。

凯恩斯干得如何呢？在他 18 年的管理生涯中，切斯特基金年复利回报为 13.2%，而同期英国股市基本上没涨没跌。考虑到在此期间发生的世界经济大萧条、第二次世界大战（想想希特勒对伦敦的大轰炸），我们必须说凯恩斯真的是了不起！

即便如此，切斯特基金还是忍受了一些痛苦的阶段，有三个年头（1930 年、1938 年、1940 年）它的净值跌得很厉害，表现低于同期英国股市大盘。1983 年，有两个当代分析人员在看过凯恩斯的投资表现后，评价说："从基金净值大幅度波动的表现看，很明显，这个基金比大盘具有更大的波动性。"[29] 的确，如果我们计算切斯特基金的标准方差，会发现它的波动是大盘的 2.5 倍。无疑，该基金的投资人时不时会遇到大涨大跌，但到最后，它的表现大幅超出大盘。

不用过多考虑凯恩斯的宏观经济学背景和拥有的市场择时技能，只关注他的投资策略。他曾写道："我们未能证明，有人有能力利用经济的周期循环，大规模系统性地买进卖出股票。经验证明，很清楚，大规模的买进卖出是不可行的，也不可取。试图这么做的人，不是卖得太迟，就是买得太迟，或者二者均沾，这导致交易成本大规模上升，并引发情绪的波动，这也引发了广泛的大规模的投机，加剧了波动的程度。"[30]

高换手率导致较高的交易成本，加剧了投机心理，致使整个市场波动恶化。市场当时是这样，现在还是如此。

查理·芒格的合伙企业

尽管伯克希尔的投资表现总是与其董事长巴菲特联系在一起，我们别忘了副董事长查理·芒格同样也是位杰出的投资家。巴菲特回忆他们最初相遇的情景："我们在 1960 年相识，我告诉他律师是个不错的职业，但他可以在投资方面干得更好。"[31] 你或许还记得第 2 章中关于芒格的故事，当时芒格在洛杉矶的律师事务所正茁壮成长，但渐渐地，他将精力转移到以他的名字命名的新的投资合伙企业中。

巴菲特说："他的投资组合非常集中，因此他的投资业绩波动非常大，但他运用了同样的寻找价值折扣的投资方法。"在投资决策方面，芒格投资合伙企业使用像格雷厄姆一样的方法，寻找股价低于其内在价值的公司。巴菲特说："他愿意接受投资表现的波峰和波谷，恰好成为集中投资的一员。"[32]

注意，巴菲特在描述芒格的投资表现时没有使用"风险"这个词。根据现代组合理论中的传统定义，风险来自价格的波动，可以说，芒格合伙企业 13 年的投资业绩极具风险，它的标准方差是大盘的两倍，但 13 年来其平均年回报率为 18%，不像一个冒险者，而更像一个精明的投资者。

红杉基金

巴菲特在 1951 年初次遇到比尔·鲁安，当时他们是本·格雷厄姆哥伦比亚证券分析班的同学。之后，他们一直保持联系，巴菲特关注着鲁安多年以来的表现，非常钦佩。1969 年，当巴菲特解散他的合伙企业时，他将一些投资人介绍给鲁安，这就是著名的红杉基金的发端。

两人都知道在那时成立共同基金并不是一个好时机，但鲁安勇往直前。当时整个股市完全是冰火两重天，大部分资金被"漂亮 50"等热门成长股所吸引，而价值股备受冷落。尽管 20 世纪 70 年代早期，价值投资者相对表现不佳，但巴菲特说："我为我的合伙人感到骄傲，他们不仅与我同在，而且还追加投资，结果非常喜人。"[33]

红杉基金是第一只采用集中投资法的基金，公开资料显示，由比尔·鲁安和他的伙伴里克·卡尼夫领导的鲁安 & 卡尼夫公司管理的基金持股高度集中、换手率低。通常，基金超过 90% 的资金集中在 6 ～ 10 只股票上。不过，它们分布在不同的行业，足够广泛。鲁安经常提到，尽管红杉基金拥有集中度高的投资组合，但总是拥有不同类型的企业。

很早以前，比尔·鲁安就是一个与众不同的基金经理。一般而言，大多数基金经理的持股分布与作为标杆的指数相去不远，基金经理们知道各个行业指数权重的构成，然后选择相应的公司与之一一对应。但鲁安 & 卡尼夫公司，他们只挑选最佳的候选股票，然后一次构成组合。

挑选最佳股票，当然需要做大量的研究。红杉基金以独立研究闻名业界，他们不采用华尔街投行提供的研究报告，仅依靠自己的独立研究。鲁安曾说："我们不想为公司谋求太多研究方面的声誉，否则我的名片就成为分析师鲁安了。"

他说，这种想法在华尔街很少见。"华尔街典型的成长路径是，从业人员从做分析师起步，渴望被提升为受人尊敬的基金经理。与此相反，我们认为如果你是个长期投资者，分析能力是最重要的，投资管理的能力自然随之而来。"[34]

这种独特的方法给红杉的投资者带来了什么成果？从 1971 年到 2013 年，红杉基金年均复利回报 14.46%，同期标普 500 指数的表现是 10.65%。

像其他集中投资者一样，红杉基金在取得超出平均水平的业绩的同时，具有波动性更大的特征。在上述期间，整个大盘的标准方差是 16.1%，而红杉基金是 21.2%。那些坚持现代投资组合理论风险定义的人认为，红杉以冒更高的风险为代价取得了他们优异的回报，就像他们对于芒格合伙企业的评价一样。但是当人们看到红杉在调研方面所付出的努力，他们的认真与勤奋，又很难同意这种方法更具风险的说法。

卢·辛普森

20 世纪 70 年代，巴菲特开始收购盖可保险公司时，他也得到了一个对于盖可公司财务健康有着直接影响的人——卢·辛普森。

辛普森在普林斯顿大学获得经济学硕士学位，在巴菲特 1979 年找他到盖可保险之前，先后在斯坦·罗伊 & 法纳姆和西部资产管理公司工作。巴菲特在回忆面试的场景时说：卢有着"理想的投资气质"。他是个独立的思考者，自己做调研，"无论与大众有多少观点异同，他都不会有特别的快感。"[35]

　　辛普森以如饥似渴的阅读习惯而闻名，他不读华尔街的投资报告，而是喜欢反复阅读公司年报，他的选股方式类似巴菲特的方法，以合理的价格购买具有能干管理层的、高回报的公司。辛普森与巴菲特的相似之处还有，他仅仅专注于几只股票。盖可公司数以十亿美元计的组合通常持有的股票不多于 10 只。

　　1980 年到 2004 年，盖可的投资取得了年平均 13.5% 的复利回报。对此，巴菲特评价："辛普森持续地投资于那些被低估的股票，它们单个而言不可能造成永久性亏损，整体而言，它们接近于无风险。"[36]

　　这里，我们再次看到巴菲特的风险观：风险与股价之波动无关，与那些个股未来产生利润的确定性有关。

　　辛普森的投资风格与表现非常贴近于巴菲特的内心期望。巴菲特说："辛普森所使用的保守集中的投资策略，与我们在伯克希尔所做的一样，我们邀请他加入董事会是个巨大的收获。通常，我们很少允许下面的子公司自己管理投资，但是我们很高兴地看到辛普森干得不错。"[37]

　　从巴菲特、芒格、鲁安到辛普森，我们看到超级投资家们拥有一条共同的投资主线，他们降低风险的方式，是拥有巨大的安全边际。他们相信拥有数量有限的、高利润率的股票，不仅能降低风险，而且能提供远高于市场的回报。

　　尽管我们列出了这些成功的集中投资者，仍然有人持怀疑态度。他们怀疑：所有这些成功，不是因为他们之间有着紧密的职业联系吗？可以被证明的是，这些人所持有的股票并不相同。巴菲特不知道芒格持有什么股票，芒格不知道鲁安持有什么股票，鲁安不知道辛普森持有什么股票，同样，也没人知道凯恩斯持有什么股票。

然而，怀疑论者仍然会说，你只有五个关于集中投资者的例子，这仅有的五个例子并不足以得出令人信服的结论。在数以千计的基金经理大军里，这五个例子原本是随机的。

为了公平起见，看看这五个巴菲特部落的超级投资家是否仅仅是统计差造成的，我们需要在更大的范围内做个测试。不幸的是，使用集中投资法的基金管理者非常少，在数以千计的投资经理中，其数量微不足道。这使我们面临挑战。

1999年我在写作《巴菲特的投资组合：集中投资的大师》〇一书时也遇到了同样的问题，没有足够的集中投资者的案例可供研究，无法得出一个令人满意信服的结论。怎么办呢？我们自行建立了统计实验，设计出一个拥有3000个集中投资组合的统计样本。[38]

利用电脑数据库，我们挑选出12 000家公司，它们具有可测量的数据，包括营业收入、净利润、净资产收益率。然后，我们用电脑从12 000家公司中随机挑选出股票，组成不同规模的投资组合，形成下列四大组团：

（1）3000个拥有250只股票的组合。

（2）3000个拥有100只股票的组合。

（3）3000个拥有50只股票的组合。

〇 《巴菲特的投资组合》中文版已由机械工业出版社出版。

（4）3000 个拥有 15 只股票的组合——集中投资类。

接下来，我们计算了每个组团为期十年（1987 ～ 1996 年）的回报。再之后，我们将这四个组团的回报与同期的大盘（使用标普 500 指数）进行比较。

- ➤ 那些拥有 250 只股票的组合，标准方差为 0.65%；最佳年度回报为 16.0%，最差年度回报为 11.4%。
- ➤ 那些拥有 100 只股票的组合，标准方差为 1.11%；最佳年度回报为 18.3%，最差年度回报为 11.0%。
- ➤ 那些拥有 50 只股票的组合，标准方差为 1.54%；最佳年度回报为 19.1%，最差年度回报为 8.6%。
- ➤ 那些拥有 15 只股票的组合，标准方差为 2.78%；最佳年度回报为 26.6%，最差年度回报为 6.7%。

由此，得出一个重要的发现：当减少组合中持有股票的数量时，可以提升回报超越市场的可能。当然毫无意外，这也增加了产生低回报的可能。

为了加强第一个结论，当我们对数据进行分类时，发现了一些异乎寻常的统计结果：

- ➤ 在 3000 个拥有 250 只股票的组合中，63 个跑赢大盘；
- ➤ 在 3000 个拥有 100 只股票的组合中，337 个跑赢大盘；
- ➤ 在 3000 个拥有 50 只股票的组合中，549 个跑赢大盘；
- ➤ 在 3000 个拥有 15 只股票的组合中，808 个跑赢大盘。

拥有一个 250 只股票的组合，你有 1/50 的机会跑赢大盘。而拥有一个 15 只股票的组合，你的机会惊人地上升到 1/4。

另一个重要的思考是：在这个研究中，我没有考虑交易成本。很明显，一个投资组合换手频率越高，成本越大。这些成本将拉低投资的回报。

对于第二个结论，它更强调了挑选股票的重要性。巴菲特部落的超级投资者们，同时也是超级优秀的股票挑选者，这并非偶然。如果你是个集中投资者，但是不会挑选股票，那业绩一定是令人失望的。不过，你可以打磨你的选股水平，挑选正确的对象，然后通过集中投资法获取丰厚的回报。

我们 15 年前在统计实验室里，随机选出 3000 个集中投资组合，这是非常简单、直观的做法。自那之后，学术界开发出更多的方法去测试集中投资的概念，以不同的规模，在更长的时间段观察其回报。其中最为特别的，是 K. J. 马蒂基·克勒默斯和安蒂·贝塔吉斯通合作，对集中投资进行的深入研究，他们称之为"活跃股份"[39]。

所谓"活跃股份"，是衡量在一个投资组合中，所持有的不同于其标杆指数中的持股构成的比例，也就是在组合中持股的比例，与构成指数的股票比例的重叠程度。根据他们两人的研究，一个组合如果"活跃股份"少于 60%，那么它的表现将接近指数。如果超过 80%，其表现将异于指数。

他们用计算机统计了 1980 年到 2003 年，美国国内股票型共同基金的"活跃股份"，他们将其与基金的特点进行比对，包括规模、成本、换手率，以及表现。结果是，拥有活跃股份最高的基金，是最不同于指数的，并大幅跑赢其标杆指数，而拥有最少活跃股份的基金没有跑赢指数。

有趣的是，克勒默斯的报告指出，1980 年时有 50% 的基金拥有超过 80% 的活跃股份，也就是说有一半的基金表现迥异于标杆指数。而到了今天，仅有 25% 的基金被认为是真正的主动型基金。他指出："现在的投资人和基金经理都更加注重与指数的对比，作为一个基金经理人，你一定想避免成为垫底的 20% 或 40%，最安全的做法就是拥抱指数，特别是衡量短期表现时。"[40]

因为投资人总是习惯将资金从表现不佳的基金抽走，所以基金经理们最好使基金的表现贴近指数，这样就减少了他们跑不赢指数的尴尬。当然，我们知道你越是像指数，就越不可能超越指数。记住，任何一个持股不同于指数构成的基金都是主动型的，接下来只有一个问题：你的组合有多主动？

价值的真正衡量

在那篇著名的关于格雷厄姆 – 多德部落的演讲中，巴菲特提到很多重要的概念，但最为重要的莫过于："当股价被华尔街的羊群效应影响之时，价格会受到情绪的影响，或是贪婪，或是恐惧，很难说市场总是理性的。实际上，市场的股价经常是莫名其妙的。"[41]

这个见解很深刻，因为股价会引导我们。如果我们接受"股价并非总是理性的"这个论断，我们将不再短视地以价格作为决策的唯一依据；如果我们不再认为股价表明一切，就可以开拓视野，去深入研究和分析股票背后的企业的真实情况。当然，我们仍会关注股价，这样就可以知道它何时低于价值，但我们不再以其为单一的衡量手段，以至于将我们引上错误的方向。

做这样的切换很不容易，因为市场中所有的人，无论基金经理、机构投资者，还是散户，多是价格短视。如果某只个股的股价忽然上升，我们就会推测有好事即将发生；如果股价开始下跌，我们也会推测可能坏事即将来临，如此反复。

这个糟糕的心理习惯，会因为其他因素的加入而加剧，例如基于非常短期的股价表现。巴菲特说，糟糕的是大家不但基于错误的情况（股价）做决策，而且，每时每刻盯着股价，炒来炒去。

这种基于短期股价表现决策的双重愚昧，是一种有缺陷的思考方式，它表现在各个层面，它迫使一些人每天查看股价，甚至每时每刻。这也是那些管理亿万资金的机构投资者，随时动手买进卖出的原因。基金经理们以令人目眩的速度交易股票的原因就是：他们认为这就是他们的日常工作。

令人惊讶的是，每当股市摇摇欲坠的时候，正是这些基金经理嚷嚷着让客户保持冷静。他们会发出安慰信，颂扬坚持到底的美德。但为何他们自己言行不一？

观察这种矛盾现象非常容易，因为基金的一举一动被财经新闻大量报道和监督。因为有这么多的消息可考，有这么多的共同基金我们熟悉又明白，我相信从基金的行为表现上，就可以看出基于股价来评判成功与否是多么愚蠢了。

　　财经作家约瑟夫·诺塞拉指出了基金经理的言行不一，他们在教育投资人时美其名曰"买进并持有"，而自己干的却是"买了又卖、卖了又买"的行径。为了佐证其观察结果，他引用晨星公司的唐·菲利普斯的话说："基金行业自己的行为与他们告知投资人的，简直就是两码事。"[42]

　　很明显的问题就是：如果投资人被教育"买进并持有"，为何基金经理们却疯狂地进行短线交易？诺塞拉的答案是："原因在于基金行业内在的压力，令基金经理们无法不关注短期的业绩表现。"[43]为什么？因为整个基金业已经完全变成了以短期业绩表现来衡量的、毫无意义的短线游戏。

　　今天，基金经理们迫于短期吸引眼球的要求，而越来越注重当下的数字，这些数字赢得了关注，每三个月，像《华尔街日报》《巴伦》这样的财经报刊就会刊出季度最佳基金排行，在过去的一个季度中表现最佳的基金，在电视、报纸上得到财经评论员的赞誉，到处张贴沾沾自喜的推销广告，吸引新资金蜂拥而入。那些等着看谁是季度冠军的投资人，看到热门选手便会扑上来。的确，每季度表现排行榜，可以将那些天才投资经理与平庸者区分开来。

　　以短期股价衡量表现不但在基金业很明显，而且在整个投资行业也是占据主流的思维方式。我们已经不再以长期的表现，来衡量一个投资经理的水平了，甚至那些自己投资的散户们也受到这种气氛的影响。在很多方面，我们成为市场机器的奴隶，而这肯定会导致糟糕的结果，陷入恶性循环，没有出路。

　　但正如我们已经学过的，有一种方法可以改善投资表现，我们所需要做的是发现一种更好的衡量方式。具有讽刺意味的是，多年以来证明能够提供超越平均回报的策略，恰恰与我们判断的方式格格不入。

1986年，毕业于哥伦比亚大学商学院的US信托投资经理V. 尤金·谢安在巴菲特著名的那篇《格雷厄姆-多德部落的超级投资家》之后写了一篇文章，题为《短期表现与价值真的水火不容吗》。他提出的问题也是我们现在想问的：基于短期的表现，判断投资管理人的能力到底是否合适？

谢安指出，除了巴菲特之外，很多被巴菲特描述为毋庸置疑的能力超群的超级投资家，都经历过短期落后的局面，这被比喻为投资界的龟兔赛跑。谢安说："这是颇为讽刺的一种现象，人们希望能以短线交易方式迅速赚到钱，又希望同时能得到长期交易的低成本。而那些格雷厄姆-多德部落的超级投资家们不是这样。"[44] 在今天的基金业，已经没有什么人重视格雷厄姆-多德部落的超级投资家们，同样的事也发生在巴菲特部落的超级投资家身上。

约翰·梅纳德·凯恩斯管理切斯特基金18年，其中1/3的时间是跑输大盘的。他在头三年落后于大盘18个百分点。

类似的事情也发生在红杉基金，在有记录的期间，红杉曾落后大盘37%。像凯恩斯一样，鲁安也经历了艰难时刻，他说："我们已经定期地成了倒数第一，自从懵懵懂懂地在70年代中期起步，我们已经连续四年承受跑输标普500指数的痛苦。"到1974年年底，红杉已经落后于市场36%。"我们藏在桌子下面，不敢接电话，我们也想知道风暴何时会过去。"[45] 当然，风暴最终过去了，在成立七周年之际，红杉基金累计回报率为 220%，同期标普500 指数的表现是 60%。在历经折磨与忍耐之后，红杉赢了，鲁安赢了！

　　甚至公认的智者查理·芒格也无法避免集中投资带来的不可避免的磕磕碰碰。有 14 年的时间，芒格的投资表现落后大盘 36个百分点。像其他集中投资法的运用者一样，他也遭遇了一系列的短期坏运气。从 1972 年到 1974 年，芒格落后于市场 37 个百分点。卢·辛普森曾有 17 年的投资记录落后市场 24 个百分点，他最糟糕的一年落后市场 15 个百分点。

　　顺便说一句，在我们的统计实验中，那 3000 个集中投资组合呈现出同样的趋势。那些以十年计战胜市场的 808 个组合，如果以三年、四年、五年或六年计，则有 95% 将遭受落后于大盘的打击。

　　看了这些历史记录，想想如果凯恩斯、芒格、鲁安或辛普森在今天的环境中出任基金经理，以年度表现作为能力衡量标准，估计这些超级投资家们很快就被炒鱿鱼了。

　　然而，如果一个集中投资者可能短期表现不佳，又不适用以股价作为判断标准，那么我们如何评价一个优秀的投资管理人短期业绩不佳，甚至连续三年遭遇滑铁卢呢？或者反过来，如何判断，一个看上去水平不高的基金经理有可能是一个优秀的集中型投资家呢？

　　我们能够想象巴菲特所说的，从他那里，事情的原委很清晰。

我们必须放弃以短期股价作为唯一的衡量标准，我们必须突破自我，打破那些因短期判断而适得其反的习惯。

但是，如果不以股价作为衡量手段，那么以什么来衡量呢？"没有！"似乎不是个好答案。甚至"买进并持有"的策略也不是建议你闭上眼睛这么简单。我们必须找到另一个衡量表现的标准。幸运的是，答案有一个，巴菲特用它来判断自己的表现，以及他的伯克希尔公司旗下各个公司的表现。

巴菲特曾经说："（他）不会在意股市是否关闭一年或两年。毕竟，它每个周末都闭市，这对我没有什么影响"。[46] 他说，"一个活跃的股市的存在是有用的，因为它经常会提供令人垂涎的机会，但这并非绝对必要的。"[47]

为了完整地了解这段论述，你需要仔细地思考巴菲特接下来说的话："即便我们持有的股票在较长的时间里被停牌，我们也不会在意，因为伯克希尔旗下的很多公司都不是上市公司，也根本没有挂牌价。但最终，我们的财务状况取决于这些企业的命运，无论是拥有部分股份（指股票），还是拥有全部股份（指全资子公司）。"[48]

如果你全资拥有一家公司（没有上市），没有每天的交易价格去衡量其优劣，你如何判断投资成果？你很可能用一些指标去判断，例如净利润增长、资本回报率的提高，或是利润率的改善，你可能简单地以企业自身运营情况来判断它是提高还是降低了价值。

在巴菲特的心中，衡量一家上市公司的试金石也是这样，"对于我们持有的股票，芒格和我喜欢让它们用自己的运营结果说话，而我们不需要每天甚至每年的市场牌价（指股价）告诉我们投资是否成功。在一段时期里，市场或许会忽视企业本身的价值，但最终会反映其真实价值。"[49]

但我们如果选择了对的公司，市场会奖励我们吗？在一个公司的实际运营状况及其股价之间，是否有明显的相关关系？如果我们选择了合适的时间段，答案是"Yes"。

当我们用那 12 000 个公司作为案例的统计实验结果，去验证股价与盈利之间的相关关系时，我们发现，时间越长越是正相关。当持股为 3 年时，股价与运营利润之间的相关系数为 0.131 ~ 0.360（0.360 的相关系数，意味着有 36% 的股价变动可以用利润变动来解释）。当持股期为 5 年时，相关系数为 0.374 ~ 0.599。当持股期为 10 年时，二者之间的相关系数为 0.593 ~ 0.695。

这证实了巴菲特的观点，只要给予充分的时间，一个公司的股价终将反映其自身的实际价值。但巴菲特同时指出，这种从公司盈利到股价之间的传递过程并非"匀速"，且"不可预知"。尽管盈利与股价之间的相关性，长期而言越来越强，但并非总是完全一致。巴菲特说："尽管长期而言，企业价值与市场股价之间趋于一致，但在特定的时间段，这种相关关系依然会被扭曲。"[50]本·格雷厄姆提出过同样的观点："短期而言，股市是台投票机；而长期而言，股市是台称重机。"[51]

多元化的衡量标杆

很明显，巴菲特从不急于让市场对自己认为的真理进行肯定。他说："只要公司的内在价值以一个令人满意的速率在提升，公司被股市认可的速度并不重要。甚至，实际上，这种迟来的认可还有好处，它能提供更多可以折扣价买入的机会。"[52]

为了帮助股东们正确了解伯克希尔公司大量持有的股票投资，巴菲特使用了一个词——"透视盈利"。伯克希尔的透视盈利组成包括：它旗下各类企业的运营利润；它大量持有股票的企业的留存利润；以及如果留存盈余已经实际支付，由此产生的税务津贴。

"透视盈利"这个概念本来是为伯克希尔的股东们设计的，但它也可以被视为集中投资者的一个重要课题，使用它可以说明其组合的价值，尤其在股价表现脱离其基本面的时候。巴菲特说："投资者的目标应该是建立一个投资组合（就像一个企业），这个组合能给投资人提供最高的透视盈利，从现在开始持续十年或更久。"[53]

根据巴菲特的经历，自 1965 年（巴菲特实际主持伯克希尔的那年）以来，公司透视盈利的增长率与其证券的市值几乎相同。然而，这两者并非完全同步。在很多情况下，盈利率先于股价反应；但有时候，也会反过来。但这两者之间的关系，长期而言是一致的。巴菲特说："这种方法能促使投资者着眼于长远的企业前景，而不是短期的市场起伏。这种远见有利于改善结果。"[54]

每当巴菲特考虑一项新投资时，他会将这个新项目与已经持有的投资进行比较，看看是否更好。已经持有的投资是进行新投资或并购的一个衡量标杆。芒格评价道："巴菲特所说的对于任何一个投资者都有借鉴意义，作为一个普通投资者，你所拥有的最好的东西正应该作为你的衡量指标。"接下来的一步是最为重要的，也是被广泛忽视的秘密，而它可以提高你的组合的价值。"如果一个新的投资对象没有比你已拥有的更好，那么，它就没有达到你的门槛。仅仅这一条会将你所见到的 99% 的投资对象淘汰掉。"[55]

你已经持有的投资就是你的衡量标杆，就是你进行新投资的基准。你可以对自己的基准进行几项定义：透视盈利、净资产回报率、安全边际，诸如此类。当你买进或卖出时，实际上是在提升或降低你的组合的价值标杆。对于那些着眼于长期，并且相信价格终将反映价值的投资经理人而言，他们的工作就是不断发现并提升投资组合的价值标杆。

退一步思考，标普 500 指数是个衡量标杆，它由 500 家公司组成，每一家都有其自身的基本面。如果想超越标普 500 指数的表现，也就是提高这个基准，我们必须使自己投资组合里的公司具有超越指数所涵盖的公司的素质。

巴菲特说："举个例子，如果我的选择对象仅仅局限于奥马哈，我首先会试着评估每家公司的长期前景；其次，评估这些公司的管理人素质；再次，以合理的价格买入最佳的公司。可以肯定地说，我不会平均地对于奥马哈的每一家公司持有同样数量的股份。同样的道理，为什么伯克希尔公司在股市上不这么做呢？发现一个伟大的企业和杰出的管理层是如此不易，为什么我们要放弃已被证明的产品呢？我们的座右铭是：如果你一开始就成功了，就不要浅尝辄止。"[56]

集中投资是长期投资的重要方法，如果你问巴菲特他理想的持股期限是多久？他会回答："永远！"只要这家公司还能不断产生超越平均水平的经济效益，以及公司管理层能理性地配置公司盈利。他说:"以静制动令我们成为智慧的行动者。无论美联储是否调整利率,或华尔街如何预测市场,我们以及公司管理层,都不会因此而热衷于卖出旗下全资拥有的能下金蛋的企业。同样的道理,我们为什么要急于出售手中的股票呢?"[57]

当然,如果你拥有的是一家糟糕的企业,就必须要换了。否则,你需要持有这家状态欠佳的企业很久。但是,如果你拥有一家杰出的企业,你恐怕根本就不想卖掉它。

而"持有不卖"这种看似懒惰的行为,对于投资经理而言似乎很古怪,因为他们习惯了天天买进、卖出。"持有不卖"除了确定超越平均水平的增长率之外,还有其他两个很重要的益处:它能减少交易费用和提高税后收益,其中任何一项都极具价值,两个合起来更是好处多多。

总部位于芝加哥的基金研究公司——晨星公司在回顾总结3650只共同基金的数据之后,发现低换手率的基金相对于高换手率的基金具有更高的回报。以十年为基准,那些换手率低于20%的基金比那些换手率高于100%的基金回报率高出14个百分点。

这些很明显的道理却很容易被忽视,那些高换手率的基金导致交易费用居高不下,而这会拖低净回报。

除了那些非税务的基金账户,税费是投资者面临的最大成本,比交易成本还要高,也经常比基金的管理费用还高。实际上,税费成本是这么多基金表现糟糕的主要原因之一。知名的《投资组合管理》杂志刊登了《你的阿尔法足够覆盖税费吗?》一文,它的作者是基金经理罗伯特·杰弗里和罗伯特·阿诺特,根据他们的说法："税费是投资基金的最大成本，这实在是个坏消息。但好消息是，有些投资策略可以将税费成本减少到最低。"[58]

简而言之，其中涉及的另一个重要因素也通常会被视而不见：未实现收益的巨大价值。如果一只股票股价上升但并未被卖出，上升的部分即未实现收益，也就是通常所说的账面利润。这些未实现收益直到股票卖出，也就是兑现后才需要报税。如果你一直持有不卖出，你的投资就可以取得更为强劲的复利增长。

现实中，投资者经常低估或忽视这种未实现收益的巨大价值，而巴菲特将其称为"来自财政部的无息贷款"。为了阐明这一点，巴菲特举了一个例子，设想一下，你投资了 1 美元，股价每年翻一番。如果你在第一年年底卖出，得到 2 美元，其中 1 美元是本金，假设你的税率为 33%，你会有 0.66 美元的净收益。然后你将 1.66 美元进行再投资，第二年又翻一番。如此每年反复，你的投资每年翻一番，年底卖出，缴税，再投资，那么在第 20 年的年底，在缴税 13 000 美元之后，净收益为 25 200 美元。相反，如果你投资 1 美元，每年翻一番，你一直持有不卖出，直到第 20 年年末卖出，在缴税约 356 000 美元之后，净收益为 692 000 美元。

杰弗里和阿诺特的研究表明，为了获得更高的税后回报率，投资者需要控制他们平均的年度换手率在 0 ～ 20% 之间。什么样的策略可以让投资者降低换手率呢？一种可能是低换手率的指数基金。另一种是集中投资策略。他说："这听起来像婚前辅导，换句话说，是试图构建一个你能长期与之共存的投资组合。"[59]

在我们结束本章之前，认真地思考一下集中投资方法包括哪些内容非常重要。

> 在你没有将股票首先（以及总是）考虑为一个企业的一部分时，不要进入股市。

> 准备好勤奋地研究你所投资的公司，以及它们的竞争对手，以至于达到一种状态，那就是没有人比你更了解这个公司，甚至这个行业。

> 如果你没有做好五年（十年更好）的时间准备，不要开始你的集中投资。

> 做集中投资时不要使用财务杠杆。一个没有财务杠杆的投资组合可帮助你更快地达到目标。记住，在股市大跌时，一个意外的要求追加保证金的电话，会毁掉你精心设计的完美计划。

> 成为一个集中投资者需要适当的性格及人格特质。

作为集中投资者，你的目标是达到一个超越华尔街的水平，你需要更加了解所投资的企业。你或许会说：这不可能！但想一想华尔街所推崇的东西，超越它或许并不是那么难。华尔街推崇短期业绩表现，一个季度又一个季度。企业主则与此相反，他们更关心企业长期的竞争优势。如果你愿意花更多精力与时间，去研究自己持有股票的企业，你会比一般投资人对企业有更深的理解，由此你也将获得更多的优势。

一些投资人宁愿叫嚷着"股市发生了什么"，也不愿安静地读一份公司年报。与其参与那些讨论股市趋势或利率变化的鸡尾酒会，还不如花 30 分钟时间读一读公司最近的公告。

看起来是不是需要做的太多了？它实际上比你想的容易，你不需要精通电脑，不需要阅读两英寸厚的投资银行的解码手册，不需要具备 MBA 水平去研究价值问题，也能从集中投资法中获益。在这条道路上，给一个企业估值、用折扣价格购买，这些不需要你懂得那些高科技的东西就能做到。

巴菲特说："你不必成为一个火箭专家，投资并不是一个 IQ160 的人击败一个 IQ130 的人的游戏。相对于大脑的容量而言，保持头脑的清醒更为重要。"[60] 改变你投资的方法，改变你与股市的互动方式，将使你的情绪和心理随之发生变化。但是即使你完全接受有关集中投资法的数学争议，即使你见到其他非常聪明的投资者使用集中投资法取得了成功，你仍然会对情绪这个问题感到困扰。

关键在于控制情绪，如果你懂一些基本的心理学，这个问题将会变得非常简单。在下一章里，我们看看巴菲特是如何做的。

| 第 6 章 |

投资心理学

你或许还记得第 1 章里提到，巴菲特和姐姐多丽丝一起用攒下的钱，以 38.25 美元 / 股，买了 6 股城市服务优先股。数月后，该股跌到 26.95 美元，下跌 30%。无论从金融角度还是从情感角度来看，巴菲特第一次买股票的经历都是令人失望的。我想人们能够理解，因为他当时年仅 11 岁。

即便是在如此小的年纪，巴菲特还是做了功课的，包括分析股价走势图，以及分析他父亲的一些爱股。然而，姐姐想着投资上的亏损，没有一天不跑过来唠叨弟弟。后来，等城市服务优先股回升至成本价，他们的投资终于安全了，巴菲特将其卖出，赚了点小钱。随即，看着它难以置信地飙升超过 200 美元 / 股。

尽管这是一次痛苦的经历，但却并不全是浪费时间。巴菲特从中学到了两个重要的教训：第一，耐心的价值；第二，尽管股价的短期波动对公司价值没什么影响，却会引起投资人巨大的情绪不适。在下一章里，我们将考察长期投资中耐心的价值。现在，我们将研究股价的短期波动，对投资者行为的破坏性影响。这将引领我们进入迷人的心理学世界。

在所有的人类行为里，人与金钱的关系恐怕是最为特别的一个，尤其是谈到股市。根据定义，整个股票市场是所有股市交易者的集体行为的综合，可以毫不夸张地说，整个市场就是被心理的力量推来推去的。

心理学与经济学的交汇

是什么让我们大家都沉迷于猜对错的游戏，我觉得这非常有意思，它在投资中扮演了如此重要的角色，而投资世界是一个由冰冷的数字和数据主导的世界。当要做出投资决策时，我们的行为有时会变得飘忽不定，经常是相互矛盾的，偶尔甚至是愚蠢的。

特别值得注意的是，投资者经常忽视自己错误的决定。为了完全懂得市场和投资，我们必须认识到我们自身的非理性。误判心理学的研究对于每一位投资者都有价值，就像分析资产负债表和利润表一样重要。

近些年来，我们看到研究人员以人们的行为框架为基础，发明了分析金融问题的新方法，这无异于一场革命。这种将经济学和心理学结合在一起的方法，被称为行为金融学，它从大学校园的象牙塔里渐渐走出来，成为投资界业内人士的谈资。如果这些谈论行为金融学的人们回顾一下历史，一定会发现本杰明·格雷厄姆的影子。

遇见市场先生

格雷厄姆被公认为金融分析之父，他教会了三代人如何使用数学地图在股海中航行。但是他教授的投资心理学却常被忽视。在《证券分析》和《聪明的投资人》这两本著作中，格雷厄姆花了大量篇幅，解释了投资者情绪触发的股市波动。

格雷厄姆指出，一个投资者最大的敌人不是股市，而是自己。他们或许在数学、金融、会计等方面能力超群，但是如果不能掌控情绪，他们将无法从投资中获利。

作为他的最优秀的学生，巴菲特解释道："格雷厄姆的方法有三个重要原则。"首先是将股票视为企业一样,"这将给你一个完全不同于股市中大多数人的视角"。其次是安全边际概念,"这将赋予你竞争优势"。再次是对待股市具有一个真正投资者的态度。巴菲特说:"如果你具有这种态度,你就能战胜股市中99%的人,它可赋予你巨大的优势。"[1]

格雷厄姆认为,股市的上下波动是难以避免的,投资者应该从财务和心理两个方面做好准备。不仅仅从认知上知道会下跌,而且应该具备情绪上的镇流器,在面对下跌时做出适当的应对,就像一个企业主遇到一个出价毫无吸引力的买家一样:别搭理它!格雷厄姆说:"真正的投资者几乎从不被迫出售其股份,也不会天天关心股票行情。"[2]

为了阐明他的观点,格雷厄姆创造了一个寓言角色——市场先生。关于市场先生的故事尽人皆知,它很好地解释了为什么股价会周期性地偏离理性的轨道。

假设你和市场先生是一对私营企业的搭档,每天,市场先生都从不落空地跑过来给你报个价,按照这个价,他买你的股份,或卖给你股份。

你拥有的这个企业业务很稳定,但是市场先生的情绪却不是很稳定。有时候,他会很兴奋,对未来充满希望,于是会给企业股份标出很高的价格。有时候,他会信心不足,认为前路蹉跎,于是会标出一个很低的价格。

格雷厄姆说,市场先生有个可爱的性格,他不在乎受冷落。如果你不理会他的出价,他明天照样会带着一个新的标价再回来找你。格雷厄姆提醒说，不是市场先生有智慧，而是他的钱袋子在作怪。如果市场先生表现得很愚蠢，你可以选择不理会或利用这样的机会。但是如果反过来，你受到他的影响，后果将是灾难性的。

格雷厄姆创造出市场先生已经超过 60 年了，但他警示人们应该避免的错误依然盛行，市场依然存在非理性，恐惧和贪婪依然充斥股市，愚蠢的错误一天又一天地重复。投资者需要知道如何保护自己，避开市场先生释放出来的情绪旋风。为了做到这一点，我们必须熟悉行为金融学。

行为金融学

行为金融学寻求的是通过使用心理学理论，来解释市场效率低下。学者们观察到很多人在处理自己的财务问题时，经常犯愚蠢的错误，做不符合逻辑的假设，于是他们更深层次地挖掘其心理学观点，来解释人们思维中的非理性因素。这是个相对比较新的研究领域，但很吸引人，对于聪明的投资者也非常有用。

过分自信

几项心理学研究表明，判断失误通常发生在人们过度自信时。当问及很多被调查人群，请他们描述一下自己的驾车水平，绝大多数人会说自己的水平超过平均水平。在另一个例子中，90% 的医生自信能准确地诊断出肺炎，而实际上这个比率只有 50%。普林斯顿大学伍德罗·威尔逊公共国际事务学院教授、诺贝尔经济学奖获得者丹尼尔·卡尼曼说:"最难以想象的事情之一是你不会超越平均水平。"[3]这令人难以接受,但现实中正是如此。

自信本身并非坏事,但是过度自信却是另一回事,在我们处理自己的财务事务时尤其有害。过度自信的投资人不仅自己做出错误的决定,而且其合力对于市场也有巨大影响。

投资人对于自己强于他人具有高度的自信,他们具有高估自己能力和知识的倾向。典型的表现是,对于那些肯定他们认为是正确的信息,他们就信赖,同时忽略相反的信息。此外,他们只是评估容易得到的信息,而不去努力寻求了解自己知之甚少的东西。投资人和基金经理经常拥有一种优越感,相信自己具有更好的信息来源,因此也就可以更聪明地战胜他人。

过度自信解释了为什么这么多基金经理表现不佳,他们从自己掌握的信息中得到过度的信心,认为自己更加正确,事实却并非如此。如果所有的参与者都认为自己的信息准确,并且自己知道别人不知道的事情,结果就是导致大量的炒作行为。

过度反应偏差

理查德·泰勒是行为科学和经济学的教授,是行为金融学界最为重要的人物之一。他从康奈尔大学转到芝加哥大学,其研究的课题就是对于投资者理性行为的质疑。他指出最近的几项研究表明,人们对于一些偶然事件赋予了太多的关注,并认为自己捕捉到了一个新趋势。尤其是投资者往往关注最新的信息,并从中进行推断。最新的盈利报告往往在他们心中是未来盈利的一个信号。然后，由于他们相信别人不知道这些信息，于是基于这些肤浅的推理迅速做出决策。

过度自信在这里发挥了作用，使人们相信自己比别人更懂得这些信息或数据。更有甚者，过度自信还会受到过度反应的推波助澜。行为学家的研究结果指出，人们对于坏消息反应过度，对于好消息反应迟钝。心理学家将这种现象称为过度反应偏差。因此，如果短期的报表不佳，人们就会想都不想，快速做出过度的反应，由此，股价不可避免地受到影响。泰勒把这种过分强调短期的行为叫作"短视"，他相信大多数投资者如果不看每月的投资结算单会更好。

为了证明他的这个观点，泰勒做了一个简单的分析。他将纽约证券交易所所有的股票按照过去五年的表现进行排列，挑出 35 只表现最优的和 35 只表现最差的，组成一个包含 70 只股票的模拟组合。然后，他跟踪该组合五年，发现那个"最差"组合在 40% 的时间里领先于"最佳"组合。在现实世界中，泰勒相信当看到股价大跌时，很少有人能抑制住过度反应的情绪，于是就会错失输家向赢家转换的获利机会。[4]

过度反应偏差，作为一个概念已经广为人知有些时日了。但在过去几年中，现代科技的进步却加剧了这种行为。在有互联网和有线财经新闻之前，人们并不经常查看股价。他们或许每个月看看券商寄来的月结单，每三个月看看季度结果，然后看看年度表现。

今天，随着通信技术的发达，投资者能 24 小时无间断地与股市联系在一起，移动终端更是让人在汽车上或火车上，能随时随地查阅股市行情，他们可以在走路、开会、购物的同时查阅基金的表现。网上账户可以告诉你开盘以来的账户表现，这些账户甚至为你提供一天、五天、十天、一个月、季度、年度的数据。简而言之，投资者每天都能随时随地查阅他们的股票表现。

不理会股价的随时波动对于投资者有益吗？泰勒的回答很干脆。他在国家经济研究局召开的行为学大会上，以及哈佛大学约翰·肯尼迪政府学院，经常宣讲他的观点："投资股票，然后不要打开信封。"[5] 我们可以加上一点，"不要查看股票行情，无论用电脑、手机，还是其他设备。"

损失厌恶

在城市优先股产生账面损失时，姐姐多丽丝不断抱怨她年少的弟弟，很明显，股价的下跌带给她心理上极度的不悦。我们不用过于苛责多丽丝，她所感受到的情绪方面的痛苦，直到今天仍然每天折磨着数以百万计的投资者，它被称为"损失厌恶"。依我的观点，这是阻碍投资者运用巴菲特的方法取得投资成功的最大难关。

"损失厌恶"在 35 年前由心理学领域的两位巨人首次提出，一位是我们这章前面提到的诺贝尔奖获得者丹尼尔·卡尼曼，一位是斯坦福大学心理学教授阿莫斯·特沃斯基，两人是长期的合作者，对于决策制定理论非常感兴趣。

1979 年，他们合作写了篇论文，题为"前景理论：风险之下的决策分析"。这篇文章之后成为著名的经济学术刊物《计量经济学》最常引用的论文。在那之前，由《博弈论和经济行为》（1944年普林斯顿大学出版）的作者——约翰·冯诺伊曼和奥斯卡·摩根斯顿大力推广的"决策效用理论"是经济学中普遍被接受的学说。决策效用理论认为每个人会将自身的最佳利益，作为选择、制定决策的依据。例如，如果有个游戏具有 65% 的赢面，35% 的输面，一个人根据决策效用理论就会选择参与，因为整体结果为正数。

决策效用理论是质朴的，在一个理想的世界里，这是个完美的决策制定途径。但是，他们两位不能肯定，因为他们多年从事的是心理学研究，而不是经济学。他们花了很多时间，研究人类决策的特别错误，发现人们在衡量盈利和损失时是不同的。决策效用理论中，价值是分配到的最终资产。根据卡尼曼和特沃斯基的前景理论，价值是分配给个人的获利或损失。根据效用理论，他们证明人们并不看重最终财富的数量，看重的是财富的增量部分是盈利还是损失。前景理论的最重要的发现，是意识到人们的损失厌恶心理。实际上，他们用数学方法证明了人们对于同样数量的损失和盈利的感受是不一样的，损失所带来的痛苦是盈利带来的喜悦的两倍到两倍半。

换言之，损失带来的痛苦远远大于盈利带来的喜悦，很多实验证明人们需要两倍的正面盈利去覆盖负面的损失。在一个 50 对50 的游戏中，即便赔率一样，大多数人也不会冒险，除非潜在的获利是潜在损失的两倍。

这被称为非对称损失厌恶,下跌较之上升更具影响力,这是人类心理学的基础之一。运用在股市上,这意味着投资者在损失之时,其感受两倍于其在获利之时。损失厌恶对于投资者的影响很明显,而且还很深刻。我们都想做出正确的决定,保留好的股票,我们持有错误的股票太久,只是模糊地希望有朝一日能等到翻身之时。通过不卖出持有的套牢股票,我们逃避面对已有的失败。

这种对于损失的厌恶使投资者过度保守,即便是401(K)(美国退休社保计划)里那些以十年计的长期资金也只投资于债券市场。为什么?就是因为对于损失的厌恶,使得管理者如此保守。损失厌恶还能以另一种方式影响你,它让你非理性地持有那些股票输家,没人愿意承认犯了错。但是这样做实际上造成了另外的潜在损失,如果你不卖出错误的投资,就等于放弃了另一个本来可以重新安排投资而获利的机会。

心理账户

多年以来,理查德·泰勒在与卡尼曼、特沃斯基,以及其他一些行为金融学领域的学者一起合作时,有了新发现。他写了几篇关于决策制定的文章,很多可以在他的著作《赢家诅咒:经济生活中的矛盾与异常》(1992年出版)中找到,特别是他在1995年所写的一篇文章尤为著名,该文题为"风险厌恶之短视和权益风险溢价",这是他与UCLA安德森管理学院教授什洛莫·贝纳茨的合著，贝纳茨教授也是该院行为决策制定研究组的联合主席。在这篇文章里，他们使用了卡尼曼和特沃斯基的前景理论，并且将其直接与股市相联系。

泰勒和贝纳茨始终为一个核心问题感到困惑：为什么那些打算长期持有债券的人，即便知道长期而言，股票的回报会优于债券，却仍然不改初衷？他们相信，答案来自卡尼曼和特沃斯基的前景理论的两个中心概念。首先是损失厌恶，我们已经探讨过了。其次是个行为学概念，称为"心理账户"。它描述人们解码财务结果时使用的方法，探讨的是在环境变化时，我们对于金钱前景看法的变化。我们趋向于在心里将钱放在不同的"账户"里，这将决定我们看待它们的态度。

举个简单的例子，让我们假想一天晚上你和爱人回家后，你拿出钱包要付钱给看家的保姆，你本以为钱包里还有 20 美元，但打开后没找到。于是你在开车送保姆回家的路上，顺便在 ATM 机上取了 20 美元现金付给保姆。第二天一早，你忽然在口袋里发现了头天晚上要找的那 20 美元。

像大多数人一样，你会非常高兴，因为这失而复得的 20 美元是意外之财。尽管第一个 20 美元和第二个 20 美元都来源于你的银行账户，都是你努力工作所得，但是现在拿在手里的这 20 美元是你原本以为已经没了的，所以你会毫无压力地将它任意处置。

泰勒提供了一个有趣的教学实验，再一次证明了这个概念。在他的研究中，他将参与者分为两组，给第一组每个人 30 美元，并告诉他们有两个选择：①将 30 美元装在口袋里离开；②参与

一个抛硬币游戏，如果赢了将得到额外的 9 美元，如果输了将被
扣掉 9 美元。多数人（90%）选择参与游戏，因为他们认为即便
输了，至少还会有 21 美元的意外之财。对于第二组，他们可以选
择：①参与一个抛硬币游戏，如果赢了，能得到 39 美元；如果输
了，能得到 21 美元；②不参与抛硬币游戏，直接拿到 30 美元。
超过一半的人（57%）决定直接拿钱。两组人都面临同样的赔率、
同样数量的钱，但心理感知却不同。[6]

言外之意很清楚了，我们如何决定投资、如何选择管理这些
投资，与我们看待本金的心态有很大关系。例如，心理账户的概
念可以解释为何人们不愿意卖出自己持有的烂股票，因为在他们
心里，只要没有卖出，账面损失就仅仅是账面上的，并不是实际
损失。这帮助我们了解了风险承受问题，人们更愿意用意外之财
去冒险。

短视损失厌恶

泰勒引用了一个金融悖论，这个悖论是诺贝尔奖获得者保
罗·萨缪尔森在 1963 年第一次提出的，他问一个同事是否愿意接
受这样一个赌注：50% 的机会去赢 200 美元，或 50% 的机会输掉
100 美元。根据萨缪尔森的记忆，同事开始是拒绝，然后表示可以
重新考虑，如果满足两个条件，他将乐于参加，首先，必须能玩
够 100 次；其次，不以每一次的结果为决断，而以 100 次的整体
结果作为决断。这个愿意在新规则下参与游戏的意愿，启发了泰
勒和贝纳茨。

　　萨缪尔森的同事愿意参与上述游戏有两个前提：增加游戏的次数，以及减少被迫看结果的频率。将这种观点应用到投资上，泰勒和贝纳茨推理投资者持股时间越长，投资资产就变得越吸引人，但前提是不要频繁地对投资进行评估，也就是不要总是关注价格。

　　当分析历史上的投资回报时，我们发现长期投资主要回报发生的月份只占所有月份的 7%，也就是说，在余下 93% 的月份并无回报。[7] 那么，这就很清楚了，看投资结果的时间频率越频繁，你看到亏损的次数就越多。如果你每天看一次，有一半的机会看到亏损，但如果你一个月看一次，这种亏损带来的心灵创伤将小很多。

　　如果你每天不看净值，就不必遭受看每日价格起落的焦虑之苦。持有期间越长，面对的波动就越小，你的投资选择就越有吸引力。换言之，影响投资者情绪风暴的因素有两个：损失厌恶，以及估值频率。引用医学界的一个术语，泰勒和贝纳茨称之为近视或短视，以综合反映损失厌恶和频率。

　　接下来，泰勒和贝纳茨寻求理想的时间期限。我们知道，时间越短，股票的波动越可能大于债券的波动。我们也知道，如果将考察股价的时间延长，那么股票回报的标准方差（用于衡量风险）就会减小。泰勒和贝纳茨想知道的是，如果让投资者持股不看净值表现，却能像持有债券一样淡泊于心，那么多长时间看一次投资结果最佳呢？答案是一年。

　　泰勒和贝纳茨测试了不同时间段的回报、标准方差、股票正回报的可能性，一小时、一天、一周、一个月、一年、十年、一百年。接下来，他们参考卡尼曼和特沃斯基损失厌恶的两倍效用理论（效用＝股价上升的可能性－下跌可能性×2）进行计算，通过对不同时间段的计算，直到观察期间为一年时，投资者的情感效用因子才会变为正数。我以前经常好奇，为何巴菲特曾经说，最好股市一年只开放一天交易，看来这与心理学短视损失厌恶的发现有关。

泰勒和贝纳茨说，我们每次讨论损失厌恶时，都要考虑到查看投资回报的频率问题。投资者查看投资组合净值的频率越短，他们越容易受到心理打击，而上下波动的股票就越没有吸引力。泰勒和贝纳茨解释说："损失厌恶是人类的本性，无法改变。但与此相反，查看投资净值的频率却是可以选择的，至少在原则的设定上是可以改变的。"8

旅鼠效应

另外一个心理学陷阱是投资者从众行为，无论有没有意义，我们称之为旅鼠悖论。

旅鼠是一种小型的啮齿类动物，分布于苔原地区，以它们的集体出走直至一同蹈海而闻名。平时，旅鼠在春季进行迁徙活动，以寻找食物和新栖息地。然而，每隔三五年，奇怪的事就会发生。因为高繁殖率和低死亡率，旅鼠的数量大增。一旦它们的队伍膨胀到一定程度，旅鼠们就会在黑夜里开始莫名其妙地大行军，渐渐地，这支大胆的队伍白天也开始行进。遇到障碍，它们就堆叠在一起，直至越过障碍物。它们的行动变得越来越大胆，开始挑战一些之前避之不及的其他动物。尽管很多旅鼠一路上死于饥饿、捕食、意外，但大多数都能到达海边，在那里，它们跳入海中，在海水里游泳直至精疲力竭而死。

关于旅鼠的行为，至今没有令人满意的解释。有的动物学家认为，旅鼠的大迁徙，是由于食物供给或环境压力的变化造成的。旅鼠间的拥挤和竞争可能激发内在激素的变异，导致行为的异化。

为什么很多人在投资上的行为像旅鼠一样盲目？为了帮助我们搞清楚，巴菲特在伯克希尔 1985 年年报中分享了一个格雷厄姆最喜欢的小故事。

一个石油商人在天堂门口见到了圣彼得。圣彼得告诉他一个坏消息："你已经获得了进入天堂的资格，但是，你看天堂已经没有石油商人的位置可以把你塞进来了。"石油商人想了一会儿，问他能否对里面喊几句话。圣彼得同意了，石油商人挥舞双手高喊："在地狱发现了石油。"天堂的门立刻洞开，所有的石油商人都蜂拥而出涌向地狱。圣彼得很是佩服，于是邀请商人进入天堂。但石油商人想了想拒绝了："不，我还是和他们一起去吧，有时谣言也有可能是真的。"

为了帮助投资者避开这个陷阱，巴菲特以职业基金经理为例，指出他们在一个机制中工作，这个机制就像一个平庸的安全系数，按照固有标准评估工作成果。这样的机制不是鼓励独立思考，而是鼓励从众、随大流。他说："大多数基金经理几乎没有动力，去做一些大智若愚、特立独行的决策。他们个人的得失也很明显，如果做出非常规的决策，即便干得不错，得到的也仅仅是拍拍肩膀以示奖励；如果非常规干砸了，他们的命运就是丢掉饭碗。但循规蹈矩终将失败，特立独行才是成功的必行之路。随大流的旅鼠们肯定很糟糕，做一只孤独的旅鼠可能不是坏事情。"[9]

情绪陷阱管理

与金钱打交道的每一个方法都不会那么顺利，但我认为"短视损失厌恶"这个问题最为严重，我相信这是绝大多数投资者运用巴菲特方法取得投资成功的最大障碍。在我过去三十多年的职业经历中，我见过太多投资人、基金经理、投资顾问、大型基金由此遭受的内在损失，很少有人能承受这个痛苦的心理负担。

或许，毫不意外，沃伦·巴菲特是一个克服了短视损失厌恶的人，所以他是世界上最伟大的投资家。我一直认为，巴菲特长期的成功与其公司独一无二的结构有关。伯克希尔公司既拥有全资的子公司，也拥有部分持有的股票投资。所以巴菲特能体察到这些企业的价值增长，与所持有股票的价格之间，存在着千丝万缕的联系。他不需要每天看股价，因为他不需要用股价来印证他的投资正确与否。正如他经常说的："我不需要股价告诉我价值如何，我已经知道。"

从侧面观察 1988 年巴菲特的伯克希尔投资 10 亿美元在可口可乐上的例子。当时，这是伯克希尔有史以来最大的一项投资。接下来的十年，可口可乐的股价增长了十倍，同期标普 500 指数增长了三倍。回顾一下，我们或许会认为可口可乐是一项最容易的投资。20 世纪 90 年代末，我应邀参加了很多投资研讨会，我总是问听众："你们当中有多少人在过去十年中，持有过可口可乐股票？"几乎所有人都立刻举起了手。我又问："你们中有多少人获得了像巴菲特一样的收益？"举起的手都慢慢放了下来。

随后，我问了一个很实际的问题："为什么？"如果这么多投资者都持有了可口可乐的股票（他们实际上做的和巴菲特一样），为什么没有人取得同样的回报？我认为答案就在于"短视损失厌恶"。在 1989 ～ 1998 年的十年中，可口可乐股票的表现超越大盘，但是以年度计，其超越大盘的次数十年中只有六次。通过损失厌恶的数学分析，投资可口可乐的情绪效应为负数（六个上升的正数情绪单位 – 四个下降的负数情绪单位 ×2）。可以想象，持有可口可乐股票的人，在其表现低于大盘的时候，会卖出可口可乐。但巴菲特是怎么干的？他首先分析可口可乐公司的基本情况是否依然优秀，然后继续持有。

格雷厄姆提醒我们："在大多数时间，股价是非理性的，它会向两极波动，原因在于很多人根深蒂固的投机或赌博心理，例如希望、恐惧和贪婪。"[10] 他警告，人们必须为股市的上涨或下跌做好准备。他的意思是不仅仅要做好知识上的准备，还要做好心理上和财务上的准备，以便在下跌发生时，能够采取相应的正确行动。

格雷厄姆说："投资人如果过度担心自己的持股由于不合理的市况而大跌，他们就会将自己的优势转化为劣势。这种人最好远离市场行情，否则他会由于别人的错误而导致自己的精神痛苦。"[11]

与众不同的另一面：沃伦·巴菲特

巴菲特的"将股票视为企业""集中投资"的方法，与学生们在大学里学的金融理论完全不一样。他们所学的金融框架，被称为现代金融理论。正如我们将会看到的，这种投资理论并不是由企业家总结出来的，而是由一群象牙塔里的学者们总结出来的，它是一个巴菲特拒绝入住的纸房子。那些使用巴菲特原则的投资者，很快就会发现自己在情绪上和心理上，已经与大多数市场上的参与者不同。

哈里·马科维茨的协方差

1952 年 3 月，芝加哥大学的研究生哈里·马科维茨在《金融学期刊》发表了一篇 14 页的文章，题为"投资组合选择"[12]。在这篇文章里，马科维茨解释了一个他认为相当简单的概念，那就是投资回报与风险有着千丝万缕的联系，并做了大量的验算，以支持这个结论。投资人如果想取得超越平均水平的回报，一定要冒超越平均水平的风险。在今天看来，这个结论是明显可笑的，但在 20世纪 50 年代，这却是个革命性的概念，因为那是个投资组合随意构建的年代。今天，这篇不长的文章被认为是现代金融学的发端。

七年之后，马科维茨出版了他的第一本著作——《投资组合选择：有效多元化》（1959 年出版）。人们认为这是他最大的贡献，他将视线转移到整个组合的风险衡量方面。他将测量一组股票走向的方法称为"协方差"。在一个投资组合里，如果包含了不同走向的个股，即便个股具有风险，实际上整体却是个保守的选择。无论如何，他说多元化是关键。他的结论是，聪明的投资者首先选择风险度合适的个股，然后构建具有低协方差效应的多元化的投资组合。

尤金·法玛: 有效市场假说

1965 年, 尤金·法玛在芝加哥大学《商务期刊》上发表了他的博士论文——"股价行为", 提出了股市行为的综合理论。他的观点非常清晰: 对于未来股市的预测毫无意义, 因为市场是有效的。在一个有效市场中, 当信息公布后, 大量理性的投资者会即刻做出反应, 令股价瞬间进行相应的调整, 股价反应是如此之快, 以至于没有人可以从中额外获利。在任何一个特定的时点, 股价都反映了所有信息, 因此市场是有效的。

威廉·夏普: 资本资产定价模型

在马科维茨的论文首次发表之后大约十年, 一个年轻的博士生威廉·夏普找到他长谈了自己关于投资组合理论的工作, 以及无数的协方差。次年, 1963 年, 夏普出版了他的论文——"关于投资组合分析的简化模型"。在完全承认自己受马科维茨启发的同时, 他提出了一个更为简单的方式。夏普认为所有证券, 都与其内在的某些基本因素存在相应的关系, 因此分析单个证券的波动很简单, 他用"贝塔因子"来衡量波动性。

一年之后, 夏普提出了一个影响深远的名词——资本资产定价模型 (CAPM), 作为他的单因素模型高效投资组合的直接延伸。第一类风险是整体的市场风险, 被他称为"系统风险"。系统风险是贝塔, 无法通过多元化的方式化解。第二类风险是非系统性风险, 特别是个股风险。不像系统性风险, 这类非系统性风险可以通过增加不同风格的股票的多元化方式, 进行化解。

大约在十年的时间里，上述三位学者的研究，后来被称为现代投资组合理论的重要因素。马科维茨提出了合适的风险－回报平衡的多元化方案；法玛提出了有效市场理论；夏普提出风险定义。于是历史上首次出现，金融的命运不再掌握在华尔街、华盛顿，甚至不在企业家手里。放眼望去，金融世界已被一群大学教授定义，金融从业者最终将叩响他们的大门，在象牙塔里，他们已成为现代金融的新的大祭司。

巴菲特对于风险和多元化的看法

现在，让我们回到巴菲特，他以区区数千美元起家，通过投资累积了 250 亿美元的财富。他用投资合伙企业赚来的钱，控股伯克希尔公司，迅速积累财富数以十亿计。在这 25 年的时间里，他从来没有听说过，也从来没有考虑过股价的协方差、减少组合变动的策略，或市场有效定价之类的理论。巴菲特的确深刻地思考过风险，但他关于风险的看法与这些学者们迥异。

回想一下现代投资组合理论，风险被定义为股价的波动。但巴菲特将股价的下跌视为机会，认为股价下跌实际上降低了风险。他说："投资者应该像企业家一样才对，学者们关于风险的学术定义脱离了市场，极为荒谬。"[13]

巴菲特对于风险有着不同的定义：投资损失或伤害的可能性。真正关键的是企业的"内在价值风险"，而不是股票价格的走势。他说，真正的风险是一项投资的税后回报"是否为投资人至少保持其投资之初的购买力（合适的利率水平）"。[14]

在巴菲特看来，风险与投资者的投资期限有着千丝万缕的联系，这一点是巴菲特和现代投资理论关于风险定义的最大不同之处。巴菲特解释，如果你今天买了股票打算明天卖出，这就等于参与了风险交易。这其中的赔率不会好于抛硬币游戏，有一半机会失败。然而，如果你将期限延长至数年（投资时间拉长），风险的可能性就会大大下降，当然前提是你做了有意义的投资。巴菲特说："如果你问我，今天买可口可乐明天卖出，这样的风险如何？我只能说风险太大了。"[15] 但是巴菲特所考虑的是今天买进可口可乐，然后持有十年，那就没有什么风险。（为何同样是今天，买了同样的可口可乐股票，一个是风险太大，一个是没有风险呢？）

巴菲特关于风险的独特视角，使他在投资组合上采取了多元化策略，不过，他认为自己站在现代投资组合理论的对立面。记住，根据理论，广泛多元化的主要益处在于减少个股波动。但是如果你不在意股价的短期波动，就像巴菲特一样，你就会从不同的角度重新审视组合多元化的问题。

巴菲特说："多元化是无知的保护伞。如果你不想发生什么特别的不测，你最好拥有市场上的全部股票，这没有什么错。这对于那些不知道如何分析企业的人而言，是个好方法。"在很多方面，现代投资组合理论对于那些没有知识、不懂得如何评估企业的人而言，能为他们提供保护。根据巴菲特的观点，现代投资组合理论"能让你知道如何达到平均水平，但我认为任何人都应该有 50% 的把握达到平均水平。"[16]

最后，如果有效市场理论是正确的，就不可能有人或机构跑赢大盘，更不可能有同一组人或机构持续跑赢，除非随机意外。然而，巴菲特过去 48 年的经历是个初步的证明，这是可能的。尤其当人们看到，其他杰出的投资者使用巴菲特的方式同样击败了市场。这说明了什么？

巴菲特对于有效市场理论的质疑，集中在一个核心点：没有证据表明，所有投资者都会分析所有可能得到的信息，并由此获得竞争优势。"从观察来看，市场经常是有效的，但它并非总是有效的。这期间的区别就像白天不懂夜的黑。"[17]

不过，有效市场理论依然如宗教教条般，在商学院里被教授给学生们，这其实给巴菲特们提供了机会。巴菲特挖苦地说："实际上，这些帮倒忙的学生和轻信的投资学教授们，给我们以及其他格雷厄姆的追随者，提供了非凡的服务。在任何一种竞赛中，无论金融、心理还是真实竞赛，如果你的对手被告知尝试都是无用的，这对你而言将是个巨大的优势。从自私的立场出发，我们应该给他们提供椅子，让他们一直将有效市场理论传播下去。"[18]

如今，投资者都徘徊在智力与情绪的十字路口，左边通往现代投资组合理论，它具有五十年的历史，充满了学术论文、完美的公式、诺贝尔奖获得者。它似乎给投资者指出了从 A 点到 B 点的平坦之路，没有股价的颠簸，可以将情绪创伤最小化。相信市场是有效的，因此价格和价值是一样的，是同一件事情，所以现代投资组合理论的追随者首先关注的是股价，其次才关心价值，或者根本不关心。

在十字路口的右边，是通往巴菲特和其他成功投资者的路径。

在过去五十年里，充满了实践的经历、简单的算术、长期坚持的企业家。它试图给投资者带来的，不是从 A 点到 B 点没有短期波动的旅程，而是一种风险调节之后，内在价值增长最大化的投资路径。巴菲特道路的支持者不相信市场总是有效的，取而代之的，他们首先关注资产价值，然后才关心价格，或者根本不关心。

现在，你已经了解了现代投资组合理论的大致框架，尽管简略，你也可以看到其与巴菲特方法的冲突。你会发现无论在教室里，还是职场上，你都属于小众。从巴菲特方法中学到的东西令你具有叛逆色彩，在投资大军中令你与众不同。你将体会到，与众不同如何遭遇自己的心理挑战。

我写巴菲特已经有 20 年了，在此期间，我没有遇到任何一个人对于书中列出的方法表现出强烈的反对。然而，我遇到无数的人，尽管他们完全同意巴菲特的观点，却从来没有真正运用过他的方法。我认为懂得他的投资成功是最重要的，这也是一个并未完全破解的谜。一句话，巴菲特是理性的，非情绪化的。

为何心理学会起作用

2002 年，心理学家丹尼尔·卡尼曼获得了诺贝尔经济学奖，因为他"从心理学到经济科学的综合洞察力，特别是对于在确定性条件下，人类判断和决策的研究"方面的贡献。这标志着行为金融学正式进入资本市场领域，尽管电脑程序和黑盒子仍然被广泛使用，掌控股市的仍然是人。

因为情绪比理性更有力，恐惧和贪婪会推动股价或高于或低于内在价值。巴菲特说，当人们贪婪或畏惧时，他们经常以愚蠢的价格买卖股票。短期而言，人们的情绪对于股价更具影响力，而不是公司的基本面。

早在行为金融学这个名词出现之前，它就已经被一些具有叛逆精神的人所懂得和接受，像巴菲特、芒格。芒格曾经说，从学校毕业后，他们"发现现实的世界中，存在大量非理性的现象"[19]。他不是说预测时机，而是当非理性行为确实发生后，导致的随之发生行为的可预测模式。

在巴菲特和芒格之外，直到最近，主流投资界才开始认真对待金融和心理学的交互问题。当涉及投资，情绪变得非常真实，它能影响人们的行为，最终影响股价。我肯定，你已经知道，两个原因告诉你为何懂得人们的冲动是如此有价值：①你能从中学会如何避免多数人的错误；②你可以识别他人的错误，并从中捕捉到机会。

我们所有人都是脆弱的，会有个人的判断失误，这些都会影响成功。当数以百万计的人的错误汇集在一起，会将市场推向毁灭性的方向。从众心理越强，错误的积累就越多。在非理性的怒海狂涛之中，只有少数理性者才能生存。

实际上，对于情绪驱动的误判，解药只有理性，特别当征途漫漫之时，更需要耐心和毅力。这正是我们下一章的主题。

第 7 章

耐心的价值

列夫·托尔斯泰在其史诗般的巨著《战争与和平》中，做出了如此深刻的观察："天下勇士中，最为强大者莫过于两个——时间和耐心。"当然这句话他是从军事角度说的，但这个描述放在投资上同样熠熠生辉，对于那些想深化对于资本市场的了解的人而言，也具有巨大的价值。

所有的市场行为都与时间的连续性相关，在时间的坐标上，从左到右，我们观察到发生在每秒、分、小时、天、星期、月份、年度、十年的那些交易决策，尽管没有明确的划分，但基本上人们都会同意，在时间坐标上越是靠左，越是投机；越是靠右，越被认为是投资。毋庸置疑，巴菲特悠闲安静地坐在这个时间坐标的右侧，保持着长期的耐心。

这也提出了问题：为什么这么多人在坐标的左侧跃动不停，试图用最快的时间赚最多的钱呢？这是贪婪吗？是错误的信念吗？他们认为自己能预测市场心理的走向？抑或，过去经历了两个熊市、一个金融危机的十年，让他们已经失去了在长期投资中取得正回报的信心？对于所有这些问题的回答都是："Yes!"尽管每一个都是问题，但最让我感到困惑的是对于长期投资信心的缺乏，因为长期投资正是巴菲特成功之道的核心。

长期而言

将短期投资和长期投资这两种策略进行比较，这种开创性的工作始于20年前的两位教授——哈佛教授、约翰·贝茨·克拉克奖章获得者安德烈·施莱弗，以及芝加哥大学布斯商学院的金融学教授罗伯特·维什尼。1990年，他俩给《美国经济评论》写了一篇研究报告，题为"公司的新理论：平衡投资者和企业的短期视野"[1]。文中，他们对于成本、风险、短期和长期对冲回报进行了比较。

进行对冲的成本是你所投入资本的时间价值；风险是覆于结果之上的不确定性数量；回报是投资获得的盈利数量。在短期对冲行为中，这三个因素数量都较少。在长期对冲行为中，你的资本投资期会更长，何时获得回报更为不确定，但回报应该更高。

根据他们的研究，"在平衡之中，从每一类对冲资产中获得的净预期回报应该是相同的。因为，长期对冲投资策略较之于短期更昂贵，前者必须从更为严重的错误定价中获取更多的回报，以取得平衡"[2]。换言之，因为长期对冲策略的投资比短期对冲策略的投资成本更加高昂，所以回报必须更高。

他们指出，股票可以被用作短期对冲的工具。例如，利用消息做对冲的短期投机者，可以将赌注押在并购消息上，也可以在发布盈利时，或其他任何使错误定价迅速消失的公告上。甚至，即使股票的价格在这些消息出来后没有反应，在没有收益的情况下，这些炒手也会迅速撤离。循着他们的思路，投机者的成本是很低的（动用资本的时间很短），并且风险很小（不确定性会很快终结），然而，回报也会很少。

值得注意的是，为了获取足够可观的回报，执行短期对冲策略的炒家必须一次又一次地重复这些迅速的行动。两位教授解释说，投机者为了提高回报，必须提高投资成本（投入资本的时间），以及冒更多风险（经受更多的不确定性）。对于投机和投资两者而言，控制变量的是时间跨度。投机者期望时间短些，哪怕回报少些；投资者期望时间长些，同时期望回报更高些。

这引导我们走向下一个问题：在长期对冲策略的投资行为中，通过买入并持有股票的策略，能获得更大的回报吗？我决定一探究竟。

我们跟踪计算了 1970 ～ 2012 年期间，为期一年、三年、五年的回报情况。在这 43 年中，以一年为期计，标普 500 指数中的成分股公司平均有 1.8% 的公司股价翻番，或者说，500 家公司中有 9 家翻番；以三年计，有 15.3% 的公司，或 77 家股价翻番；以五年计，有 29.9%，或 150 家公司股价翻番。

这样，回到原来的问题：长期而言，通过买入并持有股票的策略，能获得更大的回报吗？答案是无可争议的"YES"！除非你认为每五年翻一番实在是太过平凡了，这相当于 14.9% 的年化回报率。

当然，投资者在事先挑选股票的过程中，必须进行深度的调查研究，发现那些具有五年翻番潜力的股票。这些策略存在于他们挑选股票的过程中，以及管理人的组合策略中。对于那些运用本书所列出的投资准则的投资者，他们坚持低换手率的组合策略，我有信心他们具有五年翻番的能力。

金融理论告诉我们，投资者的回报来源于发现错误定价。我们可以假设，如果超额收益来源于巨大的错误定价，那一定会吸引众多投资者蜂拥而至，去迅速填平价格和价值之间的差距。当进行对冲者众多，回报就会降低。然而，回顾我们刚刚提到的 1970 ～ 2012 年期间的平均每五年的回报统计，我们没有发现超额收益的任何显著减少。的确，投资翻番的绝对数字与整体市场表现相关。牛市中会有更多的股票翻番，熊市中会相应减少。但无论市场状况如何，相对于大势的翻番比率依然令人印象深刻。

那些以五年为期试图消灭价格与价值间差距的人是谁？答案：长期投资者。然而，跨度长达 43 年的时间里，这种差距依旧存在，或许说明市场主流经常被短期炒家占据。简而言之，那些预期中的，消灭错误定价的长期投资者大军总是缺席的。

1950 ～ 1970 年期间，市场平均的持股时间为 4 ～ 8 年。然而，自从 20 世纪 70 年代起，持股时间持续缩短，时至今日，基金持股的时间以月来计算。我们的研究显示，获取超额收益的机会通常出现在持股三年之后。毫无疑问，由于换手率超过 100%，绝大多数人肯定与此无缘。

肯定有人说，市场会很好地调节短期炒家和长期投资者之间的平衡。如果市场包括两种同样的力量——一半吸引短期炒家的错误定价，一半吸引长期投资者填平价格、价值间差距，那么这个结论是对的，市场的长、短期无效将会极大程度地被消弭。但当这个平衡被打破时，市场会如何？一个被长期投资者主导的市场，会留下一个无人值守的错误定价的市场；一个被短期炒家主导的市场，对于长期的错误定价会毫无兴趣。

为什么市场失去了如此多曾经的多元化？因为人们慢慢地从长期投资转变为短期投机。这种转变是可预期的，这只是个简单的算术问题。因为如此多的人参与短期投机，胜出的难度在增加，而回报在减少。由于强有力的磁石效应，吸引着越来越多的人参与短期投机，这就将稀有的、超额回报的机会留给了长期投资者。

理性：重要的分野

根据《牛津美国词典》的定义，理性是一种信念，是人们的意见或行为应该基于理由、知识，而不是情绪反应。一个理性的人应该思维清晰、理智、富有逻辑。

对于理性的理解，首先，理性不等同于智力。聪明人可能会干傻事。多伦多大学人类发展与应用心理学教授基思·斯坦诺维奇认为，像 IQ 测试或 AST/ACT 考试之类，在衡量人的理性思维方面几乎毫无用处，"这最多只是一个轻度的预测，一些理性思维技能甚至完全与智力不相干"[3]。

在《智力测试所迷失的：理性思考的心理学》一书中，他创造了一个词——理性缺失，意指尽管具有高智力，却不能进行理性思考和行动。认知心理学认为，有两个原因造成理性缺失：一是处理问题；二是内容问题。让我们一个一个来看。

斯坦诺维奇相信人类没有进化好，当解决一个问题时，人们会有不同的认知机制供选择。在机制的一端，具有强大的计算能力，但这个强大的计算能力与成本相关。它是一个慢速的思考进程，要求高度的专注。在机制的另一端是快速的思考过程，要求很少的计算能力，几乎不要求专注，允许迅速决策。他说："人类是认知的吝啬鬼，因为我们基本趋向于默认几乎不要求计算能力的那种处理机制，尽管它们不准确。"[4] 一句话，人类是懒惰的思考者。当解决问题时，他们选择容易的方式，结果，他们的解决方案经常不合逻辑。

慢速的观点

让我们将视线转到信息扮演的角色上来，我们要求的信息涉及本章的主题——耐心，以及"慢速"的价值。

很多读者也许不知道杰克·特雷诺，他是金融管理界的知识巨人。最初在哈佛他想成为一名数学家，他 1955 年以优异成绩毕业于哈佛商学院，在一家咨询公司的研究部开始其职业生涯。作为一位年轻的分析师，在一次为期三周的前往科罗拉多的旅游中，他写了一篇长达 44 页的有关风险问题的数学笔记。他是个多产的作家，最终成为 CFA 机构的《金融分析师期刊》的编辑。

多年以来，特雷诺与很多金融界知名学者交换论文，包括诺贝尔奖获得者佛朗哥·莫迪利亚尼、默顿·米勒、威廉·夏普。他也有几篇论文获得久负盛名的大奖，包括《金融分析师期刊》的格雷厄姆－多德奖和罗杰·F. 穆雷奖。2007 年，他赢得了著名的 CFA 机构职业优异大奖。幸运的是，他那些原本散落四处的笔记，现在被结集为 574 页的《特雷诺看机构投资》一书，对于所有认真的投资者来说，这本书都值得收藏。

我的那一本已经被翻卷了，因为在一年的时间里，我反复地阅读了自己喜欢的部分章节，尤其是临近结尾 424 页的"长期投资"。它首次出现在 1976 年 5 月、6 月，发表于《金融分析师期刊》上，内容从永远存在的难题——市场效率开始。他想知道，无论我们如何努力，却无法知道市场是否已经打折，这个观点对不对？为了阐明这个问题，他让我们区分两个问题："两种投资观点：一种简单明了，几乎不要求用特殊的专业技能去评估，因此是快速决策的过程。一种是要求用反馈、判断和特殊的专业技能去评估，因此是慢速决策的过程。"[5]

他说："如果市场是低效的，它就不会对于第一种想法无效，因为根据定义，第一种不可能被数量众多的投资人错误评估。"[6]换言之，我们可以认为，不可能仅使用 PE、分红率、市净率、PEG、52 周最低价、技术图表等简单的分析就轻易赚到钱。"如果市场低效存在，那么任何投资机会将来自第二种投资方式——慢速的过程。与公司长期发展相关的第二种观点是长期投资者唯一有意义的基石。"[7]

我肯定，你已经意识到我在书中列出的投资准则是"慢速"的方法，并且与公司的长期发展相关，因此是长期投资的基础。让我们总结一下，慢速的观点并不难掌握，但比之"简单明显"的快速方式要费力些。

系统 1 与系统 2

多年以来，心理学家以极大的兴趣关注着我们的认知过程，它被分为两种思维模式：直觉和理智。传统上，直觉产生"快速和关联"认知，理智则被描述为"慢速和规则支配"。今天，心理学家们通常称这些认知系统为系统 1 和系统 2。

系统 1 的思维方式简单、直接，快速运行，几乎不花时间，无须使用太多的知识去计算 PE 或分红率。

系统 2 的思维方式是我们认知过程的反思部分，它以一种可控的方式，投入努力而慢速。我们的"慢速观点"要求"反馈、判断和特殊的技能"，属于系统 2 思维。

2011 年，诺贝尔奖获得者丹尼尔·卡尼曼写了本非常重要的著作《思考，快与慢》，篇幅达 500 页，该书成为《纽约时报》畅销书，在当年非小说类图书中排行前五名，相当了不起。我最喜爱的部分是第三章"懒惰的控制者"。卡尼曼告诉我们，认知的努力是一项心理工作，就像其他所有工作一样，我们中有很多人在工作越来越艰难时，会变得越来越懒惰。他很惊讶地发现，很多聪明人会满足于先前的答案，随之便停止思考。

卡尼曼说，系统 2 的思维方式要求自我控制，持续的自我控制的努力并不令人愉悦。如果我们被迫一次又一次重复做一件事，自控力就会出现下降的趋势。最终，我们会丧失兴趣。相反，"那些避免了这些懒惰原罪的人，他们有更敏感、更富活力的智商，不满足于表面的诱人答案，对于直觉充满怀疑与批判精神。"[8]

耶鲁大学的市场学助理教授沙恩·弗雷德里克，给我们描述了具有高智商的人们在系统 1 和系统 2 这两种思维方式方面的表现。他集中了一组来自哈佛、普林斯顿、麻省理工等著名的常春藤大学的学生，并问他们如下三个问题：

（1）一个球棒和球共花了 1.10 美元。球棒比球多花了 1 美元，球花了多少钱？

（2）如果 5 台机器用了 5 分钟生产了 5 个零件，那么，100 台机器需要多长时间生产 100 个零件？

（3）一个湖里有片睡莲，睡莲在生长，叶面每天长大一倍。如果用 48 天叶面可以完全覆盖湖面，请问需要多长时间它可以覆盖一半的湖面？ [9]

答案令人吃惊，这些顶尖的优等生超过一半回答错误，这令他得出两个主要结论。第一个结论是，人们不习惯于费劲地思考问题，通常会脱口而出心中首先出现的答案，这样，他们就无须费力气进入系统 2 的思维。第二个结论是，系统 2 思维对于系统 1 思维的错误几乎监管无力。这似乎清楚地告诉弗雷德里克，学生们的思维停滞在系统 1，不会，也不愿转换到系统 2。

系统 1 和系统 2 思维如何运用在投资上呢？比如，一个投资者考虑买入一只股票。使用系统 1 进行思考，他会将一家公司的 PE、净资产、分红率等信息搜集起来，看看股价是否接近历史低点，看看公司是否在过去十年提高分红，据此，投资者或许立刻判定这只股票好不好。悲哀的是，太多投资者几乎完全依赖系统 1 的直觉思维做出决定，从来不运用系统 2 的理性思维。

如何调动系统 2 思维呢？很简单，你的系统 2 思维很强大，充满活力，不易产生疲劳。这种系统 1 和系统 2 的思维区别就是心理学家斯坦诺维奇所说的"分隔的内心"。

但是这"分隔的内心"只是在可辨别的情况下才会有分隔，例如在一个投资环境里，只有在充分了解或掌握了公司信息后，系统 2 的思维才有别于系统 1 的思维。这些信息包括竞争优势、管理层理性配置资产的能力、决定公司价值的重要动力、预防投资者做愚蠢决定的心理课程等。

对我而言，华尔街的很多决策都属于系统 1 的思维，主要靠直觉，也就是俗话说的"拍脑袋"。决策多是机械的、快速的，未经大脑深思熟虑的。系统 2 是经过认真思考的，经过推敲，要求专注的。具有系统 2 思维方式的人通常更有耐心。为了让系统 2 思维更有效率，你必须花时间去推敲，甚至沉思、冥想。你肯定会认同，我在本书中列出的准则最适合用于慢思考，而不是快速决策的系统 1 思维。

心智工具间隙

根据斯坦诺维奇的说法，理性缺失的第二个原因是系统 2 思维中缺少足够的内容。研究决策制定的心理学家，将内容缺乏定义为"心智工具间隙"。这个词最早是哈佛的认知科学家大卫·帕金斯提出的，他说，心智工具就是人们心中所拥有的一切用于解决问题的原则、策略、程序、知识。他解释说："就像厨房里使用的工具叫作厨具，在电脑里运行的工具叫作软件，在内心中工作的工具叫作心智工具。一个人可以学习运用一件心智工具，去延伸他的整体批判性思维和创造性思维的能力。"[10]

那么，你需要什么样的心智工具去激活系统 2 思维呢？至少，你需要阅读公司年报，及其竞争对手的年报。如果从中可以得出这个公司具有竞争力和长期前景乐观的结论，那么接下来，你应该做几个分红折现模型，包括不同的增长率、不同的股东盈余、不同的时段，以得出大概的估值。然后，你应该研究并搞清楚，管理层长期的资产配置策略。最后，你应该给一些朋友打电话，包括同事、财务顾问，看看他们对于该公司的看法，如果还有关于竞争对手的看法更好。注意：所有这些都无须高智商，但是费时费力，与仅仅简单看看 PE 等财务指标相比，更需要内在的努力与专注。

时间与耐心

尽管已经有足够多的证据显示，具有耐心的长期思维是投资成功的最重要一环，但现实似乎没有太多改变。甚至，2008 ～ 2009 年这次金融危机和熊市也没有改变我们的行为方式。现在，所有的市场活动都是短线的。20 世纪 60 年代，纽约证券交易所的年均换手率低于 10%，今天已经超过 300%，在过去 50 年里上升了 30 倍。[11] 难以置信的是，如此大规模的短期行为的增加，竟然对市场和参与者都没有什么变革性的影响。

理论上而言，市场参与行为的增多伴随着交易量的提高，能使市场具有更好的价格发现功能，这反过来可以减少价格与价值之间的差距，从而相应地减少市场的噪声和波动。但是现实中，我们发现市场中的大部分参与者是投机者，不是投资者，所以我们见到的是完全相反的景象：交易量的上升反而致使差距加大，增大了系统的噪声，导致更剧烈的波动。这个世界，当一个投资者被短期表现的压力扣押为人质，除了不满之外，其他什么都没有了。

不应该是这样的，巴菲特的成功就是因为他玩的是完全不同的游戏，我们被邀请加入这个游戏。成功的唯一要求就是采用一套不同的规则，当然，在这中间，耐心是最为重要的。

时间和耐心，一个硬币的两面，这就是巴菲特的精华。他的耐心所致的成功体现在伯克希尔旗下全资拥有的企业中，也体现在部分持股的企业中。在这个快节奏的世界里，巴菲特有意识地放慢节奏。一个置身其外的观察者，或许认为这种看似懒惰的态度，会放走容易赚的钱，但是真正欣赏这个过程的人却发现，巴菲特和伯克希尔正是用这种态度积累了巨额财富。投机者没有耐心，而巴菲特却为此而生，他说："时光的最佳之处在于其长度。"

至此，我们画了一个完整的圆，情绪的重要组成和与之对应的理性。单单有智力不足以取得投资成功，与大脑的容量相比，将理性从情绪中分离出来的能力更为重要。"当其他人基于短期的贪婪与恐惧做决策时，理性最为重要。这就是赚钱的秘密。"[12]

巴菲特意识到市场短期的波动，既没有令他更富，也没有令他更穷，因为他的持有期限是长期。因此，大多数参与者不能忍受股价下跌带来的痛苦，巴菲特却一点也不紧张，因为他相信他比市场更能对一个公司进行正确的判断。巴菲特还指出，如果你不能干得更好，你就不属于这个游戏，就像一个玩牌的人，如果玩了一段时间还不知道谁是输家，那么你就是输家。

理性缺乏，使投资者容易陷入系统 1 的思维，只能做出简单、浅显的判断，不适合复杂的股市。理性缺乏，使投资者成为恐惧和贪婪的奴隶。理性缺乏，使股市参与者注定成为那个被称为投资的游戏中的受害者。

| 第8章 |

最伟大的投资家

巴菲特被称为世界上最伟大的投资家。他的伟大从何而来？人们为何给他这样的赞誉？在我看来，这其中只需要看两个简单的变量：相对跑赢大盘和持续时间。两者都需要。因为有无数人都曾在一段时间内跑赢过大盘，但仅仅是短期跑赢大盘不算什么，只有能做到长期跑赢大盘，这样的案例才有借鉴意义。

迈克尔·莫布森在他的《成功方程式》（2012 年哈佛大学出版）一书中，恰当地描述了在企业界、体育界和投资界中，对于运气和技能两种因素的衡量，指出区别二者的方法是对结果的长期测量。运气或许在短期内会扮演角色，但历史会告诉我们，技能最终起到至关重要的作用，在这方面，巴菲特就是一个无与伦比的例子。

巴菲特管理资金的时间横跨 60 年之久，可以划分为两个时代：一是 1956～1969 年管理巴菲特投资合伙企业时代；一是管理时间更久的伯克希尔时代（实际上 1965 年他就接管了该公司）。

巴菲特开始他的合伙企业之初，年仅 25 岁，他只动用了很少的本金（他自己的投资只有 100 美元）。尽管当时的目标是每年至少 6% 的回报，但巴菲特自己设定了一个更高的目标：每年超越道琼斯指数 10%。实际上，他干得更好，1956～1969 年，巴菲特的合伙企业年回报率达到 29.5%，比道琼斯指数高出 22 个百分点。在合伙企业成立之初，投入的每 10 000 美元，在其 1969 年结束之时，在扣除管理费之后，增长为 150 270 美元。同期，如果投到道琼斯指数上，将增长为 15 260 美元。在上述期间，道琼斯指数有五年回报为负数，但巴菲特从没在任何一年亏损过，而且每一年都击败指数。

当年，几乎没有什么投资家可供巴菲特学习。20 世纪 60 年代中期，杰拉尔德·蔡（即传奇华人投资家蔡志勇）和弗雷德·卡尔，这两位最著名的基金经理正处于辉煌年代，而此时巴菲特已经在考虑关闭合伙企业了。上述两位著名的投资家通过投资热门股而成名，也因热门股的崩塌而毁掉了一世英名。

卡罗尔·卢米斯早期发表在《财富》杂志上的一篇题为"无人企及的琼斯"的文章中，将巴菲特的业绩与著名的对冲基金经理阿尔弗雷德·温斯洛·琼斯进行比较，当时，琼斯有 10 年的投资记录，而巴菲特只有 9 年的记录。比较他们的 5 年期滚动收益均值，巴菲特以 334% 的收益击败琼斯（其收益为 325%）。但卡罗尔指出，巴菲特不久就关闭了他的合伙企业，而琼斯与那些没有预见到股市严重高估的人们一起在苦海中沉浮。

即便抛开巴菲特早期合伙企业阶段不可思议的优秀投资记录，他在伯克希尔期间取得的巨大成功（见表 8-1），也无愧于世界上最伟大的投资家称号。1965 ~ 2012 年，伯克希尔的每股账面价值从 19 美元上升到 114 214 美元，年回报率达到 19.87%。相应地，标普 500 指数（包括分红在内）年回报率为 9.4%。在这 48 年里标普 500 指数有 11 年亏损，几乎占到 1/5 的年头，伯克希尔仅有两年为负。

表 8-1　伯克希尔与标普 500 指数的表现

年份	年度收益率		
	伯克希尔每股 账面价值	标普 500 指数 （含股息）	相关结果
	（1）	（2）	（1）-（2）
1965	23.8	10.0	13.8
1966	20.3	（11.7）	32.0
1967	11.0	30.9	（19.9）
1968	19.0	11.0	8.0
1969	16.2	（8.4）	24.6
1970	12.0	3.9	8.1
1971	16.4	14.6	1.8
1972	21.7	18.9	2.8
1973	4.7	（14.8）	19.5
1974	5.5	（26.4）	31.9
1975	21.9	37.2	（15.3）
1976	59.3	23.6	35.7
1977	31.9	（7.4）	39.3
1978	24.0	6.4	17.6
1979	35.7	18.2	17.5
1980	19.3	32.3	（13.0）
1981	31.4	（5.0）	36.4
1982	40.0	21.4	18.6
1983	32.3	22.4	9.9
1984	13.6	16.1	7.5
1985	48.2	31.6	16.6
1986	26.1	18.6	7.5
1987	19.5	5.1	14.4
1988	20.1	16.6	3.5
1989	44.4	31.7	12.7
1990	7.4	（3.1）	10.5
1991	39.6	30.5	9.1
1992	20.3	7.6	12.7
1993	14.3	10.1	4.2
1994	13.9	1.3	12.6
1995	43.1	37.6	5.5

（续）

年份	年度收益率		
	伯克希尔每股账面价值	标普 500 指数（含股息）	相关结果
	（1）	（2）	（1）-（2）
1996	31.8	23.0	8.8
1997	34.1	33.4	0.7
1998	48.3	28.6	19.7
1999	0.5	21.0	（20.5）
2000	6.5	（9.1）	15.6
2001	（6.2）	（11.9）	5.7
2002	10.0	（22.1）	32.1
2003	21.0	28.7	（7.7）
2004	10.5	10.9	（0.4）
2005	6.4	4.9	1.5
2006	18.4	15.8	2.6
2007	11.0	5.5	5.5
2008	（9.6）	（37.7）	27.4
2009	19.8	26.5	（6.7）
2010	13.0	15.1	（2.1）
2011	4.6	2.1	2.5
2012	14.4	16.0	（1.6）
复合年增长 1965 ~ 2012	19.7%	9.4%	10.3
总增长 1964 ~ 2012	586 817%	7 433%	

　　看着这些长期持续超级表现的数字，毋庸置疑，巴菲特是世界上最伟大的投资家。但这些数字背后的巴菲特是怎样一个人呢？

私下里的巴菲特

　　巴菲特从艾森豪威尔总统时代开始其投资生涯，持续 60 年而长盛不衰，我们该如何看待这样一个传奇人物？

在童年时代，巴菲特就对每个人宣称自己在 30 岁之前会成为百万富翁，如果做不到就从奥马哈最高的楼上跳下去。当然，关于跳楼的部分是开玩笑，甚至他是否想成为百万富翁也没有人当真。今天，他的成就远远超出童年时的目标，但熟悉他的人都知道，巴菲特根本不在意什么亿万富翁的生活方式。他仍然住在 1958 年在奥马哈买的老房子里，开着老款的美国车，喜欢吉士汉堡、可乐、冰激凌等花样美食，他唯一的癖好是他喜欢的私人喷气式飞机。他说："并不是我喜欢钱，而是我喜欢看着它们增长。"[1] 在第 1 章中，我们知道他将钱回馈给社会时，自己也享受着巨大的快乐。

现今社会，当爱国主义经常被认为是陈词滥调时，巴菲特却在美利坚高高擎起这杆大旗。他毫不掩饰地指出，美国这片土地给任何愿意打拼的人们，提供了众多的成功机会，他总是以乐观、积极、向上的态度看待这一切。一般认为，人在年轻的时候容易乐观，随着年龄渐长，悲观主义渐渐抬头，但巴菲特似乎是个例外。我想部分原因是他在经历了 60 年的风风雨雨、各种创伤与阵痛之后，最终看到的是市场、经济、国家终将复苏和持续向前发展。

回首 20 世纪 50 年代、60 年代、70 年代、80 年代、90 年代，以及 21 世纪的第一个十年，看看发生过的重大事件，有太多的事件载入史册，特别重大的包括核战争地缘政策、刺杀总统或总统辞职、美国国内骚动和暴乱、地区战争、石油危机、恶性通货膨胀、两位数的利率、恐怖袭击等，更不要说时不时发生的经济衰退以及周期性的股市崩盘。

当被问及，如何在动荡不安的股市大海上航行时，巴菲特以一贯的平易近人的口吻说：我只是"在别人恐惧时贪婪，在别人贪婪时恐惧而已"。但我认为这背后有着更多故事，巴菲特具备了历经千锤百炼的技能，使他不仅能在危机之时生存下来，也能在艰难时期积极进取、大举投资。

巴菲特优势

多年以来，学者们和投资界人士一直在争论有效市场理论的正确性。如同你在第 6 章所看到的，这个具有争议的理论认为，市场的股价已经反映了所有可获得的信息，所以分析股票是徒劳无益、浪费时间的。在这个意义上说，市场已经做了所有你需要的调研工作。那些坚持认为该理论正确的人，会半开玩笑地说，投资人随手往行情表上扔出一枚飞镖，据此做出的投资决策，与那些花数小时仔细阅读年报、季报，经验丰富的金融分析师相比，拥有同样的胜算。

然而，那些持续击败市场指数的投资家的成功——尤以巴菲特最为突出，说明有效市场理论存在漏洞。包括巴菲特在内的人认为，大多数基金经理跑输大势的原因，并非因为市场是有效的，而是他们的投资方法不完善。

管理咨询顾问们相信成功企业具有三个明显的优势：行为优势、分析优势、组织优势。[2] 研究巴菲特的行为，我们可以看看这三个因素是如何作用的。

行为优势

巴菲特告诉我们，成功的投资不要求有高智商，或在商学院接受过高等教育。最为重要的是性格，当他谈到性格时指的是理性。理性的基石就是回望过去、总结现在，分析若干可能情况，最终做出抉择的能力。简而言之，沃伦·巴菲特就是这样做的。

那些了解巴菲特的人都认为，是理性令其与众不同。芒格说："在我哈佛法学院的班上，有数以千计的同学，我熟悉所有的尖子生，但他们中没有一个能像巴菲特那样，大脑如同超级理性的机器。"[3]与巴菲特相熟50多年的《财富》杂志的卡罗尔·卢米斯也相信，理性是巴菲特投资过程中最为重要的特点。[4]《巴菲特：一个美国资本家的成长》一书的作者洛温斯坦说："巴菲特的天分体现在耐心、自律和理性。"[5]

作为伯克希尔董事的比尔·盖茨，也同样认为理性是巴菲特最为突出的特征。他们两人曾花一下午时间，在西雅图的华盛顿大学礼堂里，回答学生们的提问。第一个学生的问题是："你如何成为今天的样子？你是怎么变得比上帝还富有的？"巴菲特深吸了一口气，开始回答：

"在我的例子中，如何变成今天这个样子实际上非常简单。这与IQ无关，我肯定你们听了会很高兴。最重要的是理性。我总是将IQ或天赋视为电机的马力，但是动力的输出——也就是马达的效率——却依赖于理性。很多人拥有400马力的电机，但是只有100

马力的输出功率，这还不如只有 200 马力的电机全数输出的效率。

"那么，为什么聪明人没有发挥出上天赋予的能力？这与个人的习惯、特质、性格以及如何行为的理性方式有关，不是你任性的行为方式。正如我曾说过的那样，每个人都能做到我做过的事情，并可能做得更好，但有些人成功了，而另一些人失败了。那些人之所以失败，是因为他们一意孤行，不是因为这个世界不给他们机会。"[6]

所有认识巴菲特的人都认为，巴菲特的驱动力是理性。他投资的策略就是理性配置资本。决定如何配置公司的盈利是管理层最为重要的决策；决定如何配置自己的资金是一个投资人最为重要的决策。在决策时运用理性思维是巴菲特最为欣赏的特质。尽管有各种变数存在，但金融市场上始终有一条理性之线贯穿其中，巴菲特的成功就是这条理性之线的结果，从未偏离。

分析优势

当巴菲特投资时，他看的是企业，而大部分投资人看的是股价，他们花很多时间关注股价、预测股价走势，却很少花时间了解他们部分拥有的企业的基本面，这就是巴菲特与众不同的根源所在。

拥有和运作一家企业，给了他独特的优势去分析思考，他经历过企业的成功和失败，并将经验运用在股票市场上。大多数职业投资人没有实业方面的经验。当他们积极学习 CAPM（资本资产定价模型）、贝塔系数、现代投资理论时，巴菲特在研究利润表、资本再投资要求、公司产生现金的能力。巴菲特问："你能向一条鱼解释在陆地上行走的感觉吗？这或许需要一千年的时间，管理企业也一样。"[7]

巴菲特认为，投资者与企业家应该用同样的方式看待企业，因为他们想要的是同一样东西。企业家想买的是全部，而投资者买的是部分。如果你问一个企业家在购买一家企业时如何考虑，他可能会说："它能产生多少现金？"金融理论表明，长期而言，公司的价值与其产生现金的能力呈正相关的线性关系。因此，为了获取利润，企业家和投资人都应该关注同样的变量因素。

巴菲特说："我们的观点是，学投资的人只需要学好两门课程：如何估值企业、如何对待股价。"[8]

记住，股市常常躁狂抑郁，有时会对于未来的前景欣喜若狂，有时会莫名其妙地低落。当然，这也创造了机会，特别是当杰出公司的股价出乎意料的低时。如果你不受那些具有躁狂抑郁症倾向的股评家的影响，也不被市场牵着鼻子走，这时市场将不再是你的导师，而仅仅是帮助你买卖股票的工具。如果你相信市场比你更聪明，就全部买指数基金。但如果你对自己有信心，那么自己做分析研究企业，别理会股市涨跌。

巴菲特不会黏着电脑，不会盯着屏幕上的涨涨跌跌，没有电脑似乎过得不错。如果你打算拥有一个杰出的企业数年之久，那么股市上每天价格的波动无关紧要。你会惊喜地发现，即便你没有时时刻刻盯着股市行情，你的组合也表现不错。如果你不相信，就试一试，先试试48小时不看行情，不要看电脑、手机、报纸、电视、广播上任何关于股价的信息，如果两天之后，你持有的公司无恙，请接着试一试三天，然后一个星期。很快，你就会相信，在没有盯着股价的情况下，你的投资很健康，持有的公司也运作良好。

巴菲特说："我们买了股票之后，即便股市关闭一两年，我们也不会担心。例如我们拥有喜诗糖果的100%股权，我们根本不需要每天有什么报价来证明我们干得好不好。同样的道理，为什么我们需要给可口可乐每天报价呢？"[9] 很清楚，巴菲特告诉我们，他不需要股价来证明伯克希尔的投资是否成功，对于个人投资者也一样。当你关注股市时，只要想着："近来是否有愚蠢的家伙给我提供了低价买入好公司的机会？"如果是这样，你的水平就和巴菲特差不多了。

就像人们毫无意义地浪费了很多时间担心股市一样，他们同样根本不必担心宏观经济。如果你发现自己在讨论经济是否蓄势待发或可能衰退、利率是否上调或下降、是否有通货膨胀或通货紧缩，就停下来歇会儿。巴菲特会偶尔关注一下经济大势，但他不会花大量的时间、精力分析预测宏观经济前景。

通常投资者从分析经济大势开始，然后根据这个假设，再挑选合适的股票以配合其宏伟巧妙的设想。巴菲特认为这种思维很荒诞。

首先，没有人能预测经济，就像没有人能预测股市一样。其次，如果你只是挑选那些在特定经济条件下才能获利的股票，那么你就不可避免地卷入了投机。无论你是否准确地预测了经济大势，你都需要不断调整组合，以便从下一次经济周期中获利。巴菲特倾向于购买那些在任何经济环境下均能获利的企业。当然，宏观经济环境会影响公司的利润率，但无论经济环境如何变化，最终，巴菲特型的企业都能获利良好。相对于那些仅能在预测准确的情况下才能获利的股票，时间是优秀企业的好朋友。

组织优势

1944 年的英国伦敦，在一栋历经纳粹德国大轰炸后幸存的大厦里，温斯顿·丘吉尔发表下议院演说："我们塑造了建筑，而建筑也塑造了我们。"这段演讲后来被一代又一代的建筑学家们所热爱，它也能帮助我们理解伯克希尔的形态以及它的构建者。我们剖析巴菲特的优势，有助于对他所创建的公司的组织结构加深了解。

当巴菲特最早以 7 美元 / 股买入伯克希尔的股票时，我不能肯定他是否预见了半个世纪之后的今天。但正如丘吉尔所言，公司的确反映了它的建设者的特征，伯克希尔也被深深地烙上了巴菲特的印记。

伯克希尔的成功基于三个支柱：

首先，公司的各个子公司产生大量的现金流，向上供给奥马哈总部。这些现金来源于公司旗下巨大的保险业务运作的浮存金，以及那些全资拥有的非金融子公司的运营盈利。

其次，巴菲特作为资本的配置者，将这些现金进行再投资，投资于那些能产生更多现金的机会。于是更多的现金反过来给了他更多的再投资的可能，如此循环往复。你一定能想象这样的画面。

最后一个支柱是去中心化。每一个子公司都有各自富有才华的管理团队负责日常工作，不需要巴菲特操心。这背后的益处在于，可以让巴菲特集中 100% 的精力，专注于资本配置的工作，这正是他天才所在之处。巴菲特的管理宣言可以总结为："聘请最好的管理团队，别再为管理操心。"今天，伯克希尔旗下拥有 80 多个子公司，超过 27 万名员工，但公司总部仅有 23 名员工。

伯克希尔 – 哈撒韦公司的组织结构比单一公司结构更有力。《局外人：八个非传统的 CEO 和他们的成功理性蓝图》的作者威廉·桑代克指出："巴菲特发展了一种世界观，它的核心着重于建立与优秀的人和企业的长期联系，避免不必要的频繁换手，以免打断复利增长的节奏，这对于价值的创造至关重要。" [10]

桑代克相信，巴菲特像一个"以减少频繁交易为主要目标的经理人、投资者、哲学家的合体"。[11] 为什么？因为频繁换手存在成本，我不仅仅是说交易成本和资本利得税。在巴菲特心里，换手成本更多地与人性有关。如果你集合了最好的企业，拥有最好的管理层，由最好的股东提供融资，接下来应该是一段长期复利增长的美好旅程，为什么还要打断这个由各种强有力因素结合在一起的价值创造的过程呢？

学会像巴菲特一样思考

过去 20 多年，我写作并四处宣扬巴菲特及其无与伦比的成功，我经常听到的一种说法是："好吧，如果我也像他一样拥有亿万美元，我也能像他一样在股市上赚很多钱。"我一直没有明白这种说法，照这个说法的逻辑，在你拥有致富的才能之前你必须先有钱。是这样吗？但我必须提醒读者，巴菲特在赚取亿万美元之前，就总结出了一套合适于自己的投资方式。

我将尽可能说服你，根据你自己的财务状况，如果能将他的投资准则，整合进你的投资决策体系里，你也可以取得巴菲特式的成功。我虽然不能保证，如果你以 100 美元起步，很多年之后也会拥有亿万美元，但我敢肯定，与那些和你拥有同样财务资源的人相比，如果他们更多依赖的是飘忽不定的投机计划，你一定会干得更好。

让我们假设一个情景，一步一步来。

让我们假设，你必须做出一个很重要的投资决策，明天你将有一个机会挑选一家企业（仅仅一家）去投资，为了增加趣味，让我们假设，一旦你做出决定就不能动摇，你必须持有十年之久。最后，从该企业获得的利润将支持你的退休生活。现在，你应作何考虑？

企业准则

企业是否简单易懂

太多的人买一家企业的股票，却不了解其销售、成本、产品利润等。除非你对于所投资的企业非常了解，熟悉它们的运营模式，否则不可能预见它们的未来。如果你能了解这些经营环节，就可以继续推进你的调研工作了。

企业是否有持续的经营历史

如果想将家庭的未来投资到一家企业里，你必须思考这家企业是否能经受得住时间的考验。你不太可能将未来押在一家没有历史、没有经过经济周期考验、没有竞争优势的新企业身上。你应该确认所投资的企业在过去相当长的一段时间里，展示了它强有力的盈利能力。

企业是否有良好的长期前景

最佳的企业是拥有长远靓丽前景的企业，也就是巴菲特所说的拥有"特许经营权"的企业。特许型企业的产品或服务是被需要、被渴望、无可替代的，其利润不会受到侵害。通常，这样的企业拥有商誉，能很好地抵御通货膨胀的影响。最糟糕的企业是生产普通型商品的企业，普通型企业的产品或服务与其竞争对手没有区别，这类企业极少拥有商誉，它们唯一的竞争武器就是打价格战。普通商品型企业的困难在于，它们以杀价为武器的同行经常会以低于成本的价格倾销产品，以吸引顾客，希望留住他们。如果你与低于成本销售的企业竞争，将会厄运连连。

一般而言，大多数企业介于"弱特许"和"强普通"之间。一家弱的特许经营型企业的长远前景要优于一家强的普通型企业。即便是一家弱的特许型企业，仍然可以具有价格优势，让它赚取超出平均水平的投资回报。相反，一家强的普通型企业，只有在其供应商提供低成本原材料或服务的基础上，才能获得超出平均水平的回报。拥有特许型企业的一个优势在于，即便遇到无能的管理层，它仍然能生存，而普通型企业遇到这种情况将会致命。

管理准则

管理层是否理性

你无须盯着股市或宏观经济大势，取而代之的是要关注你的现金。公司管理层如何将盈利再投资，将决定你是否能取得足够的回报。密切关注管理层的行为，如果企业产生的现金多于其维持运转所需，这就是你想要的企业。一个理性的管理层只会将钱投资于那些产出更高回报的项目上，如果找不到回报大于成本的项目，理性的管理层会将资金还给股东，通过提高分红或回购股份的形式。非理性的管理层则四处寻找花钱之道，而不考虑将多余的资金还给投资人，他们最终会陷入低效投资的陷阱。

管理层对股东是否坦诚

尽管你可能没有机会与公司 CEO 面对面谈话，但你可以通过管理层与股东的交流得到相关信息。公司管理层是否以一种你能明白的方式，报告每一个部门的运营情况？他们是否开诚布公地面对失败，就像宣扬成功一样？最为重要的是，管理层是否公开承诺，公司的重要目标是将股东利益最大化？

管理层能否抗拒惯性驱使

有一种看不见的力量会使管理层陷入非理性行动，并置股东利益于不顾，这种力量就是惯性驱使。像旅鼠一样随大流，他们的行为逻辑就是觉得大家都这么干，那这么干一定是对的。对于管理层竞争力的一个衡量标准就是，他们能否独立思考，避免从众效应。

财务准则

重视净资产收益率，而不是每股盈利

大多数投资人通过每股盈利来判断公司的年度表现，看看是不是相对于上一年度有了很大提升或创下新的纪录。但因为公司通常会留存前一年度的部分或全部利润，这就增加了公司的运营

资本基数，自然就会提高每股盈利（在股本不变的情况下），因此仅仅看其盈利增长意义不大。当公司宣称"每股盈利创下新高"时，股东们可能会被误导，相信管理层一直干得不错。考虑到公司年复一年资本基础的增加，真正能衡量年度表现的指标是净资产收益率——运营利润与股东权益之比。

计算真正的"股东盈余"

一家企业产生现金的能力决定了它的价值。巴菲特寻找那些产生现金多于消耗现金的企业。当确定一家企业的价值时，你要明白并非所有盈利都是平等创造的。那些要求大量固定资产才能产生利润的公司，通常会保留大部分的利润，作为专项拨款，去升级生产设备，以维持其竞争力。因此，会计盈余需要进行调整，以反映企业产生现金的真正能力。

对此，巴菲特提出了一个更为准确的词语——"股东盈余"。确定股东盈余的方法是，在净利润的基础上，加上折旧、损耗和摊销，减去资本支出。这些资本支出是为了维持公司竞争优势和产量而发生的。

寻找具有高利润率的企业

高利润率不仅反映公司管理层的能力，也反映了其控制成本的顽强精神。巴菲特喜欢那些注重成本控制的经理，憎恨那些放任成本上升的经理。股东们间接地拥有公司利润，每一美元的浪费都会损害公司一美元的利润。多年以来，巴菲特观察到，那些高成本运营的公司总是会有理由保持或增加运营成本，而控制成本良好的企业总能发现方法去削减成本。

每一美元的留存利润，至少创造一美元的市值

这是一个快速衡量指标，它能告诉你的，不仅是公司的力量，而且是管理层配置资源的能力。在公司的净利润中，减去分红，余下的作为公司留存利润。现在，将公司过去十年的留存盈余加起来。接下来，算一算，公司目前的总市值与十年前的总市值之差。如果公司没有有效地使用留存盈利，市场最终会给出一个更低的标价。如果公司市值的上升少于公司留存的利润，说明公司倒退了。如果公司能善用留存利润，获得超出平均水平的回报，那么公司市值的上升将会多于留存的利润总额。这样，每一美元的留存就创造出了多于一美元的市值。

市场准则

什么是企业的价值

企业的价值是它预期未来生命存续期内产生的现金流，在一个合理利率上的折现。一个企业的现金流是公司的股东盈余。通过长期的测量，你会明白它们是长期稳定的增长，还是仅仅围绕一个数值上下波动。

如果一个公司的盈利是上下波动的，就用长期利率去折现这些利润。如果股东盈余显示一个可预期的增长率，就用增长率作为折现率。如果对于公司长期未来的增长过于乐观，使用保守的估计比过于热情的膨胀估值更有利。巴菲特使用美国政府长期国债的利率作为折现率，他不会在上面再加上风险溢价，但如果利率下调，他会提高折现率。

相对于企业的价值，能否以折扣价格购买到

一旦你确定了企业的价值，下一步就看看市场价格。巴菲特的标准是，用比价值低得多的价格买到。注意：只有在这最后一步，巴菲特才看股市行情。

巴菲特投资方法 12 准则

企业准则

企业是否简单易懂？

企业是否有持续稳定的经营历史？

企业是否有良好的长期前景？

管理准则

管理层是否理性？

管理层对股东是否坦诚？

管理层能否抗拒惯性驱使？

财务准则

重视净资产收益率，而不是每股盈利。

计算真正的"股东盈余"。

寻找具有高利润率的企业。

每一美元的留存利润，至少创造一美元的市值。

市场准则

必须确定企业的市场价值。

相对于企业的市场价值，能否以折扣价格购买到？

　　计算一个企业的价值在数学上并不复杂。但是，错误地分析公司未来的现金流却会有大麻烦。对此，巴菲特有两个方法应对：首先，他通过选择那些业务简单易懂、特点稳定的企业，以提高他的预测的准确性；其次，他坚持每一个投资的对象，都具有安全边际，就是买价低于其内在价值。这个安全边际创造了一个提供保护的缓冲，以应对公司未来现金流的变数。

　　现在，你已经是一家企业的主人，而不再是一个炒股者，你已经做好理论上的准备，将组合从一只股票扩张到几只。由于你不再用股价的变化或年度变化来衡量你的成绩，你现在有了挑选最佳企业的自由。没有什么法规，规定你必须挑选每一个行业进入你的组合，没有谁强制你必须挑选40、50、60或100只股票以达到所谓的"多元化"。

　　对于"多元化能降低风险"的说法，巴菲特相信，只有那些不了解自己在做什么的人，才需要广泛的多元化。如果他们对于自己的持股一无所知，他们的确应该购买很多只股票，且分不同的时间买进。换言之，这种人应该投资指数基金，或使用成本均摊法投资。投资指数基金没什么不好意思的，实际上，巴菲特指出，指数基金比绝大多数职业投资人干得更好。他说："实际上，当'傻钱'意识到自己的能力圈范围时，它便不再是'傻钱'。"[12]

　　巴菲特指出："在另一方面，如果你不是那种一无所知的投资者，那么，研究一些企业，发现五到十家拥有长期竞争力、价格合理的公司足矣，传统的所谓的多元化理论对你而言，毫无意义。"[13]巴菲特令你思考一个问题：如果你当下拥有的最好的企业，具有最低的财务风险、最优的长期前景，为何你还要投资在其他排名其后的公司，而不投资在最佳的选择上呢？

现在，重新回到你理论上的投资组合，现在已经不是一只股票了。你可以计算它们的投资盈余，就像巴菲特一样。将每股利润乘以你所持有的股数，算一下总体的盈利水平。作为企业的主人，巴菲特解释说，其目标是十年或更久之后，让旗下的企业产生最佳的透视盈余。

由于透视盈余的增长成为首要的考虑因素，而不是股价，很多事情开始变化。首先，你不太可能因为股价上涨的蝇头小利而出售你最好的企业。讽刺的是，公司管理层在他们专注于公司运营时是懂得这个道理的，巴菲特解释："一家拥有前景超级棒的下属公司的母公司，是不可能卖掉它优秀的全资子公司的，无论什么价格。"[14] 一个想提升企业价值的 CEO 是不会卖掉皇冠上的钻石的，同样他也不会卖掉投资组合中最好的股票，仅仅因为想立刻变现。"在我们看来，在处理企业层面合理的方式，在股票上同样合理。一个投资者即便只持有一家杰出公司的一小部分股票，也应该像拥有全部股份的企业主一样具有坚韧的精神。"[15]

现在，考虑管理你的组合，不仅是避免卖掉你最好的企业，还要考虑认真挑选更多的新投资。在这个过程中，不要仅仅因为拥有多余的现金，就随便出手。如果预选对象没有通过你的准则测试，不要出手，耐心等待机会的出现。不出手，不代表你停止工作和思考。巴菲特认为，一个人在一生中很难做出数以百计的正确决策，只要做出为数不多的智慧决策就已经足够了。

发现你自己的道路

乔治·约翰逊在他的书《心中的火焰》中写道："在现实和虚幻之间，每个人的内心深处都想发现一种模式，以整合无序的世界。"[16] 这揭示了所有投资者都面临的两难处境。约翰逊相信：心灵渴望找到模式，模式能帮助我们得到有序，让我们去规划和使用好自己已有的资源。

我们知道巴菲特一直在不断地寻找模式，在分析企业时，他知道这些企业的经营模式能揭示未来股价的模式。股价虽然不会跟随企业的每一次变化而做出及时的反应，但是假以时日，股价的变化模式终将与企业基本面的变化模式相一致。

太多的投资人在错误的地方寻找模式，他们固执地认为一定有可以预测短期股价涨跌的模式存在，但他们错了，预测股市变化的模式根本不存在，一模一样的模式不会重复出现。但仍有人乐此不疲。

在没有预测模式的情况下，投资人该如何做呢？答案是在合适的地方寻找合适的层面。尽管整个经济、整个市场太复杂、太大，难以预测，但在公司层面寻找可预测的模式还是有迹可循的。在每一个公司里，都存在着运营模式、管理模式和财务模式。

如果你仔细研究这些模式，在绝大多数情况下，你会对于公司的未来得出合理的预期。巴菲特专注于这些模式，而不关心股市中数以百万计的股民的无法预测的行为模式。他说："我发现，分析公司的基本面比分析市场的人心要容易得多。"[17]

　　有一点是可以肯定的，知识性的工作能提升投资回报和降低风险。我们发现，知识可以用于区分投资和投机。最终，你对一家公司了解得越多，思想和行为中的纯粹的投机因素就越少。

　　财经作家罗恩·切尔诺夫说："金融体系是整个社会价值的反映。"[18] 我认为这非常正确。长久以来，因为人们的价值观出了问题，所以股市屈从于投机的力量。久而久之，人们改变了自己，在财务道路上陷入灾难性的陋习。摆脱这种恶性循环的唯一方法就是教育自己哪些是可行的，哪些是不可行的。

　　巴菲特在过去有过失误，毫无疑问，在未来依然有可能还会失误。但是投资成功不意味着没有失误，它来自正确多于错误。《巴菲特之道》这本书也不例外，它告诉你如何减少那些困扰了很多人的错误的行为，例如预测市场、经济、股价等，它也告诉你如何抓住正确的应该做的一些简单的事情，例如企业估值。巴菲特投资时，仅考虑两个变量：企业的价格和价值。企业的价格可以在行情中查到，决定价值需要进行一些计算，但这些计算并不复杂，只要愿意，谁都可以做得到。

　　因为你不再担心股市、经济大势或预测股价，现在你可以花更多时间了解你的企业。花越多时间阅读公司年报和行业的相关报道，你越会变成企业主一样的行业专家。实际上，你自己花在调查研究上的时间越多，对于股评家的依赖就越少，从而减少不理性的行为。

　　最终，最好的投资来源于你自己的发现。然而，你不用感到恐惧，《巴菲特之道》这本书非常通俗易懂，你无须拥有商学院

MBA 的学位就能知道如何使用它。如果你仍然不知道如何使用其中提到的一些投资准则，可以咨询你的投资顾问。实际上，当你开始越来越多地了解价格和价值的时候，就会越来越多地理解和受益于《巴菲特之道》这本书。

在巴菲特的职业生涯中，他尝试了不同的投资方法，年轻时，他画过股票 K 线图；他受教于金融界最伟大的导师——本杰明·格雷厄姆，学会了证券分析；他很早受益于菲利普·费雪的投资策略；他有幸与查理·芒格成为合作伙伴，将其所学付诸实施。在其 60 年的职业生涯中，遇到过无数的经济灾难、政治变动、军事变动等挑战，历经了这些纷乱，他发现了自己人生的一方天地，在那里投资策略与人性相一致。他说："我们的态度就是，让我们的个性与我们希望的生活方式相一致。"[19]

在巴菲特的态度中，很容易发现这种和谐，他总是乐观、稳健，每一天都神采奕奕地去上班。他说："我拥有我想要的生活，我热爱每一天。我的意思是，我每天都跳着舞去上班，与那些我喜欢的人一起工作。"[20]他继续说道："这世界上没有什么比我在伯克希尔工作更有乐趣，很幸运我在这里。"[21]

| 附录 A |

表 A-1　伯克希尔 – 哈撒韦 1977 年普通股组合

（金额单位：1000 美元）

股　　数	公　　司	成　　本	市　　值
934 300	华盛顿邮报	10 628	33 401
1 969 953	盖可保险可转换优先股	19 417	33 033
592 650	埃培智集团	4 531	17 187
220 000	大都会	10 909	13 228
1 294 308	普通股	4 116	10 516
324 580	凯撒铝业化学公司	11 218	9 981
226 900	奈特·里德报	7 534	8 736
170 800	奥美国际	2 762	6 960
1 305 800	凯撒实业	778	6 039
	合计	71 893	139 081
	其他普通股	34 996	41 992
	总计	106 889	181 073

资料来源：Berkshire Hathaway 1977 Annual Report.

表 A-2　伯克希尔 – 哈撒韦 1978 年普通股组合

（金额单位：1000 美元）

股　　数	公　　司	成　　本	市　　值
934 000	华盛顿邮报	10 628	43 445
1 986 953	盖可保险可转换优先股	19 417	28 314
953 750	SAFECO 公司	23 867	26 467
592 650	埃培智集团	4 531	19 039
1 066 934	凯撒铝业化学公司	18 085	18 671
453 800	奈特·里德报	7 534	10 267
1 294 308	盖可保险普通股	4 116	9 060
246 450	美国广播公司	6 082	8 626
	合计	94 260	163 889
	其他普通股	39 506	57 040
	总计	133 766	220 929

资料来源：Berkshire Hathaway 1978 Annual Report.

表 A-3　伯克希尔 – 哈撒韦 1979 年普通股组合

（金额单位：1000 美元）

股　数	公　司	成　本	市　值
5 730 114	盖可保险普通股	28 288	68 045
1 868 000	华盛顿邮报	10 628	39 241
1 007 500	哈迪哈曼公司	21 825	38 537
953 750	SAFECO 公司	23 867	35 527
711 180	埃培智集团	4 531	23 736
1 211 834	凯撒铝业化学公司	20 629	23 328
771 900	FW 伍尔沃斯公司	15 515	19 394
328 700	通用食品	11 437	11 053
246 450	美国广播公司	6 082	9 673
289 700	联合出版	2 821	8 800
391 400	奥美国际	3 709	7 828
282 500	通用媒体	4 545	7 345
112 545	阿美拉达赫斯	2 861	5 487
	合计	156 738	297 994
	其他普通股	28 675	36 686
	总计	185 413	334 680

资料来源：Berkshire Hathaway 1979 Annual Report.

表 A-4　伯克希尔 – 哈撒韦 1980 年普通股组合

（金额单位：1000 美元）

股　数	公　司	成　本	市　值
7 200 000	盖可保险	47 138	105 300
1 983 812	通用食品	62 507	59 889
2 015 000	哈迪哈曼公司	21 825	58 435
1 250 525	SAFECO 公司	32 063	45 177
1 868 600	华盛顿邮报	10 628	42 277
464 317	美国铝业	25 577	27 685
1 211 834	凯撒铝业化学公司	20 629	27 569
711 180	埃培智集团	4 531	22 135
667 124	FW 伍尔沃斯公司	13 583	16 511
370 088	平克顿公司	12 144	16 489
475 217	克利夫兰 – 克利夫斯钢铁公司	12 942	15 894

（续）

股　　数	公　　司	成　　本	市　　值
434 550	联合出版	2 821	12 222
245 700	R. J. 雷诺实业	8 702	11 228
391 400	奥美国际	3 709	9 981
282 500	通用媒体	4 545	8 334
247 039	国民底特律公司	5 930	6 299
151 104	时代镜报公司	4 447	6 271
881 500	国民学生市场公司	5 128	5 895
	合计	298 848	497 591
	其他普通股	26 313	32 096
	总计	325 161	529 687

资料来源：Berkshire Hathaway 1980 Annual Report.

表 A-5　伯克希尔－哈撒韦 1981 年普通股组合

（金额单位：1000 美元）

股　　数	公　　司	成　　本	市　　值
7 200 000	盖可保险	47 138	199 800
1 764 824	R. J. 雷诺实业	76 668	83 127
2 101 244	通用食品	66 277	66 714
1 868 600	华盛顿邮报	10 628	58 160
2 015 000	哈迪哈曼公司	21 825	36 270
785 225	SAFECO 公司	21 329	31 016
711 180	埃培智集团	4 531	23 202
370 088	平克顿公司	12 144	19 675
703 634	美国铝业	19 359	18 031
420 441	阿克塔公司	14 076	15 136
475 217	克利夫兰·克利夫斯钢铁公司	12 942	14 362
451 650	联合出版	3 297	14 362
441 522	GATX 公司	17 147	13 466
391 400	奥美国际	3 709	12 329
282 500	通用媒体	4 545	11 088
	合计	335 615	616 490
	其他普通股	16 131	22 739
	总计	351 746	639 229

资料来源：Berkshire Hathaway 1981 Annual Report.

表 A-6   伯克希尔 – 哈撒韦 1982 年普通股组合

（金额单位：1000 美元）

股　　数	公　　司	成　　本	市　　值
7 200 000	盖可保险	47 138	309 600
3 107 675	R. J. 雷诺实业	142 343	158 715
1 868 600	华盛顿邮报	10 628	103 240
2 101 244	通用食品	66 277	83 680
1 531 391	时代公司	45 273	79 824
908 800	克拉姆·福斯特公司	47 144	48 962
2 379 200	哈迪哈曼公司	27 318	46 692
711 180	埃培智集团	4 531	34 314
460 650	联合出版	3 516	16 929
391 400	奥美国际	3 709	17 319
282 500	通用媒体	4 545	12 289
	合计	402 422	911 564
	其他普通股	21 611	34 058
	总计	424 033	945 622

资料来源：Berkshire Hathaway 1982 Annual Report.

表 A-7   伯克希尔 – 哈撒韦 1983 年普通股组合

（金额单位：1000 美元）

股　　数	公　　司	成　　本	市　　值
6 850 000	盖可保险	47 138	398 156
5 618 661	R. J. 雷诺实业	268 918	314 334
4 451 544	通用食品	163 786	228 698
1 868 600	华盛顿邮报	10 628	136 875
901 788	时代公司	27 732	56 860
2 379 200	哈迪哈曼公司	27 318	42 231
636 310	埃培智集团	4 056	33 088
690 975	联合出版	3 516	26 603
250 400	奥美国际	2 580	12 833
197 200	通用媒体	3 191	11 191
	合计	558 863	1 260 869
	其他普通股	7 485	18 044
	总计	566 348	1 278 913

资料来源：Berkshire Hathaway 1983 Annual Report.

表 A-8　伯克希尔 – 哈撒韦 1984 年普通股组合

（金额单位：1000 美元）

股　　数	公　　司	成　　本	市　　值
6 850 000	盖可保险	47 138	397 300
4 047 191	通用食品	149 870	226 137
3 895 710	埃克森公司	173 401	175 307
1 868 600	华盛顿邮报	10 628	149 955
2 553 488	时代公司	89 237	109 162
740 400	美国广播公司	44 416	46 738
2 379 200	哈迪哈曼公司	27 318	38 662
690 975	联合出版	3 516	32 908
818 872	埃培智集团	2 570	28 149
555 949	西北实业	26 581	27 242
	合计	573 340	1 231 560
	其他普通股	11 634	37 326
	总计	584 974	1 268 886

资料来源：Berkshire Hathaway 1984 Annual Report.

表 A-9　伯克希尔 – 哈撒韦 1985 年普通股组合

（金额单位：1000 美元）

股　　数	公　　司	成　　本	市　　值
6 850 000	盖可保险	45 713	595 950
1 727 765	华盛顿邮报	9 731	205 172
900 800	美国广播公司	54 435	108 997
2 350 922	比阿特丽斯公司	106 811	108 142
1 036 461	联合出版	3 516	55 710
2 553 488	时代公司	20 385	52 669
2 379 200	哈迪哈曼公司	27 318	43 718
	合计	267 909	1 170 358
	其他普通股	7 201	27 963
	总计	275 110	1 198 321

资料来源：Berkshire Hathaway 1985 Annual Report.

表 A-10　伯克希尔 – 哈撒韦 1986 年普通股组合

（金额单位：1000 美元）

股　数	公　司	成　本	市　值
2 990 000	大都会 / 美国广播公司	515 775	801 694
6 850 000	盖可保险	45 713	674 725
1 727 765	华盛顿邮报	9 731	269 531
2 379 200	哈迪哈曼公司	27 318	46 989
489 300	利尔·西格勒公司	44 064	44 587
	合计	642 601	1 837 526
	其他普通股	12 763	36 507
	总计	655 364	1 874 033

资料来源：Berkshire Hathaway 1986 Annual Report.

表 A-11　伯克希尔 – 哈撒韦 1987 年普通股组合

（金额单位：1000 美元）

股　数	公　司	成　本	市　值
3 000 000	大都会 / 美国广播公司	517 500	1 035 000
6 850 000	盖可保险	45 713	756 925
1 727 765	华盛顿邮报	9 731	323 092
	总计	572 944	2 115 017

资料来源：Berkshire Hathaway 1987 Annual Report.

表 A-12　伯克希尔 – 哈撒韦 1988 年普通股组合

（金额单位：1000 美元）

股　数	公　司	成　本	市　值
3 000 000	大都会 / 美国广播公司	517 500	1 086 750
6 850 000	盖可保险	45 713	849 400
14 172 500	可口可乐	592 540	632 448
1 727 765	华盛顿邮报	9 731	364 126
2 400 000	联邦住房贷款抵押公司	71 729	121 200
	总计	1 237 213	3 053 924

资料来源：Berkshire Hathaway 1988 Annual Report.

表 A-13　伯克希尔 – 哈撒韦 1989 年普通股组合

（金额单位：1000 美元）

股　　数	公　　司	成　　本	市　　值
23 350 000	可口可乐	1 023 920	1 803 787
3 000 000	大都会 / 美国广播公司	517 500	1 692 375
6 850 000	盖可保险	45 713	1 044 625
1 727 765	华盛顿邮报	9 731	486 366
2 400 000	联邦住房贷款抵押公司	71 729	161 100
	总计	1 668 593	5 188 253

资料来源：Berkshire Hathaway 1989 Annual Report.

表 A-14　伯克希尔 – 哈撒韦 1990 年普通股组合

（金额单位：1000 美元）

股　　数	公　　司	成　　本	市　　值
46 700 000	可口可乐	1 023 920	2 171 550
3 000 000	大都会 / 美国广播公司	517 500	1 377 375
6 850 000	盖可保险	45 713	1 110 556
1 727 765	华盛顿邮报	9 731	342 097
2 400 000	联邦住房贷款抵押公司	71 729	117 000
	总计	1 958 024	5 407 953

资料来源：Berkshire Hathaway 1990 Annual Report.

表 A-15　伯克希尔 – 哈撒韦 1991 年普通股组合

（金额单位：1000 美元）

股　　数	公　　司	成　　本	市　　值
46 700 000	可口可乐	1 023 920	3 747 675
6 850 000	盖可保险	45 713	1 363 150
24 000 000	吉列公司	600 000	1 347 000
3 000 000	大都会 / 美国广播公司	517 500	1 300 500
2 495 200	联邦住房贷款抵押公司	77 245	343 090
1 727 765	华盛顿邮报	9 731	336 050
31 247 000	吉尼斯	264 782	296 755
5 000 000	富国银行	289 431	290 000
	总计	2 828 322	9 024 220

资料来源：Berkshire Hathaway 1991 Annual Report.

表 A-16　伯克希尔 – 哈撒韦 1992 年普通股组合

（金额单位：1000 美元）

股　数	公司	成　本	市　值
93 400 000	可口可乐	1 023 920	3 911 125
34 250 000	盖可保险	45 713	2 226 250
3 000 000	大都会 / 美国广播公司	517 500	1 523 500
24 000 000	吉列公司	600 000	1 365 000
16 196 700	联邦住房贷款抵押公司	414 527	783 515
6 358 418	富国银行	380 983	485 624
4 350 000	通用动力	312 438	450 769
1 727 765	华盛顿邮报	9 731	396 954
38 335 000	吉尼斯	333 019	299 581
	总计	3 637 831	11 442 318

资料来源：Berkshire Hathaway 1992 Annual Report.

表 A-17　伯克希尔 – 哈撒韦 1993 年普通股组合

（金额单位：1000 美元）

股　数	公司	成　本	市　值
93 400 000	可口可乐	1 023 920	4 167 975
34 250 000	盖可保险	45 713	1 759 594
24 000 000	吉列公司	600 000	1 431 000
2 000 000	大都会 / 美国广播公司	345 000	1 239 000
6 791 218	富国银行	423 680	878 614
13 654 600	联邦住房贷款抵押公司	307 505	681 023
1 727 765	华盛顿邮报	9 731	440 148
4 350 000	通用动力	94 938	401 287
38 335 000	吉尼斯	333 019	270 822
	总计	3 183 506	11 269 463

资料来源：Berkshire Hathaway 1993 Annual Report.

表 A-18　伯克希尔 – 哈撒韦 1994 年普通股组合

（金额单位：1000 美元）

股　　数	公　　司	成　　本	市　　值
93 400 000	可口可乐	1 023 920	5 150 000
24 000 000	吉列公司	600 000	1 797 000
20 000 000	大都会 / 美国广播公司	345 000	1 705 000
34 250 000	盖可保险	45 713	1 678 250
6 791 218	富国银行	423 680	984 272
27 759 941	美国运通	723 919	818 918
13 654 600	联邦住房贷款抵押公司	270 468	644 441
1 727 765	华盛顿邮报	9 731	418 983
19 453 300	PNC 银行	503 046	410 951
6 854 500	甘尼特公司	335 216	365 002
	总计	4 280 693	13 972 817

资料来源：Berkshire Hathaway 1994 Annual Report.

表 A-19　伯克希尔 – 哈撒韦 1995 年普通股组合

（金额单位：100 万美元）

股　　数	公　　司	成　　本	市　　值
49 456 900	美国运通	1 392.70	2 046.30
20 000 000	大都会 / 美国广播公司	345.00	2 467.50
100 000 000	可口可乐	1 298.90	7 425.00
12 502 500	联邦住房贷款抵押公司	260.10	1 044.00
34 250 000	盖可保险	45.70	2 393.20
48 000 000	吉列公司	600.00	2 502.00
6 791 218	富国银行	423.70	1 466.90
	总计	4 366.10	19 344.90

资料来源：Berkshire Hathaway 1995 Annual Report.

表 A-20　伯克希尔 – 哈撒韦 1996 年普通股组合

（金额单位：100 万美元）

股　　数	公　　司	成　　本	市　　值
49 456 900	美国运通	1 392.70	2 794.30
200 000 000	可口可乐	1 298.90	10 525.00
24 614 214	迪士尼公司	577.00	1 716.80
64 246 000	联邦住房贷款抵押公司	333.40	1 772.80

（续）

股　　数	公　　司	成　　本	市　　值
48 000 000	吉列公司	600.00	3 732.00
30 156 600	麦当劳	1 265.30	1 368.40
1 727 765	华盛顿邮报	10.60	579.00
7 291 418	富国银行	497.80	1 966.90
	总计	5 975.70	24 455.20

资料来源：Berkshire Hathaway 1996 Annual Report.

表 A-21　伯克希尔 – 哈撒韦 1997 年普通股组合

（金额单位：100 万美元）

股　　数	公　　司	成　　本	市　　值
49 456 900	美国运通	1 392.70	4 414.00
200 000 000	可口可乐	1 298.90	13 337.50
21 563 414	迪士尼公司	381.20	2 134.80
63 977 600	房地美	329.40	2 683.10
48 000 000	吉列公司	600.00	4 821.00
23 733 198	旅行家集团	604.40	1 278.60
1 727 765	华盛顿邮报	10.60	840.60
6 690 218	富国银行	412.60	2 270.90
	总计	5 029.80	31 780.50

资料来源：Berkshire Hathaway 1997 Annual Report.

表 A-22　伯克希尔 – 哈撒韦 1998 年普通股组合

（金额单位：100 万美元）

股　　数	公　　司	成　　本[1]	市　　值
50 536 900	美国运通	1 470	5 180
200 000 000	可口可乐	1 299	13 400
51 202 242	迪士尼公司	281	1 536
60 298 000	房地美	308	3 885
96 000 000	吉列公司	600	4 590
1 727 765	华盛顿邮报	11	999
63 595 180	富国银行	392	2 540
	其他普通股	2 683	5 135
	总计	7 044	37 265

①此为课税基础成本，总计比公认会计准则少 15 亿美元。

资料来源：Berkshire Hathaway Annual Report, 1998.

表 A-23 伯克希尔 – 哈撒韦 1999 年普通股组合

（金额单位：100 万美元）

股　　数	公　　司	成　　本①	市　　值
50 536 900	美国运通	1 470	8 402
200 000 000	可口可乐	1 299	11 650
59 559 300	迪士尼公司	281	1 536
60 298 000	房地美	294	2 803
96 000 000	吉列公司	600	3 954
1 727 765	华盛顿邮报	11	960
59 136 680	富国银行	349	2 391
	其他普通股	4 180	6 848
	总计	8 203	37 008

①此为课税基础成本，总计比公认会计准则少 6.91 亿美元。

资料来源：Berkshire Hathaway Annual Report, 1999.

表 A-24 伯克希尔 – 哈撒韦 2000 年普通股组合

（金额单位：100 万美元）

股　　数	公　　司	成　　本	市　　值
151 610 700	美国运通	1 470	8 329
200 000 000	可口可乐	1 299	12 188
96 000 000	吉列公司	600	3 468
1 727 765	华盛顿邮报	11	1 066
55 071 380	富国银行	319	3 067
	其他普通股	6 703	9 501
	总计	10 402	37 619

资料来源：Berkshire Hathaway Annual Report, 2000.

表 A-25 伯克希尔 – 哈撒韦 2001 年普通股组合

（金额单位：100 万美元）

股　　数	公　　司	成　　本	市　　值
151 610 700	美国运通	1 470	5 410
200 000 000	可口可乐	1 299	9 430
96 000 000	吉列公司	600	3 206
15 999 200	H&R 布洛克公司	255	715
24 000 000	穆迪公司	499	957
1 727 765	华盛顿邮报	11	916

（续）

股　数	公　司	成　本	市　值
53 265 080	富国银行	306	2 315
	其他普通股	4 103	5 726
	总计	8 543	28 675

资料来源：Berkshire Hathaway Annual Report, 2001.

表 A-26　伯克希尔－哈撒韦 2002 年普通股组合

（金额单位：100 万美元）

股　数	公　司	成　本	市　值
151 610 700	美国运通	1 470	5 359
200 000 000	可口可乐	1 299	8 768
15 999 200	H&R 布洛克公司	255	643
24 000 000	穆迪公司	499	991
1 727 765	华盛顿邮报	11	1 275
53 265 080	富国银行	306	2 497
	其他普通股	4 621	5 383
	总计	9 146	28 363

资料来源：Berkshire Hathaway Annual Report, 2002.

表 A-27　伯克希尔－哈撒韦 2003 年普通股组合

（金额单位：100 万美元）

股　数	公　司	成　本	市　值
151 610 700	美国运通	1 470	7 312
200 000 000	可口可乐	1 299	10 150
96 000 000	吉列公司	600	3 526
14 610 900	H&R 布洛克公司	227	809
15 476 500	HCA 公司	492	665
6 708 760	M&T 银行	103	659
24 000 000	穆迪公司	499	1 453
2 338 961 000	中石油	488	1 340
1 727 765	华盛顿邮报	11	1 367
56 448 380	富国银行	463	3 324
	其他普通股	2 863	4 682
	总计	8 515	35 287

资料来源：Berkshire Hathaway Annual Report, 2003.

表 A-28　伯克希尔－哈撒韦 2004 年普通股组合

（金额单位：100 万美元）

股　　数	公　　司	成　　本	市　　值
151 610 700	美国运通	1 470	8 546
200 000 000	可口可乐	1 299	8 328
96 000 000	吉列公司	600	4 299
14 350 600	H&R 布洛克公司	233	703
6 708 760	M&T 银行	103	723
24 000 000	穆迪公司	499	2 084
2 338 961 000	中石油	488	1 249
1 727 765	华盛顿邮报	11	1 698
56 448 380	富国银行	463	3 508
1 724 200	白山保险	369	1 114
	其他普通股	3 351	5 465
	总计	9 056	37 717

资料来源：Berkshire Hathaway Annual Report, 2004.

表 A-29　伯克希尔－哈撒韦 2005 年普通股组合

（金额单位：100 万美元）

股　　数	公　　司	成　　本	市　　值
151 610 700	美国运通	1 287	7 802
30 322 137	Ameriprise 金融公司	183	1 243
43 854 200	安海斯·布希公司	2 133	1 844
200 000 000	可口可乐	1 299	8 062
6 708 760	M&T 银行	103	732
48 000 000	穆迪公司	499	2 084
2 338 961 000	中石油	488	1 915
100 000 000	宝洁公司	940	5 788
19 944 300	沃尔玛	944	933
1 727 765	华盛顿邮报	11	1 322
95 092 200	富国银行	2 754	5 975
1 724 200	白山保险	369	963
	其他普通股	4 937	7 154
	总计	15 947	46 721

资料来源：Berkshire Hathaway Annual Report, 2005.

表 A-30　伯克希尔 – 哈撒韦 2006 年普通股组合

（金额单位：100 万美元）

股　数	公　司	成　本	市　值
151 610 700	美国运通	1 287	9 198
36 417 400	安海斯·布希公司	1 761	1 792
200 000 000	可口可乐	1 299	9 650
17 938 100	康菲石油	1 066	1 291
21 334 900	强生	1 250	1 409
6 708 760	M&T 银行	103	820
48 000 000	穆迪公司	499	3 315
2 338 961 000	中石油	488	3 313
3 486 006	浦项制铁	572	1 158
100 000 000	宝洁公司	940	6 427
299 707 000	特易购	1 340	1 820
31 033 800	美国合众银行	969	1 123
17 072 192	USG 公司	536	936
19 944 300	沃尔玛	942	921
1 727 765	华盛顿邮报	11	1 288
218 169 300	富国银行	3 697	7 758
1 724 200	白山保险	369	999
	其他普通股	5 866	8 315
	总计	22 995	61 533

资料来源：Berkshire Hathaway Annual Report, 2006.

表 A-31　伯克希尔 – 哈撒韦 2007 年普通股组合

（金额单位：100 万美元）

股　数	公　司	成　本	市　值
151 610 700	美国运通	1 287	7 887
35 563 200	安海斯·布希公司	1 718	1 861
60 828 818	伯灵顿北方圣达菲	4 731	5 063
200 000 000	可口可乐	1 299	12 274
17 508 700	康菲石油	1 039	1 546
64 271 948	强生	3 943	4 287
124 393 800	卡夫食品	4 152	4 059
48 000 000	穆迪公司	499	1 714

（续）

股　　数	公　　司	成　　本	市　　值
3 486 006	浦项制铁	572	2 136
101 472 000	宝洁公司	1 030	7 450
17 170 953	赛诺菲·安万特	1 466	1 575
227 307 000	特易购	1 326	2 156
75 176 026	美国合众银行	2 417	2 386
17 072 192	USG 公司	536	611
19 944 300	沃尔玛	942	948
1 727 765	华盛顿邮报	11	1 367
303 407 068	富国银行	6 677	9 160
1 724 200	白山保险	369	886
	其他普通股	5 238	7 633
	总计	39 252	74 999

资料来源：Berkshire Hathaway Annual Report, 2007.

表 A-32　伯克希尔 – 哈撒韦 2008 年普通股组合

（金额单位：100 万美元）

股　　数	公　　司	成　　本	市　　值
151 610 700	美国运通	1 287	2 812
200 000 000	可口可乐	1 299	9 054
84 896 273	康菲石油	7 008	4 398
30 009 591	强生	1 847	1 795
130 272 500	卡夫食品	4 330	3 498
3 947 554	浦项制铁	768	1 191
91 941 010	宝洁公司	643	5 684
22 111 966	赛诺菲·安万特	1 827	1 404
11 262 000	瑞士再保险	733	530
227 307 000	特易购	1 326	1 193
75 145 426	美国合众银行	2 337	1 879
19 944 300	沃尔玛	942	1 118
1 727 765	华盛顿邮报	11	674
304 392 068	富国银行	6 702	8 973
	其他普通股	6 035	4 870
	总计	37 135	49 073

资料来源：Berkshire Hathaway Annual Report, 2008.

表 A-33　伯克希尔 - 哈撒韦 2009 年普通股组合

（金额单位：100 万美元）

股　数	公　司	成　本	市　值
151 610 700	美国运通	1 287	6 143
225 000 000	比亚迪	232	1 986
200 000 000	可口可乐	1 299	11 400
37 711 330	康菲石油	2 741	1 926
28 530 467	强生	1 724	1 838
130 272 500	卡夫食品	4 330	3 541
3 947 554	浦项制铁	768	2 092
83 128 411	宝洁公司	533	5 040
25 108 967	赛诺菲·安万特	2 027	1 979
234 247 373	特易购	1 367	1 620
76 633 426	美国合众银行	2 371	1 725
39 037 142	沃尔玛	1 893	2 087
334 235 585	富国银行	7 394	9 021
	其他普通股	6 680	8 636
	总计	34 646	59 034

资料来源：Berkshire Hathaway Annual Report, 2009.

表 A-34　伯克希尔 - 哈撒韦 2010 年普通股组合

（金额单位：100 万美元）

股　数	公　司	成　本	市　值
151 610 700	美国运通	1 287	6 507
225 000 000	比亚迪	232	1 182
200 000 000	可口可乐	1 299	13 154
29 109 637	康菲石油	2 028	1 982
45 022 563	强生	2 749	2 785
97 214 684	卡夫食品	3 207	3 063
19 259 600	慕尼黑再保险	2 896	2 924
3 947 554	浦项制铁	768	1 706
72 391 036	宝洁公司	464	4 657
25 848 838	赛诺菲·安万特	2 060	1 656
242 163 773	特易购	1 414	1 608
78 060 769	美国合众银行	2 401	2 105
39 037 142	沃尔玛	1 893	2 105
358 936 125	富国银行	8 015	11 123
	其他普通股	3 020	4 956
	总计	33 733	61 513

资料来源：Berkshire Hathaway Annual Report, 2010.

表 A-35　伯克希尔－哈撒韦 2011 年普通股组合

（金额单位：100 万美元）

股　　数	公　　司	成　　本	市　　值
151 610 700	美国运通	1 287	7 151
200 000 000	可口可乐	1 299	13 994
29 100 937	康菲石油	2 027	2 121
63 905 931	IBM	10 856	11 751
31 416 127	强生	1 880	2 060
79 034 713	卡夫食品	2 589	2 953
20 060 390	慕尼黑再保险	2 990	2 464
3 947 555	浦项制铁	768	1 301
72 391 036	宝洁公司	464	4 829
25 848 838	赛诺菲	2 055	1 900
291 577 428	特易购	1 719	1 827
78 060 769	美国合众银行	2 401	2 112
39 037 142	沃尔玛	1 893	2 333
400 015 828	富国银行	9 086	11 024
	其他普通股	6 895	9 171
	总计	48 209	76 991

资料来源：Berkshire Hathaway Annual Report, 2011.

表 A-36　伯克希尔－哈撒韦 2012 年普通股组合

（金额单位：100 万美元）

股　　数	公　　司	成　　本	市　　值
151 610 700	美国运通	1 287	8 715
400 000 000	可口可乐	1 299	14 500
24 123 911	康菲石油	1 219	1 399
22 999 600	电视直销	1 057	1 154
68 115 484	IBM	11 680	13 048
28 415 250	穆迪公司	287	1 430
20 060 390	慕尼黑再保险	2 990	3 599
20 668 118	菲利普斯 66	660	1 097
3 947 555	浦项制铁	768	1 295
52 477 678	宝洁公司	336	3 563
25 848 838	赛诺菲	2 073	2 438
415 510 889	特易购	2 350	2 268
78 060 769	美国合众银行	2 401	2 493
54 823 433	沃尔玛	2 837	3 741
456 170 061	富国银行	10 906	15 592
	其他普通股	7 646	11 330
	总计	49 796	87 662

资料来源：Berkshire Hathaway Annual Report, 2012.

致　　谢

正如我在很多场合说过的那样，《巴菲特之道》一书的成功首先是沃伦·巴菲特的成功，他的机敏、正直和智慧点燃了全球数以百万计投资者心中的火焰。巴菲特是有史以来最伟大的投资家，也是今天投资界最广受欢迎的榜样。

首先，我要感谢巴菲特的教导，并感谢他允许我使用其版权。这使得本书的读者将非常幸运地直接读到他的话语，而不是转述。我还要感谢黛比·波萨纳科，在百忙之中依然以热忱的态度与我保持良好的沟通。

我也要感谢查理·芒格，感谢他在投资研究方面贡献的智慧。他的关于误判心理学和心智模式格栅理论值非常重要，值得每一个投资者深入探寻。对于他的感谢包括其深邃的思想以及热情的鼓励。

我对于卡罗尔·卢米斯同样怀有深深的谢意。在巴菲特开始他投资合伙企业生涯的两年之前，卡罗尔开始了她《财富》杂志研究助理的职业，如今她已是《财富》杂志的资深特约编辑，《纽约时报》畅销书作家，也是美国最了不起的记者之一。正如你们很多人所熟知的，她自1977年起就协助编辑《伯克希尔年报》。卡罗尔对我早期的鼓励让我无以言表。

我也想特别感谢安迪·基尔帕特里克，他是《永恒价值：巴菲特的故事》一书的作者。每当我发现历史故事错误或模糊时，便去翻阅他的书。如果我需要更进一步的帮助，就会打电话给安迪，他总是能迅速地给我所要寻找的答案。安迪是一位绅士，我认为他应该是伯克希尔的官方历史学家。

如果你在伯克希尔这个社区圈子里待上30年，会有很多独特的机会接触到数以千计的论述、信件、电子邮件，它们会向你多角度展示伯克希尔的信仰，无一不令人愉悦受益。每当我想起这些，我对于很多人都心怀感念，他们有查克·艾克、杰克·博格尔、大卫·布雷弗曼、杰米·克拉克、鲍勃·科尔曼、拉里·坎宁安、克里斯·戴维斯、帕特·多尔西、查尔斯·埃利斯、亨利·爱默生、肯·费雪、菲尔·费雪、鲍勃·戈德法布、伯顿·格雷、梅森·霍金斯、阿吉特·简恩、琼拉姆·坦南特、弗吉尼亚州·利斯、约翰·劳埃德、保罗·朗斯、珍妮特·洛、彼得·林奇、迈克尔·莫布森、罗伯特·迈尔斯、比尔·米勒、埃里卡·彼得森、拉里·皮江、丽莎·拉普诺、劳拉·里滕豪斯、约翰·罗斯柴尔德、比尔·鲁安、汤姆·鲁索、爱丽丝·施罗德、罗·辛普森、埃德·索普、沃利·韦茨、大卫·温特斯。

我还要非常感谢一位特殊的朋友——查尔斯·E.霍尔德曼·小埃德，我当初做出人生选择的时候，他给了我非常有价值的建议。我当时问他是去读个MBA还是写一本书，应该选哪一个。他说："写书。"这是个非常棒的建议。他读了我的书稿，并给了我若干改进建议。谢谢你，埃德！

感谢约翰·威利出版公司，不仅仅是为出版了我的《巴菲特之道》一书，而且为了在过去20年中那些看不见的、不辞辛劳的支持与奉献，他们中的每一位都是专家。让我的感谢从迈尔斯·汤普森开始，他当初给我这个初出茅庐的作者提供了机会。我还要感谢詹妮弗·品科特、玛丽·戴妮罗、琼·奥尼尔、帕梅拉·吉森，以及现任团队的凯文·康明斯、朱迪·豪沃思。

一如既往，我非常感激我的经纪人劳瑞·哈珀及其经纪公司。劳瑞是个出色的经纪人，她聪明、平和、公正而高效。最重要的是她精益求精、追求卓越的精神。一句话，劳瑞与众不同。

20年前，迈尔斯·汤普森将我的第1版书稿寄给玛吉·斯塔基，问她是否愿意帮助一个写作新手润色文字。从那时至今，玛吉与我合作出了9本著作，我常常想我们之间的合作真是天衣无缝，尽管我们相隔遥远，但玛吉总是能迅捷地获得信息资料，令我感到惊奇。她总是从一章到下一章不知疲倦地工作，寻找最佳的架构组织材料文稿，简而言之，她总是将我转给她的工作安排得非常妥当。在这个行当里，她是最棒的。

任何一个作者都知道，花时间在写作上，就意味着与家庭在一起的时间会减少。写作要求作者有一定的牺牲，但我肯定他们的家庭也付出了很多。我深爱我的孩子们，并非常感谢我的夫人，她一直支持着我和我们的家庭。当我第一天告诉她我要写书时，她微笑着鼓励我一定可以做好，她持续的爱使得一切皆有可能。

尽管，在这个感谢的名单上，家庭出现在最后，但在我心目中却始终排在第一。

所有喜爱这本书的人们，请将你们的感谢给予上述所有这些人。如果有任何的遗漏或错误，责任在我。

罗伯特·哈格斯特朗

注　释

第 1 章

1. Carol Loomis, *Tap Dancing to Work: Warren Buffett on Practically Everything, 1966–2012* (New York: Time Inc., 2012), 256.
2. Matthew Bishop and Michael Green, *Philanthrocapitalism: How Giving Can Save the World* (New York: Bloomsbury Press, 2008), 1.
3. Loomis, *Tap Dancing to Work*, 258.
4. Ibid., 261.
5. Bishop and Green, *Philanthrocapitalism*, 75.
6. Loomis, *Tap Dancing to Work*, 149.
7. Ibid., 315.
8. Alice Schroeder, *The Snowball: Warren Buffett and the Business of Life* (New York: Random House, 2008), 51, 55.
9. Roger Lowenstein, *Buffett: The Making of an American Capitalist* (New York: Random House, 1995), 10.
10. Schroeder, *Snowball*, 62.
11. Ibid.
12. Ibid.
13. Adam Smith, *Supermoney* (Hoboken, NJ: John Wiley & Sons, 2006), 178.
14. Ibid.
15. Loomis, *Tap Dancing to Work*, 67.
16. Lowenstein, *Buffett*, 26.
17. Schroeder, *Snowball*, 146. Schroeder references this apt analogy to Plato's cave, which was originally made by Patrick Byrne.
18. John Train, *The Money Masters* (New York: Penguin Books, 1981), 11.
19. John Brooks, *The Go-Go Years* (New York: Weybright & Talley, 1973).
20. Train, *Money Masters*, 12.
21. Berkshire Hathaway Annual Report, 1987, 22.
22. Berkshire Hathaway Annual Report, 2011, 9.
23. Loomis, *Tap Dancing to Work*, 62. The Greek letter sigma is used in statistics to represent standard deviation from the mean, or average. A five-sigma event, measuring five deviations, has a 1 in 3,488,555 chance of happening. Expressed another way, a five-sigma event has a 99.99994 percent chance of being correct.
24. Ibid.

第 2 章

1. Adam Smith, *Supermoney* (New York: Random House, 1972), 172.
2. *New York Times*, December 2, 1934, 13D.
3. Benjamin Graham and David Dodd, *Security Analysis*, 3rd ed. (New York: McGraw-Hill, 1951), 38.
4. Ibid., 13.
5. "Ben Graham: The Grandfather of Investment Value Is Still Concerned," *Institutional Investor*, April 1974, 62.
6. Ibid., 61.
7. John Train, *The Money Masters* (New York: Penguin Books, 1981), 60.
8. Philip Fisher, *Common Stocks and Uncommon Profits* (New York: Harper & Brothers, 1958), 11.
9. Ibid., 16.
10. Ibid., 33.
11. Philip Fisher, *Developing an Investment Philosophy*, Financial Analysts Research Foundation, Monograph Number 10, p. 1.
12. Fisher, *Common Stocks*, 13.
13. Fisher, *Developing an Investment Philosophy*, 29.
14. Andrew Kilpatrick, *Of Permanent Value: The Story of Warren Buffett*, rev. ed. (Birmingham, AL: AKPE, 2000), 89.
15. Robert Hagstrom, *Investing: The Last Liberal Art* (New York: Columbia University Press, 2013).
16. Remarks made at the 1997 Berkshire Hathaway annual meeting; quoted in Janet Lowe's biography of Charlie Munger, *Damn Right!* (New York: John Wiley & Sons, 2000).
17. Andrew Kilpatrick, *Warren Buffett: The Good Guy of Wall Street* (New York: Donald I. Fine, 1992), 38.
18. Robert Lenzner, "Warren Buffett's Idea of Heaven: 'I Don't Have to Work with People I Don't Like,'" *Forbes*, October 18, 1993, 43.
19. Berkshire Hathaway Annual Report, 1989, 21.
20. Ibid.
21. L. J. Davis, "Buffett Takes Stock," *New York Times Magazine*, April 1, 1990, 61.
22. Berkshire Hathaway Annual Report, 1987, 15.
23. Warren Buffett, "The Superinvestors of Graham-and-Doddsville," *Hermes*, Fall 1984.
24. Berkshire Hathaway Annual Report, 1990, 17.
25. Benjamin Graham, *The Intelligent Investor*, 4th ed. (New York: Harper & Row, 1973), 287.
26. Warren Buffett, "What We Can Learn from Philip Fisher," *Forbes*, October 19, 1987, 40.
27. "The Money Men—How Omaha Beats Wall Street," *Forbes*, November 1, 1969, 82.

第 3 章

1. Berkshire Hathaway Annual Report, 1987, 14.
2. Robert Lenzner, "Warren Buffett's Idea of Heaven: 'I Don't Have to Work with People I Don't Like,'" *Forbes*, October 18, 1993.
3. *Fortune*, November 29, 1993, p. 11.
4. Berkshire Hathaway Annual Report, 1987, 7.
5. Berkshire Hathaway Annual Report, 1989, 22.
6. Berkshire Hathaway 1995 annual meeting, as quoted in Andrew Kilpatrick, *Of Permanent Value: The Story of Warren Buffett*, rev. ed. (Birmingham, AL: AKPE, 2004), 1356
7. *St. Petersburg Times*, (December 15, 1999), quoted in Kilpatrick, *Of Permanent Value* (2004), 1356.
8. *Fortune*, (November 22, 1999), quoted in Kilpatrick, *Of Permanent Value* (2004), 1356.
9. Berkshire Hathaway 1996 annual meeting, Kilpatrick (2004), 1344.
10. Berkshire Hathaway Annual Report, 1982, 57.
11. Lenzner, "Warren Buffett's Idea of Heaven."
12. Berkshire Hathaway Annual Report, 1989.
13. Carol Loomis, "The Inside Story of Warren Buffett," *Fortune*, April 11, 1988.
14. Berkshire Hathaway Annual Report, 1988, 5.
15. Berkshire Hathaway Annual Report, 1986, 5.
16. Kilpatrick, *Of Permanent Value* (2000), 89.
17. Berkshire Hathaway Annual Report, 1989, 22.
18. Linda Grant, "The $4 Billion Regular Guy," *Los Angeles Times*, April 17, 1991 (magazine section), 36.
19. Lenzner, "Warren Buffett's Idea of Heaven."
20. Berkshire Hathaway Annual Report, 1985, 9.
21. Berkshire Hathaway Annual Report, 1987, 20.
22. Ibid., 21.
23. Berkshire Hathaway Annual Report, 1984, 15.
24. Berkshire Hathaway Annual Report, 1986, 25.
25. Carol Loomis, *Tap Dancing to Work: Warren Buffett on Practically Everything, 1966–2012* (New York: Time Inc., 2012).
26. Berkshire Hathaway Annual Report, 1990, 16.
27. Berkshire Hathaway Letters to Shareholders, 1977–1983, 52.
28. Berkshire Hathaway Annual Report, 1989, 5.
29. Jim Rasmussen, "Buffett Talks Strategy with Students," *Omaha World Herald*, January 2, 1994, 26.
30. Berkshire Hathaway Annual Report, 1992, 14.
31. Berkshire Hathaway Letters to Shareholders, 1977–1983, 53.
32. Lowenstein, *Buffett: The Making of an American Capitalist* (New York: Random House, 1995), 323.
33. Berkshire Hathaway Letters to Shareholders, 1977–1983, 82.

第 4 章

1. Mary Rowland, "Mastermind of a Media Empire," *Working Women*, November 11, 1989, 115.
2. The Washington Post Company Annual Report, 1991, 2.
3. Berkshire Hathaway Annual Report, 1992, 5.
4. Berkshire Hathaway Annual Report, 1985, 19.
5. Chalmers M. Roberts, *The Washington Post: The First 100 Years* (Boston: Houghton Mifflin, 1977), 449.
6. Berkshire Hathaway Annual Report, 1991, 8.
7. Ibid., 9.
8. William Thorndike Jr., *The Outsiders: Eight Unconventional CEOs and Their Radically Rational Blueprint for Success* (Boston: Harvard Business Review Press, 2012), 9.110.
9. Carol Loomis, "An Accident Report on GEICO," *Fortune*, June 1976, 120.
10. Although the 1973–1974 bear market might have contributed to part of GEICO's earlier fall, its decline in 1975 and 1976 was all of its own making. In 1975, the Standard & Poor's 500 Index began at 70.23 and ended the year at 90.9. The next year, the stock market was equally strong. In 1976, the stock market rose and interest rates fell. GEICO's share price decline had nothing to do with the financial markets.
11. Beth Brophy, "After the Fall and Rise," *Forbes*, February 2, 1981, 86.
12. Lynn Dodds, "Handling the Naysayers," *Financial World*, August 17, 1985, 42.
13. Berkshire Hathaway Letters to Shareholders, 1977–1983, 33.
14. Andrew Kilpatrick, *Warren Buffett: The Good Guy of Wall Street* (New York: Donald Fine, 1992), 102.
15. Anthony Bianco, "Why Warren Buffett Is Breaking His Own Rules," *BusinessWeek*, April 15, 1985, 34.
16. Berkshire Hathaway Annual Report, 1991, 8.
17. Bianco, "Why Warren Buffett Is Breaking His Own Rules."
18. Dennis Kneale, "Murphy & Burke," *Wall Street Journal*, February 2, 1990, 1.
19. Capital Cities/ABC Inc. Annual Report, 1992.
20. "A Star Is Born," *BusinessWeek*, April 1, 1985, 77.
21. Anthony Baldo, "CEO of the Year Daniel B. Burke," *Financial World*, April 2, 1991, 38.
22. Berkshire Hathaway Annual Report, 1985, 20.
23. Roger Lowenstein, *Buffett: The Making of an American Capitalist* (New York: Random House, 1995), 323.
24. Berkshire Hathaway Annual Report, 1993, 14.
25. Kilpatrick, *Warren Buffett: The Good Guy of Wall Street*, 123.
26. Mark Pendergrast, *For God, Country and Coca-Cola* (New York: Scribners, 1993).
27. Art Harris, "The Man Who Changed the Real Thing," *Washington Post*, July 22, 1985, B1.
28. "Strategy of the 1980s," Coca-Cola Company.

29. Ibid.
30. Berkshire Hathaway Annual Report, 1992, 13.
31. Ibid.
32. John Dorfman, "Wells Fargo Has Bulls and Bears; So Who's Right?," *Wall Street Journal*, November 1, 1990, C1.
33. Ibid.
34. John Liscio, "Trading Points," *Barron's*, October 29, 1990, 51.
35. Berkshire Hathaway Letters to Shareholders, 1977–1983, 15.
36. Berkshire Hathaway Annual Report, 1990, 16.
37. Reid Nagle, "Interpreting the Banking Numbers," in *The Financial Services Industry—Banks, Thrifts, Insurance Companies, and Securities Firms*, ed. Alfred C. Morley, 25–41 (Charlottesville, VA: Association of Investment Management and Research, 1991).
38. "CEO Silver Award," *Financial World*, April 5, 1988, 92.
39. Gary Hector, "Warren Buffett's Favorite Banker," *Forbes*, October 18, 1993, 46.
40. Berkshire Hathaway Annual Report, 1990, 16.
41. Ibid.
42. Ibid.
43. R. Hutchings Vernon, "Mother of All Annual Meetings," *Barron's*, May 6, 1991.
44. John Taylor, "A Leveraged Bet," *Forbes*, April 15, 1991, 42.
45. Berkshire Hathaway Annual Report, 1994, 17.
46. Dominic Rushe, "Warren Buffett Buys $10bn IBM Stake," *The Guardian*, November 14, 2011.
47. Berkshire Hathaway Annual Report, 2011, 7.
48. Ibid.
49. Ibid., 6.
50. Ibid., 7.
51. Rushe, "Warren Buffett Buys $10bn IBM Stake."
52. I am grateful to Grady Buckett, CFA, director of technology at Morningstar, for his tutorial.
53. Steve Lohr, "IBM Delivers Solid Quarterly Profits," *New York Times*, July 18, 2012.
54. Berkshire Hathaway Annual Report, 2011, 7.
55. Quote from Warren Buffett on CNBC, February 14, 2013.
56. Michael de La Merced and Andrew Ross Sorkin, "Berkshire and 3G Capital in a $23 Billion Deal for Heinz," *New York Times*, February 19, 2013.
57. Berkshire Hathaway Annual Report, 1987, 15.

第 5 章

1. Conversation with Warren Buffett, August 1994.
2. Dan Callaghan, Legg Mason Capital Management/Morningstar Mutual Funds.
3. Berkshire Hathaway Annual Report, 1993, 15.
4. Ibid.
5. Conversation with Warren Buffett, August 1994.

6. *Outstanding Investor Digest*, August 10, 1995, 63.
7. Ibid.
8. Peter L. Bernstein, *Against the Gods* (New York: John Wiley & Sons, 1996), 63.
9. Ibid.
10. Ibid.
11. *Outstanding Investor Digest*, May 5, 1995, 49.
12. Robert L. Winkler, *An Introduction to Bayesian Inference and Decision* (New York: Holt, Rinehart & Winston, 1972), 17.
13. Andrew Kilpatrick, *Of Permanent Value: The Story of Warren Buffett* (Birmingham, AL: AKPE, 1998), 800.
14. *Outstanding Investor Digest*, April 18, 1990, 16.
15. Ibid.
16. *Outstanding Investor Digest*, June 23, 1994, 19.
17. Edward O. Thorp, *Beat the Dealer: A Winning Strategy for the Game of Twenty-One* (New York: Vintage Books, 1962).
18. I am indebted to Bill Miller for pointing out the J. L. Kelly growth model.
19. C. E. Shannon, "A Mathematical Theory of Communication," *Bell System Technical Journal* 27, no. 3 (July 1948).
20. J. L. Kelly Jr., "A New Interpretation of Information Rate," *Bell System Technical Journal* 35, no. 3 (July 1956).
21. *Outstanding Investor Digest*, May 5, 1995, 57.
22. Andrew Beyer, *Picking Winners: A Horse Player's Guide* (New York: Houghton Mifflin, 1994), 178.
23. *Outstanding Investor Digest*, May 5, 1995, 58.
24. Benjamin Graham, *The Memoirs of the Dean of Wall Street* (New York: McGraw-Hill, 1996), 239.
25. The speech was adapted as an article in the Columbia Business School's publication *Hermes* (Fall 1984), with the same title. The remarks directly quoted here are from that article.
26. Warren Buffett, "The Superinvestors of Graham-and-Doddsville," *Hermes*, Fall 1984. The superinvestors Buffett presented in the article included Walter Schloss, who worked at Graham-Newman Corporation in the mid-1950s, along with Buffett; Tom Knapp, another Graham-Newman alumnus, who later formed Tweedy, Browne Partners with Ed Anderson, also a Graham follower; Bill Ruane, a former Graham student who went on to establish the Sequoia Fund with Rick Cuniff; Buffett's partner Charlie Munger; Rick Guerin of Pacific Partners; and Stan Perlmeter of Perlmeter Investments.
27. Berkshire Hathaway Annual Report, 1991, 15.
28. Jess H. Chua and Richard S. Woodward, "J. M. Keynes's Investment Performance: A Note," *Journal of Finance* 38, no. 1 (March 1983).
29. Ibid.
30. Ibid.
31. Buffett, "Superinvestors."
32. Ibid.
33. Ibid.

34. Sequoia Fund Annual Report, 1996.
35. Solveig Jansson, "GEICO Sticks to Its Last," *Institutional Investor,* July 1986, 130.
36. Berkshire Hathaway Annual Report, 1986, 15.
37. Berkshire Hathaway Annual Report, 1995, 10.
38. The research described here was conducted with Joan Lamm-Tennant, PhD, at Villanova University.
39. K. J. Martijn Cremers and Antti Petajisto, "How Active Is Your Fund Manager? A New Measure That Predicts Performance," Yale ICF Working Paper No. 06-14, March 31, 2009.
40. "Active Funds Come out of the Closet," *Barron's,* November 17, 2012.
41. Buffett, "Superinvestors."
42. Joseph Nocera, "Who's Got the Answers?," *Fortune,* November 24, 1997, 329.
43. Ibid.
44. V. Eugene Shahan, "Are Short-Term Performance and Value Investing Mutually Exclusive?," *Hermes,* Spring 1986.
45. Sequoia Fund, Quarterly Report, March 31, 1996.
46. A Warren Buffett widely quoted remark.
47. Berkshire Hathaway Annual Report, 1987, 14.
48. Ibid.
49. Ibid.
50. Berkshire Hathaway Annual Report, 1981, 39.
51. Benjamin Graham and David Dodd, *Security Analysis,* 3rd ed. (New York: McGraw-Hill, 1951).
52. Berkshire Hathaway Annual Report, 1987, 15.
53. Berkshire Hathaway Annual Report, 1991, 8.
54. Ibid.
55. *Outstanding Investor Digest,* August 10, 1995, 10.
56. Berkshire Hathaway Annual Report, 1991, 15.
57. Berkshire Hathaway Annual Report, 1996.
58. Robert Jeffrey and Robert Arnott, "Is Your Alpha Big Enough to Cover Its Taxes?," *Journal of Portfolio Management,* Spring 1993.
59. Ibid.
60. Brett Duval Fromson, "Are These the New Warren Buffetts?," *Fortune,* October 30, 1989, from Carol Loomis, *Tap Dancing to Work: Warren Buffett on Practically Everything, 1966–2012* (New York: Time Inc., 2012), 101.

第 6 章

1. *Outstanding Investor Digest,* August 10, 1995, 11.
2. Benjamin Graham, *The Intelligent Investor* (New York: Harper & Row, 1973), 106.
3. Jonathan Fuerbringer, "Why Both Bulls and Bears Can Act So Bird-Brained," *New York Times,* March 30, 1997, section 3, p. 6.
4. Jonathan Burton, "It Just Ain't Rational," *Fee Advisor,* September/October 1996, 26.

5. Brian O'Reilly, "Why Can't Johnny Invest?," *Fortune*, November 9, 1998, 73.
6. Fuerbringer, "Why Both Bulls and Bears Can Act So Bird-Brained."
7. Larry Swedore, "Frequent Monitoring of Your Portfolio Can Be Injurious to Your Health," www.indexfunds.com/articles/20021015_myopic_com_gen_LS.htm.
8. Shlomo Benartzi and Richard Thaler, "Myopic Loss Aversion and the Equity Risk Premium," *Quarterly Journal of Economics* 110, no. 1 (February 1995): 73–92.
9. Berkshire Hathaway Annual Report, 1984, 14.
10. Graham, *Intelligent Investor*.
11. Ibid.
12. For a comprehensive and well-written historical summary of the development of modern finance, see Peter Bernstein, *Capital Ideas: The Improbable Origins of Modern Wall Street* (New York: Free Press, 1992).
13. Berkshire Hathaway Annual Report, 1993, 13.
14. Ibid.
15. *Outstanding Investor Digest*, June 23, 1994, 19.
16. *Outstanding Investor Digest*, August 8, 1996, 29.
17. Berkshire Hathaway Annual Report, 1988, 18.
18. Ibid.
19. Andrew Kilpatrick, *Of Permanent Value: The Story of Warren Buffett* (Birmingham, AL: AKPE, 1988), 683.

第 7 章

1. Andrei Shleifer and Robert Vishny, "The New Theory of the Firm: Equilibrium Short Horizons of Investors and Firms," *American Economic Review, Paper and Proceedings* 80, no. 2 (1990): 148–153.
2. Ibid.
3. Keith Stanovich, *What Intelligence Tests Miss: The Psychology of Rational Thought* (New Haven: Yale University Press, 2009). Also see Keith Stanovich, "Rationality versus Intelligence," Project Syndicate (2009-04-06), www.project-syndicate.org.
4. Keith Stanovich, "Rational and Irrational Thought: The Thinking That IQ Tests Miss," *Scientific American Mind* (November/December 2009), 35.
5. Jack Treynor, *Treynor on Institutional Investing* (Hoboken, NJ: John Wiley & Sons, 2008), 425.
6. Ibid., 424.
7. Ibid.
8. Daniel Kahneman, *Thinking Fast and Slow* (New York: Farrar, Straus & Giroux, 2011), 4.
9. The bat costs $1.05 and the ball costs $0.05. It takes 5 minutes for 100 machines to make 100 widgets. It will take 47 days for the lily pad patch to cover half the lake.
10. D. N. Perkins, "Mindware and Metacurriculm," in *Creating the Future: Perspectives on Educational Change*, comp. and ed. Dee Dickinson (Baltimore: Johns Hopkins University School of Education, 2002).

11. Ilia Dicher, Kelly Long, and Dexin Zhou, "The Dark Side of Trading," Emory University School of Law, Research Paper No. 11, 95–143.

12. Carol Loomis, *Tap Dancing to Work: Warren Buffett on Practically Everything, 1966–2012* (New York: Time Inc., 2012), 101.

第 8 章

1. Roger Lowenstein, *Buffett: The Making of an American Capitalist* (New York: Random House, 1995), 20.

2. John Pratt and Richard Zeckhauser, eds., *Principals and Agents: The Structure of Business* (Boston: Harvard Business School Press, 1985).

3. Carol Loomis, *Tap Dancing to Work: Warren Buffett on Practically Everything, 1966–2012* (New York: Time Inc., 2012), 101.

4. Conversation with Carol Loomis, February 2012.

5. Lowenstein, *Buffett.*

6. Loomis, *Tap Dancing to Work*, 134.

7. Carol Loomis, "Inside Story of Warren Buffett," *Fortune*, April 11, 1988, 34.

8. Berkshire Hathaway Annual Report, 1996, 16.

9. Berkshire Hathaway Annual Report, 1993, 15.

10. William N. Thorndike Jr., *The Outsiders: Eight Unconventional CEOs and Their Radically Rational Blueprint for Success* (Boston: Harvard Business Review Press, 2012), 194.

11. Ibid.

12. Berkshire Hathaway Annual Report, 1933, 16.

13. Ibid.

14. Ibid., 14.

15. Ibid.

16. George Johnson, *Fire in the Mind: Science, Faith, and the Search for Order* (New York: Vintage Books, 1995), 104.

17. Andrew Kilpatrick, *Of Permanent Value: The Story of Warren Buffett* (Birmingham, AL: APKE, 1998), 794.

18. Ron Chernow, *The Death of the Banker: The Decline and Fall of the Great Financial Dynasties and the Triumph of Small Investors* (New York: Vintage Books, 1997).

19. Berkshire Hathaway Annual Report, 1987, 15.

20. Robert Lenzner, "Warren Buffett's Idea of Heaven: 'I Don't Have to Work with People I Don't Like,'" *Forbes*, October 18, 1993, 40.

21. Berkshire Hathaway Annual Report, 1992, 16.

推荐阅读

推 荐 阅 读

序号	中文书名	定价
42	击败庄家：21点的有利策略	59
43	查理·芒格的智慧：投资的格栅理论（原书第2版·纪念版）	79
44	彼得·林奇的成功投资（典藏版）	80
45	彼得·林奇教你理财（典藏版）	79
46	战胜华尔街（典藏版）	80
47	投资的原则	69
48	股票投资的24堂必修课（典藏版）	45
49	蜡烛图精解：股票和期货交易的永恒技术（典藏版）	88
50	在股市大崩溃前抛出的人：巴鲁克自传（典藏版）	69
51	约翰·聂夫的成功投资（典藏版）	69
52	投资者的未来（典藏版）	80
53	沃伦·巴菲特如是说	59
54	笑傲股市（原书第4版.典藏版）	99
55	金钱传奇：科斯托拉尼的投资哲学	69
56	证券投资课	59
57	巴菲特致股东的信：投资者和公司高管教程（原书第4版）	128
58	金融怪杰：华尔街的顶级交易员（典藏版）	80
59	日本蜡烛图技术新解（典藏版）	60
60	市场真相：看不见的手与脱缰的马	69
61	积极型资产配置指南：经济周期分析与六阶段投资时钟	69
62	麦克米伦谈期权（原书第2版）	120
63	短线大师：斯坦哈特回忆录	79
64	日本蜡烛图交易技术分析	129
65	赌神数学家：战胜拉斯维加斯和金融市场的财富公式	59
66	华尔街之舞：图解金融市场的周期与趋势	69
67	哈利·布朗的永久投资组合：无惧市场波动的不败投资法	69
68	憨夺型投资者	59
69	高胜算操盘：成功交易员完全教程	69
70	以交易为生（原书第2版）	99
71	证券投资心理学	59
72	技术分析与股市盈利预测：技术分析科学之父沙巴克经典教程	80
73	机械式交易系统：原理、构建与实战	80
74	交易择时技术分析：RSI、波浪理论、斐波纳契预测及复合指标的综合运用（原书第2版）	59
75	交易圣经	89
76	证券投机的艺术	59
77	择时与选股	45
78	技术分析（原书第5版）	100
79	缺口技术分析：让缺口变为股票的盈利	59
80	预期投资：未来投资机会分析与估值方法	79
81	超级强势股：如何投资小盘价值成长股（重译典藏版）	79
82	实证技术分析	75
83	期权投资策略（原书第5版）	169
84	赢得输家的游戏：精英投资者如何击败市场（原书第6版）	45
85	走进我的交易室	55
86	黄金屋：宏观对冲基金顶尖交易者的掘金之道（增订版）	69
87	马丁·惠特曼的价值投资方法：回归基本面	49
88	期权入门与精通：投机获利与风险管理（原书第3版）	89
89	以交易为生II：卖出的艺术（珍藏版）	129
90	逆向投资策略	59
91	向格雷厄姆学思考，向巴菲特学投资	38
92	向最伟大的股票作手学习	36
93	超级金钱（珍藏版）	79
94	股市心理博弈（珍藏版）	78
95	通向财务自由之路（珍藏版）	89

中国证券分析师丛书

"新财富""水晶球""金牛奖""金麒麟"获奖明星分析师为投资者打造的证券分析实战指南。

一本书读懂建材行业投资
ISBN：978-7-111-73803-9
价格：88.00 元

荀玉根讲策略
ISBN：978-7-111-69133-4
价格：88.00 元

王剑讲银行业
ISBN：978-7-111-68814-3
价格：88.00 元

吴劲草讲消费行业
ISBN：978-7-111-71184-1
价格：88.00 元

巴菲特系列

分类	译者	书号	书名	定价
坎宁安作品	王冠亚	978-7-111-73935-7	超越巴菲特的伯克希尔：股神企业帝国的过去与未来	119元
	杨天南	978-7-111-59210-5	巴菲特致股东的信：投资者和公司高管教程（原书第4版）	128元
	杨天南	978-7-111-67124-4	巴菲特的嘉年华：伯克希尔股东大会的故事	79元
哈格斯特朗作品	杨天南	978-7-111-74053-7	沃伦·巴菲特：终极金钱心智	79元
	杨天南	978-7-111-66880-0	巴菲特之道（原书第3版）	79元
	杨天南	978-7-111-66445-1	巴菲特的投资组合（典藏版）	59元
	郑磊	978-7-111-49646-5	查理·芒格的智慧：投资的格栅理论（原书第2版）	69元
巴菲特投资案例集	杨天南	978-7-111-64043-1	巴菲特的第一桶金	79元
	杨天南	978-7-111-74154-1	巴菲特的伯克希尔崛起：从1亿到10亿美金的历程	79元